LA ORACION PODEROSA QUE PREVALECE

Por el autor de
ARDIENDO PARA DIOS

Wesley L. Duewel

EDITORIAL
UNILIT

Publicado por
Editorial **Unilit**
Miami, Fl. 33172
© 1995 Derechos reservados

Primera edición 1995

© 1990 por Wesley L. Duewel
Todos los derechos reservados. Ninguna parte de este libro puede ser reproducida excepto en pasajes breves para reseña, ni puede ser guardada en un sistema de recuperación o reproducido por medios mecánicos, fotocopiadora, grabadora o de otras maneras, sin el permiso de los editores
Originalmente publicado en inglés con el título:
Mighty Prevailing Prayer por Zondervan Publishing House
Grand Rapids, Michigan

Traducido al español por :Guido Castellanos
Cubierta: Marie Tamayo

Citas bíblicas tomadas de "Biblia de las Américas"
© 1986 The Lockman Foundation.
y Reina Valera, (RV) revisión 1960
© Sociedades Bíblicas Unidas
Usadas con permiso.

Producto: 497729
ISBN1-56063-635-1
Impreso en Colombia
Printed in Colombia

Contenido

Prólogo	5
Prefacio	7
1. Dios tiene respuestas para usted	9
2. La importancia de la oración que prevalece	12
3. La oración que prevalece: La necesidad de la Iglesia	20
4. La falta de oración es pecado	31
5. El Cristo que prevalece	39
6. Su bienvenida al trono	47
7. ¿Por qué es necesario prevalecer?	57
8. Es necesario prevalecer ante Dios	63
9. La dinámica del deseo	70
10. La dinámica del fervor	77
11. La dinámica de la importunidad	84
12. La importunidad prevalece	90
13. La dinámica de la fe	95
14. Cómo aumentar la fe	102
15. La orden de fe y su uso	108
16. La dinámica del Espíritu: Primera parte	113
17. La dinámica del Espíritu: Segunda parte	119
18. La dinámica de unirse en la oración	127
19. Dios premia la oración unida	133
20. La oración del acuerdo	140

21. Poderosas respuestas mediante el acuerdo
    en la oración 147
22. La dinámica de la perseverancia 153
23. ¿Por cuánto tiempo debe usted perseverar? 160
24. La voluntad de Dios y la oración prevaleciente 168
25. La dinámica de la alabanza 173
26. Niveles de intensidad en la oración que prevalece ... 177
27. Jesús dijo que ayunaríamos 186
28. El ayuno fortalece la oración 193
29. Llevando una carga de oración 201
30. Cómo llevar una carga de oración 211
31. Luchando por respuestas a la oración 216
32. Luchadores santos 224
33. Gemidos y agonías en la oración 229
34. La guerra en la oración derrota a Satanás 236
35. Estrategias en la lucha de oración: Primera parte 245
36. Estrategias en la lucha de oración: Segunda parte ... 252
37. Peligros en la lucha de oración 260
38. Cómo atar a Satanás: Primera parte 270
39. Cómo atar a Satanás: Segunda parte 277
40. El uso militante del nombre de Jesús 285
41. El uso militante de la Palabra 296
42. Súplicas santas y argumentos en
    la presencia de Dios 303
43. Cómo pedir delante de Dios 308
44. ¿Se hará usted poderoso en la oración? 316
    ¿Quisiera usted elevar junto conmigo esta plegaria? ... 321
    Notas 325

Prólogo

EN ARMONIA CON SU título *La oración poderosa que prevalece*, el autor al momento fue bombardeado con la clase de oración mejor y más poderosa. Y siempre la mantuvo. Este no es un libro de oración para parvulitos sino una convocatoria para la oración de batalla. ¡Y usted lo sabe! Le reta a madurar y a militar en la oración. Al momento usted se halla en la senda superior, no en la inferior. Como en el libro de los Hechos, inmediatamente ocupa su lugar en el Aposento Alto, donde los seguidores de Jesús persistieron con obstinación en la oración y la súplica.

Pero; ¿no es ésta la mejor forma de aprender a orar?

Cuando vi a Babe Ruth conectar sus *jonrones*, algo obró en mí al momento. Aumentó mi entusiasmo y toda mi visión acerca del béisbol. Me dije a mí mismo: ¿Puedo yo batear una pelota de esa manera? Cuando yo bateaba un *jonrón* pisaba todas las bases. Orar en grande le ayuda por medio de todas las variantes de la oración, y se remonta sobre todas.

Lo mismo ocurre cuando usted analiza la oración de Jesús. Usted se pregunta: ¿Puede alguien orar como El? Ni tampoco tiene que llegar a ser un anciano para fortalecerse en la oración. Jesús era joven como lo eran sus discípulos. En pocos años, Sus seguidores llegaron a ser poderosos en la oración. ¿Cómo? Por observar y aprender la mayor y mejor enseguida: por medio de Jesús.

¡Es mejor aprender del mejor: enseguida! Enganche su carro hacia una estrella. Todavía tendrá que cubrir todo el terreno, pero evitará una demora innecesaria.

Yo aprendí a orar de esta manera. Lo que causó avivamiento. Cuando comencé a leer los relatos de los grandes avivamientos, me dije: "Yo quiero eso... voy a lograrlo".

Este libro ayudará a todos: al maduro y al inmaduro en el orar. Está lleno de pasajes de la Biblia, es casi un compendio de la misma. Será de gran ayuda para líderes, iglesias, grupos, para cualquiera.

Cada capítulo es una unidad, y, al reunirlos, destellan como las múltiples facetas de un diamante. Juntamente con sus mayores ilustraciones se encuentran miles de puntos luminosos que lanzan su claridad en el camino.

El estilo es el hombre —Wesley Duewel. El tiene su propio estilo. ¿Por qué no?

Este libro lo hará amanecer en oración y lo motivará para ser el mejor para Dios.

Armin R. Gesswein
Fundador y director
Revival Prayer Fellowship, Inc.

Prefacio

LAS JOYAS ACERCA DE LA ORACION del doctor Duewel de esta colección vitalicia es de lectura priorizada. Es un manual extraordinario. Lo considero como una enciclopedia de consulta acerca del tema admirable de *La oración poderosa que prevalece*. Será un manual permanente para los estudiantes que profundizan en la vida de oración. Beneficios espirituales inmensos se desarrollarán cuando una familia lo utilice como un devocional diario y practique sus enseñanzas. Yo fui conmovido con estas verdades.

Leonard Ravenhill

1

Dios tiene respuestas para usted

¿ANHELA USTED TENER poder en la oración, la capacidad de conseguir respuestas urgentes y necesarias? ¿Se siente usted, a veces, profundamente probado por la inexplicable demora en recibir respuesta a sus oraciones? ¿Anhela usted conocer el secreto de la oración contestada? La oración que prevalece es aquella que obtiene la respuesta que buscaba. Se sobrepone a la demora, a la oposición y a las circunstancias desfavorables. Con frecuencia incluye la dirección del Espíritu en la forma en que se debe orar y la profundización que El obra en el deseo que usted tiene de recibir respuesta a la oración. Incluye la acción del Espíritu de otorgarle poder a su oración y de fortalecer su fe hasta que usted reciba de Dios la respuesta.

¿Sabe usted de veras cómo prevalecer en la oración, cómo obtener respuestas difíciles que hace tiempo usted necesitaba o deseaba? ¿Es eficaz su lista de oración en traerle bendición a los demás? ¿Está usted satisfecho con las respuestas que recibe?

Dios desea que su vida de oración esté repleta de peticiones e intercesiones en favor de los demás y para el adelanto de Su reino. El quiere que las contestaciones a tales oraciones se conviertan en su experiencia emocionante y frecuente. Uno de los grandes gozos de la oración es lograr maravillosas respuestas que parecían estarse demorando tanto y que estaban fuera del alcance humano.

Dios quiere que las respuestas a sus oraciones sean frecuentes y bendecidas. El quiere que usted compruebe continuamente, en su propia experiencia, la poderosa fuerza de la oración. El quiere no sólo que usted se convierta en un veterano de la oración, sino también en un triunfador constante en situaciones en las que las respuestas traen gloria a Dios y gran consternación y derrota para Satanás.

El quiere que usted experimente a menudo el poder que El tiene para contestar la oración, el interés intensamente personal que tiene por usted y los recursos formidablemente variados que están al alcance de Su sabiduría. Dios jamás se queda perplejo ni sorprendido, y jamás es derrotado. El desea que usted tenga parte con El, mediante la oración, en lograr que su voluntad se cumpla en la tierra.

Yo le invito a que me acompañe en la búsqueda de las respuestas de Dios para las extraordinarias necesidades a que usted y yo nos enfrentamos. ¿Cuáles son las llaves que abrirán los recursos celestiales y que desatarán el poder de Dios para contestar la oración? ¿Qué otros pasos podemos usted y yo dar con el fin de que se manifieste el poder soberano e irresistible de Dios?

Sentémonos a los pies de Dios. Escuchemos Su Palabra. Acudamos a la vida de algunos de los héroes de nuestra fe para descubrir cómo ellos pudieron presenciar la forma en que el poder de Dios fue desatado y cómo fueron dadas a conocer Sus contestaciones.

La oración que prevalece a veces es tan sencilla, que hasta un niño puede obtener poderosas respuestas—con frecuencia en un sorprendentemente corto período de tiempo. Aun los nuevos creyentes oran a veces con tal fe y con tal ayuda del Espíritu, que los maduros santos de Dios se maravillan y no pueden más que alabar a Dios por las respuestas obtenidas.

Sin embargo, Jesús mismo indicó que algunas situaciones o necesidades resultaban ser mucho más difíciles que otras (Marcos 9:29). Pueden existir muchos motivos para que estos casos sean así, como habremos de descubrir en los capítulos que siguen.

Dios no esconde de usted, intencionalmente, Sus verdades más profundas. El no reserva el poder en la oración para señaladas ocasiones especiales, o las victorias en la oración para un grupo especialmente selecto de favoritos suyos. La oración es tan vital para toda la vida cristiana y para el adelanto del reino de Cristo, que El desea que todos nosotros seamos poderosos en la oración, experimentados en la obtención de respuestas a las mismas y que oremos impávidos aun ante las necesidades más complejas y antiguas.

Vivimos en el glorioso "presente" de Dios. La totalidad del tiempo constituye el escenario de Dios para obrar en favor y por medio de sus fieles. Cualquier cosa que Dios haya hecho en el pasado, él la puede duplicar y aun hacerla mejor. Su sabiduría, su poder y su amor nunca cambian.

Sus abarcadores planes eternos son inmutables, mas al desarrollar los detalles de éstos, él ha querido obrar con colaboración de sus hijos que oran y obedecen. El ajusta su obrar a la oración de usted y su obediencia. Y a pesar de que El sólo tiene el soberano derecho de hacer su obra sin la ayuda de nadie, su plan regular es el de obrar en colaboración con los suyos y mediante la oración y la obediencia de éstos.

Dios, por lo tanto, se deleita en hacer ajustes en el desarrollo de sus planes para que se acomoden a su obediente colaboración, al aferramiento por parte suya de su promesa y a la preparación que usted haga del camino del Señor. El ha hecho posible que usted prevalezca en la oración, y está esperando que usted y yo comprobemos las benditas posibilidades y las gloriosas realidades de la oración que prevalece.

2

La importancia de la oración que prevalece

EL PAPEL QUE DESEMPEÑA LA ORACION QUE PREVALECE

LA INTENCION DE DIOS consiste en que su oración consiga respuestas divinas. La oración no es sólo la distracción divina que lo mantiene libre de la soledad. Dios se deleita en tener comunicación con usted. El siempre se acerca cuando usted ora. Además, la oración que prevalece es uno de los ministerios más importantes en los planes que Dios tiene para su reino.

La oración que prevalece no es simplemente un ejercicio espiritual para ayudarle a usted a crecer en la gracia. Claro que no hay nada que sea de mayor beneficio para crecer en la gracia que el crecimiento en la vida de oración. Mientras más prevalezca usted, más aprenderá los secretos de la gracia de Dios y los poderes de su reino. Mientras más interceda usted, más íntimo será su andar con Cristo y más fuerte se hará mediante el poder del Espíritu.

La oración que prevalece es el medio determinado por Dios para extender su reino, para derrotar a Satanás y su imperio de tinieblas y maldad, y para cumplir el plan eterno de Dios y poner por obra su buena voluntad sobre la tierra. Se trata del medio escogido por Dios para cubrir toda la tierra con sus bendiciones. La oración que prevalece es la principal estrategia divina para nuestra era y para nuestra dispensación. La historia de la iglesia jamás podrá completarse hasta que Cristo, en la eternidad, revele la secreta y poderosa participación de todo su pueblo en la oración. ¡Qué gozo habrá de producirle esa revelación a los compañeros de Cristo en la oración!

Dios el Hijo está sentado a la diestra del Padre en su eterno trono, y en la actualidad está reinando soberanamente y extendiendo su reino. Cristo no reina primordialmente para juzgar, demostrar su poder divino, para pronunciar edictos soberanos, o para emitir decretos autoritarios. Su especial vocación divina y su papel estratégico hoy es el de interceder por nosotros (Hebreos 7:25).

El Espíritu Santo es parte tan indispensable del plan divino para esta época que El incesantemente se une a Dios el Hijo, en su santa intercesión. El también tiene a su cargo la tarea de involucrarlo y de capacitarlo a usted para que sea un compañero en la tarea divina de la intercesión. El anhela que usted se sobreponga a su debilidad y que en Dios se haga poderoso para la oración. El tiene tal interés en que usted se haga efectivo como compañero intercesor de Cristo, que hace intercesión por usted con gemidos demasiado profundos para ser expresados en términos humanos (Romanos 8:26). Usted no lo oye, mas él gime incesantemente por usted y con usted.

La oración que prevalece es el ministerio más divino que usted jamás tendrá. No hay nada que podamos hacer que nos haga asemejarnos más a Cristo ni nada en que podamos cooperar más con El. Ningún tipo de servicio cristiano está tan al alcance de todos ni tan alto en las prioridades de Cristo, como la oración prevaleciente. Constituye el deseo de Cristo, su llamado y su mandato. ¡Señor, enséñanos a orar!

LOS OBJETIVOS DE
LA ORACION QUE PREVALECE

La oración que prevalece puede ser intensamente personal. Usted tiene todo el derecho de prevalecer en favor de sus deseos y necesidades personales. Sin embargo, no cabe duda de que el plan de Dios consiste en que la mayor parte de sus oraciones sean en nombre de otros y para la extensión de su reino. No obstante, El espera y agradece sus oraciones en favor de sus necesidades personales y familiares y por situaciones que tengan que ver con usted personalmente. La Escritura habla muy claro en cuanto a este asunto. El ciego Bartimeo prevaleció en la oración para la restauración de su vista (Marcos 10:46-52). La mujer avergonzada y azotada durante doce años por una hemorragia, prevaleció en su fe para su sanidad (Lucas 8:43). La mujer sirofenicia prevaleció en sus ruegos y como resultado Jesús echó fuera el demonio que tenía su hija (Marcos 7:26). Jacob prevaleció con Dios por la protección de su familia (Génesis 32:9-13, 22-30).

Por lo general, usted prevalece en oración en favor de los demás. Abraham prevaleció por Lot (Génesis 18:22-33). Moisés prevaleció por la victoria de Israel sobre Amalec (Exodo 17:8-15). Elías prevaleció cuando pidió que descendiera fuego del cielo con el fin de que Israel fuera librado de reincidir en sus errores (1 Reyes 18). Isaías y Ezequías prevalecieron por la liberación de Israel de Senaquerib (2 Crónicas 32:20). Epafras prevaleció en favor de la iglesia en Colosas (Colosenses 4:12-13).

Es menester que prevalezcamos en oración ante situaciones en las que se está contrariando la voluntad de Dios y Satanás está demorando y obstruyendo la causa de Cristo. Debemos prevalecer por las vidas que están tan atrapadas y cegadas por el pecado, que no les es posible o no quieren orar por ellos mismos. Debemos prevalecer porque haya un avivamiento en la iglesia, por su crecimiento espiritual y numérico y por el adelanto del evangelio a nivel mundial.

Existen necesidades físicas, económicas y espirituales por las que hace falta que prevalezcamos en oración. Satanás está destruyendo hogares y vidas, y las iglesias necesitan las respuestas especiales de Dios. Es necesario que prevalezcamos por los ministerios de la iglesia y por las organizaciones cristianas. Es necesario que prevalezcamos por las necesidades morales y espirituales de nuestra nación.

La esfera de acción de la oración que prevalece es tan amplia como la iglesia de Cristo y tan extensa como el mundo de Dios. No existe nada dentro de la voluntad de Dios que esté fuera del alcance de la oración que prevalece. La oración que prevalece es la intensificación de la intercesión —es intercesión hasta que se reciba la respuesta.

LA DURACION DE LA ORACION QUE PREVALECE

Hay momentos maravillosos en que la oración prevalece en un instante. La oración que hizo Moisés para que sanara la lepra de María fue muy corta. "Oh Dios, sánala ahora, te ruego" (Números 12:13). Mas Moisés había estado caminando cerca de Dios en una relación que lo mantenía cara a cara con él. A él no le hizo falta preparar su corazón para obtener el favor de Dios y hacer que El le escuchara. Esta situación, comparada con otras, fue de relativa sencillez, puesto que las voluntades y las actitudes de otras personas no entraron en juego y Aarón y María ya estaban arrepentidos. Así que Moisés recibió de Dios una respuesta casi instantánea.

La oración que hizo Elías sobre el monte Carmelo fue breve en extremo: no le tomó ni medio minuto pronunciarla. "Entonces cayó el fuego del Señor" (1 Reyes 18:38). Casi seguro que Elías no había ni siquiera llegado al amén de su oración. Estoy seguro de que él se hubiera tomado más tiempo orando si Dios no le hubiera contestado con tanta prontitud. Pero qué respuesta tan dramática y tan transformadora de una nación, resultó ser aquella:"¡El Señor, El es Dios; El Señor, El es Dios!" (v. 39).

Mas recordemos que Elías había estado orando durante tres años, mientras estuvo escondido de Acab y Jezabel. Había llevado constantemente una carga de oración intercesora y no había tenido ningún otro ministerio público. El le había anunciado a Acab tres años atrás que él mismo estaba en la presencia real de Dios actuando como uno de sus presentes ministros de estado (1 Reyes 17:1) Que no nos quepa la menor duda de que Elías estaba intercediendo día y noche.

A veces lo que parece ser una contestación sencilla e instantánea a la oración, no es otra cosa que el clímax supremo de haber pasado días, meses o hasta años en fiel intercesión. ¿Cuándo prevaleció Elías? ¿Sobre el monte Carmelo, en el arroyo de Querit, mientras los cuervos le daban de comer, o en Sarepta, mientras moraba con la viuda y el hijo de ésta? La respuesta es que todo formó parte de su oración prevaleciente. La contestación demostró que Elías había prevalecido en la oración. Y mientras que él prevalecía en la oración, Dios estaba con él y abastecía sus necesidades y lo protegía. Para prevalecer en la oración hay que pagar un precio, y Elías lo pagó por lo menos durante tres años.

Volvamos de nuevo a Elías. Después que el fuego hubo descendido del cielo, Elías se fue solo a la cima del monte Carmelo y allí se mantuvo orando para que lloviera. Oró repetidas veces en espera de una respuesta, y luego le pidió a su siervo que fuera y mirase en dirección al mar. Mas, sólo a la séptima vez, apareció la nube enviada por Dios: al principio era sólo del tamaño de la mano de un hombre (1 Reyes 18:44). Prevalecer de inmediato en una situación determinada no es garantía de que se habrá de prevalecer al momento en la próxima situación.

A menudo el misterio es grande en cuanto al lapso de tiempo necesario para la oración que prevalece. El secreto de la oración que prevalece consiste sencillamente en orar hasta que llegue la respuesta. El espacio de tiempo es, finalmente, indiferente. Lo que cuenta es la respuesta de Dios. El espacio de tiempo necesario puede resultar a menudo desconcertante y puede llegar a ser una prueba de su fe. Este asunto habremos de estudiarlo más tarde con mayor detenimiento.

La oración que prevalece puede que sea necesaria repetidas veces en algunos casos, antes de que finalmente se obtenga la voluntad de Dios. De manera que, cuando Josué luchaba contra Amalec, había victoria, mientras Moisés intercedía con las manos en alto "ante el trono del Señor". Mas cuando Moisés bajaba sus manos, Josué comenzaba a perder la batalla. Mediante la ayuda de Aarón y Hur las manos de Moisés permanecieron en alto de continuo hasta la puesta del sol, y así hubo victoria rotunda. (Exodo 17:11-16).

De igual manera, Epafras prevaleció en oración día tras día por la iglesia en Colosas (Colosenses 4:12-13). Pablo también prevaleció continuamente por los judíos, a pesar de haber sido principalmente apóstol de los gentiles (Romanos 9:1-3).

NIVELES DE LA ORACION QUE PREVALECE

Para poder prevalecer, el intercesor debe a menudo aumentar la intensidad de su oración, procediendo de un nivel al otro. Yo sugiero que se sigan siete niveles. Los tres primeros los enumera Jesús en su Sermón del Monte (Mateo 7:7). A éstos quiero añadir otros cuatro que he sacado de las Escrituras.

Nivel 1: Pedid	Mateo 7:7
Nivel 2: Buscad	La petición se hace más larga y más intensa.
Nivel 3: Llamad	La intercesión se hace aun más apremiante e insistente.
Nivel 4: Ayunar	Al aumento anterior de intensidad y apremio en la intercesión, se le suma el ayuno.
Nivel 5: Carga de oración	La carga puede ser intensa y breve o quizás prolongada durante un período más largo.
Nivel 6: Lucha en la oración	Oración muy intensa.
Nivel 7: Guerra en la oración	Batalla en la oración, a lo largo de un período prolongado.

Tal vez a estos niveles debemos darles el nombre de siete aspectos o formas de la oración que prevalece. En lugar de darnos por vencidos, procedemos a interceder con mayor determinación, hasta haber prevalecido. Estos niveles de intensidad en la oración no están totalmente separados entre sí. Mientras se prevalece en la oración puede ser que un nivel se fusione con el otro, casi sin que el intercesor se dé cuenta de lo que ha ocurrido.

Una carga especial dada por el Espíritu Santo no se puede llevar durante un largo período de tiempo en su forma más intensa. Resulta demasiado agotadora en el aspecto físico. De igual manera, la carga en la oración en su forma más intensa, se puede llegar a convertir casi en lo mismo que luchar en la oración.

La guerra en la oración puede ser que abarque todos los niveles anteriores. En efecto, la guerra en la oración se efectúa comúnmente durante un extenso período de tiempo y puede ser que incluya el alternar entre un nivel y el otro, según indique el Espíritu.

Lo que importa no es ponerse a analizar la oración con el fin de determinar en qué nivel de intercesión uno se encuentra en un momento determinado. En lugar de esto, debe estar consciente de que el Espíritu puede dirigirlo hacia uno o hacia todos los niveles, según él quiera. Hay que estar disponible y listos para orar, a medida que él dirige y capacita. En la santa asociación, en la intercesión que hay con Cristo y el Espíritu Santo, el guerrero en la oración busca interceder constantemente según la mente del Espíritu. Toda esta plática se hará cada vez más clara y de mayor bendición espiritual, a medida que usted progresa en la escuela de oración de Cristo.

Siempre recuerde que usted no merece que sus oraciones sean contestadas. La respuesta de Dios no se gana por algo que usted pueda hacer. Usted no recibe respuestas como resultado del esfuerzo físico, por orar en voz alta, o por provocar algún tipo de experiencia personal. Es más, la oración más intensa de todas puede ser en ocasiones la más silenciosa. Por otra parte, cuando su corazón clama a Dios puede ser que usted tenga, al igual que Jesús, momentos de "gran clamor y lágrimas" (Hebreos 5:7). A lo largo de los siglos, muchos de los guerreros de Dios en la oración han tenido momentos intensos en la oración como éste.

La oración prevaleciente que se intensifica constituye la ley y el método determinados por Dios para poner en funcionamiento su plan redentor, hasta que Jesús regrese. Constituye el esfuerzo más elevado, más santo y más poderoso que un hijo de Dios sea capaz de realizar. Es el medio elegido por Dios para poner en acción, en la tierra, su poder, los recursos celestiales y a los ángeles del cielo. Spurgeon dijo: "Aquel que sabe vencer con Dios en la oración, tiene el cielo y la tierra a su disposición."[1] La oración que se intensifica está revestida del poder de Dios mismo.

NIVELES DE UNION EN LA ORACION

Estar unidos en la oración es a menudo esencial para obtener respuestas a la oración. Dios siempre honra la unidad en la oración. Cuando varias personas oran por la misma necesidad, puede ser que Dios escoja a uno de los miembros del grupo con el fin de que tal persona lleve una carga especial de oración o que ponga en práctica una fe especial. Esto puede fortalecer a todo el grupo en la oración.

A continuación señalo cinco niveles de la unión en la oración:

Nivel 1: Compañeros en la oración
Nivel 2: Grupos de oración
Nivel 3: Grupos simultáneos de oración
Nivel 4: Llamado a la oración hecho por líderes responsables e influyentes a muchas personas y a muchos grupos
Nivel 5: Movimientos extendidos de oración.

Durante los movimientos extendidos de oración puede ser que estén presentes los cinco niveles simultáneamente guiados y motivados por el Espíritu Santo. Sobre la unión en la oración se hablará más adelante en otros capítulos.

3

La oración que prevalece: La necesidad de la Iglesia

LA GRAN NECESIDAD de nuestro mundo, de nuestra nación y de nuestras iglesias es gente que sepa cómo prevalecer en oración. Los momentos de piadosos deseos expresados a Dios insípidamente, una o dos veces al día, habrán de producir pocos cambios sobre la tierra o entre la gente. Los pensamientos bondadosos, dirigidos a Dios por medio de cinco o seis oraciones, después de haber leído uno o dos párrafos con algún contenido religioso, una vez al día, en algún escrito devocional, no traerá el reino de Dios a esta tierra ni sacudirá las puertas del infierno para rechazar los ataques de maldad dirigidos a nuestra cultura y a nuestra civilización.

Los resultados, no las bellas palabras, son la prueba de la oración que prevalece. Los resultados, no meros momentos de devoción beata, son el sello de un verdadero intercesor.

Necesitamos grandes respuestas a la oración, vidas y situaciones cambiadas: respuestas que lleven el sello de lo divino. Nos hacen falta poderosas demostraciones de la realidad y la preocupación de Dios y de su actividad y su poder, los cuales obligarán al mundo a reconocer que Dios es verdaderamente Dios, que El es soberano y que está participando en su mundo en el presente. Nos hacen falta poderosas respuestas a la oración, que traigan nueva vida a la iglesia y nueva fortaleza, fe y valor a los creyentes desfallecidos; respuestas que hagan callar, que dejen estupefactos y que traigan convicción a hombres malvados; respuestas que frustren, que derroten y que hagan retroceder los ataques de Satanás.

La gran mayoría de los cristianos saben muy poco acerca de la oración prevaleciente, de la lucha en la oración, o de la guerra en la oración. Hemos sido testigos de muy pocas demostraciones de la oración que prevalece. Hemos conocido a muy pocos guerreros en la oración que han tenido poder intercesorio con Dios y con la gente. Hemos conocido a muy pocos intercesores como Elías, quienes fueron como nosotros, mas sus vidas de oración fueron poderosas y eficaces (Santiago 5:16-18).

La intercesión es más que el cálido, esporádico y emocional amor a Dios, y más que la expresión de buena voluntad hecha de rodillas, cuando pensamos en nuestros amigos enfermos y que sufren. La oración es más que un gemido de intenso deseo cuando repentinamente nos hallamos frente a una necesidad producto de una crisis.

LA OBRA PRIORIZADA DE DIOS
PARA TI

La oración que prevalece es trabajo santo, ferviente labor. Epafras, quien estaba "siempre rogando encarecidamente... en sus oraciones" por su congregación (Colosenses 4:12), prevaleció en oración. Los apóstoles a propósito optaron por ocuparse en la oración (Hechos 6:4). Y tres versículos más adelante leemos: "Y crecía la palabra del Señor, y el número de los discípulos se multiplicaba grandemente en Jerusalén". Aun un numeroso grupo de entre los sacerdotes, quizás los más difíciles de ganar, "obedecían a la fe".

Murray escribió: "Tenemos un concepto demasiado pequeño del lugar que debe ocupar la intercesión, a diferencia de la oración que hacemos por nosotros mismos, en la iglesia y en la vida cristiana. En la intercesión nuestro rey sobre el trono encuentra su excelsa gloria. En la misma nosotros también habremos de hallar nuestra excelsa gloria también. Mediante la intercesión El sigue realizando su obra salvadora, y sin ella nada puede hacer. Sólo mediante la misma podemos nosotros realizar nuestra labor, y sin ella nada aprovecha". Y luego añade: "Si... trabajamos más que lo que oramos, la presencia y el poder de Dios no se ven en nuestra labor como quisiéramos verlos".[1]

"La oración jamás debía ser algo incidental en la obra de Dios. La oración es la misma labor... en toda la obra que para Dios se hace, la oración es el poder que actúa en todo lo que Dios ha de hacer mediante su pueblo". Arthur Mathews afirma: "La historia espiritual de una misión o de una iglesia está escrita en su vida de oración".[2] Lo que cuenta para Dios no son las estadísticas sino la profundidad en la oración y la presencia y el poder de Dios en las vidas, en los servicios de las iglesias y en el mayor alcance que obtengamos. Todas las metas que nos tracemos, nuestros métodos administrativos eficaces y nuestra administración computarizada poca cosa podrán lograr a no ser que estén habilitados por la poderosa oración que prevalece.

Cualquier cosa que lo haga estar demasiado ocupado para pasar tiempo en oración, cualquier cosa que lo aparte del santo prevalecer, cualquier cosa que le quite el hambre por Dios, por las almas y por el tiempo dedicado a batallar en la oración, constituye un obstáculo para Dios y para su reino. No podemos darnos este lujo.

Los grandes y piadosos en la iglesia siempre han sido aquellos que han sabido prevalecer en oración. No existe nada más elevado ni más santo en la vida y en el servicio cristianos. En la oración que prevalece usted se eleva hasta alcanzar el máximo de su potencial como ser creado a la imagen de Dios y como exaltado hasta los lugares celestiales para compartir con Cristo su trono de intercesión (Efesios 1:20-21; 2:6).

Piense en esto: El mismo Dios que elevó a Jesús hasta los cielos, después de su muerte y resurrección, colocándolo a la diestra del trono del universo: "juntamente con él nos resucitó, y asimismo nos hizo sentar en los lugares celestiales con Cristo Jesús" (Efesios 2:6). En potencia usted se sienta donde Cristo está sentado: ¡sobre el trono, para compartir su reinado! ¿Cuándo? ¡Ahora! ¿De qué manera? ¡Mediante la intercesión!

Usted no tiene ministerio más grandioso ni liderazgo de mayor influencia que la intercesión. No se puede jugar mayor papel, ni existe honor más grande ni mayor autoridad que ésta. Usted ha sido salvo para que reine por medio de la oración. Usted ha sido lleno del Espíritu para que pueda reinar mediante la oración. Usted reina en la medida en que prevalece en oración.

DIOS ESTA BUSCANDO A PERSONAS PARA QUE PREVALEZCAN

La mayor necesidad de Dios en el presente es encontrar hombres y mujeres que sepan prevalecer en la oración: intercesores poderosos, incansables prevalecedores, gente que habrá de perseverar en la batalla y en la conquista en la oración hasta que los poderes celestiales sean desatados y se haga la voluntad de Dios en las situaciones prácticas de la vida.

La causa de Dios se arrastra hacia adelante tímida y lentamente cuando existen más organizadores que agonizantes, cuando hay más obreros que guerreros que prevalecen en la oración. Nos hacen falta guerreros en la oración que hayan visto el corazón de Dios, que hayan experimentado el poder y la gloria de la cruz, que conozcan el significado bíblico del día de juicio, del cielo y del infierno. Nos hacen falta guerreros en la oración que sientan la esclavitud, la falta del menor indicio de esperanza eterna y la perdición de los que no son salvos; que sienten el poder, el gozo y la gloria transformadores que vienen de Cristo, en los que son salvos. Nos hacen falta guerreros en la oración que oren como si Dios fuera Dios y como si Satanás fuera Satanás.

Dios busca personas para que prevalezcan en la oración. Este es el medio que El ha determinado para que el mundo avance hacia la justicia y sus habitantes hacia la salvación. Dios busca a gente para que prevalezca, porque él ve los millones de habitantes de la tierra en sus pecados y necesidades, los ama infinitamente y anhela salvarlos del pecado, de Satanás y del infierno. El precio por la expiación de ellos ya se ha pagado. La obra del Calvario ha sido acabada triunfalmente y para siempre. Todo está preparado, mas el hombre está ciego, afectado y endurecido por el pecado.

La única esperanza que ofrece Dios a los millones que habitan esta tierra es la oración que prevalece. Por este motivo Jesús está prevaleciendo día y noche y necesita nuestra prevaleciente colaboración. Dios ha determinado que las naciones sean salvas mediante la oración (Salmo 2:8). Esto es parte de su eterno decreto. Por eso, Jesús ora; y por eso, nosotros debemos orar.

LE ESTAMOS FALLANDO A DIOS

Hay millones de cristianos débiles y descuidados que le están fallando al grandioso corazón de amor de Dios; que le están fallando a su crucificado, resucitado y entronizado Señor; fallándole al sensible y gimiente Espíritu intercesor. Dios anhela demostrar su gracia (Isaías 30:18), mas se ve impedido porque nosotros no hemos cumplido el papel para el cual El nos creó, nos salvó y para el que nos mantiene vivos hoy.

Las iglesias, las agencias misioneras y las instituciones cristianas están extremadamente organizadas, tienen personal adecuado y, en términos generales, están ocupadas realizando labores significativas. Mas; ¿dónde están los resultados? Aún no hemos orado para que ocurran. No le hemos enseñado a nuestra gente el papel que desempeña la oración prevaleciente. No hemos sido capaces de servirles de modelo de lo que debe ser una vida poderosa de oración que prevalece, para así poderlos guiar en la misma.

Sólo un tonto no ora, mas existen millones de cristianos que parecen ser aún más tontos. Creen en la oración. Oran con cierta indiferencia y a menudo ineficazmente, pero jamás se han dado a la tarea de la conquista espiritual por medio de la oración que prevalece. Y a sabiendas de que el inmenso poder de Dios se desata siempre por medio de la oración, sin embargo, no oran, hasta haber prevalecido.

"¿Dónde están los líderes cristianos que pueden enseñar a los santos modernos a orar y que los pongan a hacerlo? ... ¿Dónde están los líderes apóstoles que pueden poner a orar al pueblo de Dios?"[3] Sólo aquellos que prevalecen en la oración son capaces de producir una multitud de seguidores que saben cómo prevalecer. Los apóstoles que prevalecen producen guerreros en la oración. Los púlpitos donde no se ora producirán congregaciones que no oran ni tienen poder. ¿Quién llamará a la presente generación a la oración y quién les enseñará a orar? ¿Dónde están nuestros gigantes en la oración?

SE BUSCAN:
GIGANTES EN LA ORACION

Hace muchos años, E. M. Bounds escribió lo siguiente:

"Nos hace falta este liderazgo inmerso en la oración; es necesario que lo tengamos, por la perfección y la belleza de su santidad, por la fortaleza y la elevación de su fe, por la potencia y el empuje de su oración, por la autoridad y la pureza de su ejemplo, por el fuego y lo contagioso de su celo, por la singularidad, la sublimidad y la humildad de su piedad, que sea capaz de influir en Dios y sostener y moldear a la iglesia de acuerdo con su patrón celestial.

¡Cuán poderosamente se sienten a estos líderes! ¡De qué manera el fuego que poseen levanta a la iglesia! ¡De qué manera batallan y dan victoria mediante los conflictos y triunfos de su propia fe! ¡De qué forma lo presentan por medio de la insistencia y la importunidad de sus oraciones! ¡De qué manera inoculan mediante el contagio y el fuego de su santidad! ¡De qué forma dirigen la marcha en las grandes revoluciones espirituales! ¡De qué manera la iglesia es resucitada de la muerte mediante el llamado a la resurrección de sus sermones! La santidad brota a su paso, como brotan las flores con la voz de la primavera, y donde pisan el desierto florece como un jardín del Señor. La causa de Dios exige líderes como estos".[4]

Dios anhela revelar su inmenso poder y su amor redentor de manera más extraordinaria y más constante. ¿Qué se lo impide? La falta de la necesaria oración que prevalece. De la misma manera en que el dueño de la viña que Jesús describe vino en busca de fruto (Lucas 13:6-7), así también Dios anda en busca de veteranos en la oración que prevalece entre su pueblo.

Prestemos atención nuevamente a lo que nos dice Adrew Murray:

"El se fija si la iglesia está capacitando al gran ejército de hombres y mujeres ancianos, cuya época de labor externa ha llegado a su fin, pero que pueden fortalecer al ejército de "los elegidos que claman a él día y noche."... El se fija en los miles de hombres y mujeres jóvenes que se capacitan para la obra del ministerio y de misiones, y echa una mirada anhelante para ver si la iglesia les está enseñando que el poder de intercesión con Dios debe ser su primera preocupación, y si proceden a entrenarlos y a ayudarlos a ponerla en práctica. El se fija para ver si los ministros y los misioneros están comprendiendo las oportunidades que se les presentan y si están llevando a cabo la labor de capacitar a los creyentes en su congregación para que se conviertan en aquellos que "colaboren juntamente con ellos" mediante sus oraciones, y que puedan "combatir con ellos contra el mal en sus oraciones". Mientras que Cristo busca a las ovejas perdidas hasta haberlas encontrado, Dios busca intercesores".[5]

Nos hace falta un nuevo, intenso y radical compromiso con la oración, los líderes que conozcan y demuestren el poder de la oración, congregaciones que se hacen cada vez más poderosas en la oración. Necesitamos un liderazgo prevaleciente que moldee a una nueva generación de guerreros en la oración.

DIOS HA DETERMINADO QUE NOSOTROS PREVALEZCAMOS

Dios ha determinado un desempeño glorioso para su Hijo y para nosotros en santa, aunque inmerecida, asociación con su Hijo. ¡Oh, que Dios nos ayude a percibir lo maravilloso de estas realidades!

Dios ha determinado que Cristo sea el Gran Intercesor

1. *El Hijo es la revelación de Dios el Padre.* Todo lo que usted aprende de Dios lo aprende por medio del Hijo. Nadie ha visto jamás a Dios el Padre (Juan 1:18), mas cualquiera que ve al Hijo, ve al Padre (Juan 14:9). De manera que, cada vez que Dios se ha

aparecido como un ser visible, ha sido el Hijo el que se ha aparecido. Dios el Hijo es la Palabra de Dios. De manera que, cada vez que Dios ha hablado lo ha hecho por medio de Dios el Hijo.

2. *El Hijo es el representante determinado por Dios.* Dios nos creó por medio del Hijo (Juan 1:3, 10). Toda la vida que poseemos vino de Dios mediante el Hijo (1:4:; 6:33; 11:25). El Hijo fue el mediador de Dios con nosotros, aun cuando vino como Jehová antes de su encarnación. Fue él sin duda alguna quien caminó con Adán y Eva en el huerto, con Enoc durante años, y con su amigo Abraham; El habló cara a cara con Moisés y se manifestó en forma visible a Isaías (Juan 12:41), a Daniel y al apóstol Juan en Patmos. A través de los siglos, desde la creación, Cristo ha venido a nosotros de continuo (Miqueas 5:2). El vino a nosotros en su encarnación; ahora viene a nosotros constantemente como Emanuel, Dios con nosotros.

3. *Se ha determinado que el Hijo tenga a su cargo a la humanidad* (Isaías 53:4; 63:9). El tenía a su cargo el hacer expiación por la humanidad (53:6). Desde la creación El ha sido el que ha intercedido por la humanidad y ahora, habiendo entrado en el santuario celestial en nuestro favor, El es y habrá de ser nuestro Sumo Sacerdote eternamente (Hebreos 6:19-20). El sacrificio de Sí mismo como Sumo Sacerdote ocurrió una vez y para siempre, mas su papel de intercesor continuará para siempre (7:25). De modo que Dios el Hijo, nuestro Señor y Salvador, es el sumo, constante y perfecto Intercesor prevaleciente.

Dios ha determinado que nosotros intercedamos con Cristo

Dios nos ha creado a su imagen para que seamos como él en personalidad y en carácter. Dios nos ha creado para que tengamos comunión con el trino Dios. El ha determinado que de toda la creación nosotros tengamos una relación especial con Dios el Hijo. Hemos sido creados espiritualmente para tener comunión con el Hijo (1 Corintios 1:9) y para que seamos la esposa del Hijo (Isaías 62:5; Juan 3:29; Efesios 5:25-26; Apocalipsis 21:9).

Además, hemos sido creados, salvos y llamados para interceder y que así prevalezcamos hasta que la respuesta de Dios se manifieste. Y puesto que la intercesión que prevalece constituye la grandiosa prioridad de Cristo en el presente, ésta debe convertirse también en nuestra prioridad, como representantes suyos aquí. El nos ha dado el Espíritu Santo para que podamos ver a la gente y las necesidades desde la perspectiva suya. El ha determinado que el Espíritu Santo nos capacite en nuestra debilidad al orar (Romanos 8:26). El nos ha dado permiso para que utilicemos la autoridad de su nombre en oración (Juan 14:13-14; 15:16; 16:23-24).

El nos ha creado para que seamos sacerdotes para Dios, lo cual incluye el papel intercesor de todos los sacerdotes (Apocalipsis 1:6). No sólo debemos ser sacerdotes santos (1 Pedro 2:5), sino también sacerdotes reales (v. 9), designados para servir a nuestro Rey. A la luz de otras Escrituras, esta responsabilidad claramente incluye el que se nos otorgue un papel real en nuestra intercesión. Nos convertimos en realeza que intercede. Nosotros, al igual que Jesús, reinamos y extendemos el reinado de Cristo mediante nuestra prevaleciente intercesión. Nosotros hemos de compartir la soberanía de Cristo por medio de nuestra oración que prevalece.[6] El nos delega autoridad real.

"Dios ha querido depender voluntariamente también de nuestra oración.... En la oración la iglesia ha recibido poder para gobernar al mundo". Por medio de nuestras oraciones Dios actúa y habla. Y a pesar de que Dios es completamente libre y actúa en libertad soberana, El parece que se ha atado, al menos a un grado considerable, a nuestra intercesión.[7] Hallesby le llama a la oración "el conducto mediante el cual el poder del cielo es traído a la tierra". Y agrega que nuestra oración de fe "es sin lugar a dudas el medio por el cual Dios, en la forma más rápida", podrá darle al mundo su poder salvador por medio de Cristo. Calvino también enseñó que la oración era el medio por el cual el poder de Satanás podía ser derrocado y adelantado el reino de Dios.[8]

LA GLORIA DE LA ORACION QUE PREVALECE

La mayor gloria de Cristo sobre su trono soberano en el presente es la gloria de su intercesión prevaleciente.[9] No existe papel que nos asemeje más a Cristo que el de ser cointercesor con Cristo en favor de las prioridades de Su corazón. No existe otra manera en que un cristiano pueda ser una mayor fortaleza y una mayor bendición para la iglesia de Cristo. No hay otra manera en que usted pueda aportar más para el avance del reino de Cristo y traer gloria al nombre de Jesús. La intercesión que prevalece constituye el servicio por excelencia que usted puede aportar mientras que esté en esta tierra.

La oración que prevalece es gloriosa porque lo une a usted con el mismo latir del corazón de Cristo. Es gloriosa porque en la oración que prevalece se comparte la visión de Cristo, su propósito y su santa determinación y a menudo la costosa agonía de espíritu y la carga de Cristo. La intercesión que prevalece es la labor que más nos asemeja a Cristo de todas las labores, además de ser la más controlada por el Espíritu. El Espíritu comparte con usted la pasión de Cristo hasta que estemos agitados con el mismo llanto del corazón del Hijo y con los mismos gemidos del Espíritu (Romanos 8:26).

Es glorioso poder derramar lágrimas con Cristo, amar con Cristo y arder con los apasionados anhelos de Cristo. Es glorioso compartir con Cristo la batalla intercesora y el triunfo. A veces usted comienza a percibir el poder y el gozo de la era venidera (Hebreos 6:5) a medida que su prevalecer se abre paso hacia la victoria. La gloria comienza cuando usted percibe la seguridad del Espíritu de que su oración ha sido escuchada y contestada. Los resultados visibles no siempre se evidencian de inmediato, mas usted sabrá que ha prevalecido de acuerdo a la voluntad de Dios, y sabrá también que la respuesta de Dios es segura.

Toda oración que prevalece habrá de recibir su final y suprema gloria cuando usted llegue al mundo de la gloria, con la revelación de las recompensas de las oraciones contestadas. ¡Qué honor les espera a los guerreros de Dios que prevalecieron en la oración ante el tribunal de Cristo, cuando los honores y las recompensas de la eternidad sean anunciadas y otorgadas (1 Corintios 3:11-15; 4:5; 9:25)!

Entonces usted se maravillará al ver cómo su prevalecer se unió al de otros guerreros de Dios en la oración, y con la misma intercesión de Cristo, el Hijo de Dios. Entonces usted descubrirá quiénes fueron los que prevalecieron en lo oculto, quienes a lo largo de las edades constituyeron el secreto del obrar poderoso de Dios. Entonces usted descubrirá que toda intercesión se inicia en el corazón de Dios, es trasmitida a usted mediante el Espíritu Santo, y recibe el amén y la presentación del Hijo ante el Padre, y recibe la ayuda de los santos ángeles de Dios. Entonces usted descubrirá que no hubo oración prevaleciente que se elevara en vano. ¡Se inclinará ante Dios sorprendido, en amor y maravillado de pensar que usted, que no es digno, haya tenido una asociación con Cristo tan estratégica, en Su ministerio desde el trono y en las victorias eternas!

¡Señor, enséñanos lo que es el privilegio, la responsabilidad y la gloria de la oración que prevalece!

4

La falta de oración es pecado

NO HAY PECADO más fácil de cometer que el de la falta de oración. Es un pecado contra el hombre y contra Dios. ¿Es usted culpable de este pecado en el presente? En ciertas ocasiones la Biblia trata específicamente sobre el pecado de no orar por los demás. Samuel dijo a Israel: "Y en cuanto a mí, lejos esté de mí que peque contra el Señor cesando de orar por vosotros" (1 Samuel 12:23). Hubiera sido un pecado contra ellos y contra Dios, quien tanto los amaba.

Usted puede pecar no sólo por hacer lo malo sino también por dejar de hacer lo bueno, por dejar de cumplir con su deber. "Y al que sabe hacer lo bueno, y no lo hace, le es pecado" (Santiago 4:17). Jesús dijo: "Aquel siervo que conociendo la voluntad de su señor, no... hizo conforme a su voluntad"; comete tal pecado (Lucas 12:47).

Tales pecados de omisión no le separan de Dios, pero ciertamente entristecen Su corazón. Estos demuestran falta de respeto hacia la Palabra de Dios, al amor de Cristo y al sensible Espíritu Santo, quien procura hacerle recordar a usted lo que debe hacer. Los pecados de omisión debilitan su vida espiritual, lo hacen hasta cierto punto inútil para Dios, y lo privan de las recompensas que Dios anhela otorgarle.

UN PECADO DE DESCUIDO

O. Hallesby escribió lo siguiente: "No existe peor manera en que un hijo de Dios pueda entristecer a Jesús que descuidando la oración.... Muchos descuidan la oración hasta tal punto que su vida espiritual se apaga gradualmente".[1] Aquellos que son descuidados en cuanto a la oración demuestran que son descuidados en cuanto a otros asuntos espirituales. Estos casi nunca están preparados para que Dios los utilice. La falta de oración significa falta de disponibilidad para Dios: un pecado cometido contra el amor de Dios.

La falta de oración demuestra que esa persona posee muy poco amor verdadero hacia Dios. No es difícil sacar tiempo para hablar con aquellos a quienes amamos. "Hermanos, la necesidad apremiante de la iglesia radica en su pereza para buscar a Dios"; dice Samuel Chadwick. Y Andrew Murray agrega: "El pecado de la falta de oración es una prueba... de que la vida de Dios en el alma está débil y enferma de muerte".[2]

La persona que no ora es más carnal que espiritual. El Espíritu Santo es el Espíritu de oración (Zacarías 12:10). El nos mueve a que oremos, nos guía en la oración, y nos ayuda en nuestra debilidad en la oración (Romanos 8:26). Los cristianos que no oran no están llenos ni controlados por el Espíritu, a pesar de lo que puedan profesar. El descuido de uno en la oración puede ser un pecado contra Dios.

UN PECADO DE DESOBEDIENCIA

La falta de oración no es sólo descuido, es desobediencia. Esta clase de desobediencia puede manifestarse de diferentes maneras.

Tenemos la responsabilidad de orar por todos los líderes, en particular por los líderes de nuestro gobierno y por los de otras naciones. ¿Lo hace usted? "Exhorto ante todo, a que se hagan rogativas, oraciones, peticiones y acciones de gracias, por todos los hombres; por los reyes y por todos los que están en eminencia" (1 Timoteo 2:1-2). El no incluir estos asuntos en sus oraciones privadas o públicas constituye un pecado de desobediencia.

En dos ocasiones distintas Jesús ordenó lo siguiente: "Rogad, pues, al Señor de la mies, que envíe obreros a su mies" (Mateo 9:38;

Lucas 10:2). Si usted no ora por el evangelismo y las misiones, está desobedeciendo directamente el mandato de Jesús. Este es un pecado de desobediencia.

Jesús nos enseñó en el Sermón del Monte que debemos orar así: "Venga tu reino" (Mateo 6:10). Al cristiano no le queda alternativa. El creyente debe orar con regularidad por el avance de la causa de Cristo, por la santificación y la glorificación del nombre de Cristo, y porque Dios bendiga a la iglesia. El no hacerlo constituye un pecado directo de desobediencia contra Cristo. Haga un examen de su vida de oración y determine si usted ha estado contristando a Dios a menudo por desobedecerle de esta manera.

Jesús nos dio un modelo de oración para enseñarnos: "Vosotros, pues, oraréis así" (Mateo 6:9). En efecto, debemos a menudo emplear estas mismas palabras, puesto que Jesús nos lo ordenó: "Cuando oréis, decid..." (Lucas 11:2). En esta oración modelo Jesús enseñó que normalmente debemos orar primero por el nombre de Dios, porque venga su reino y porque se haga su voluntad, antes de orar por nuestras necesidades personales (Mateo 6:9-13; Lucas 11:2-4).

Por lo tanto, si la mayor parte de nuestras oraciones giran regularmente alrededor de nosotros mismos, de nuestra familia, y de nuestro círculo más cercano de amigos, en lugar de girar alrededor del reino de Dios, de Su iglesia, de las necesidades del mundo y del evangelismo mundial, procedemos en contra del ejemplo de Cristo, puesto que él dijo: "Vosotros, pues, oraréis así" (Mateo 6:9). Orar por uno mismo es petición, no intercesión. La intercesión es la oración que se hace por otros. La oración que prevalece es casi siempre la que se hace por otros.

Si el cristiano ora día tras día primordialmente por sí mismo, por su propia familia, y por su círculo de amigos más cercano de amigos, en lugar de orar primordialmente por los demás, como enseñó Jesús, está cometiendo un pecado. Si los cristianos son tan egocéntricos que jamás lloran, como lo hizo David, al orar por el bienestar y la salvación de sus enemigos; si los cristianos jamás lloran por su propia ciudad o zona, como lloró Jesús por Jerusalén; si los cristianos jamás oran con corazón quebrantado por los pobres y los desamparados, por los hambrientos, por los presos, por los huérfanos, por las viudas; por los acongojados, por los esclavos del licor, por los drogadictos, y por los niños y las esposas maltratadas, estamos pecando contra la orden de Pablo: "Llorad con los que lloran" (Romanos 12:15).

Job preguntó: "¿No lloré yo al afligido? Y mi alma, ¿no se entristeció sobre el menesteroso?" (Job 30:25).

Si los cristianos saben que Cristo les ha enseñado —y ordenado— que oren, y que está esperando a que ellos se conviertan en sus compañeros en la oración, y aun así no oran, caen en franca desobediencia.

Si un cristiano sabe que Cristo desea que el mundo tenga la oportunidad de ser salvo, que Cristo nos ha ordenado que oremos por obreros para su mies, y que los resultados duraderos en el evangelismo vienen sólo cuando el evangelismo está impregnado de la oración que prevalece: cuando el cristiano sabe todas estas cosas y aun así no se da a la tarea de orar, comete uno de los más graves actos de desobediencia que se puedan cometer. Esto pone en duda cuánto amamos a la gente y cuánto amamos en verdad a Jesús.

El no orar fielmente y con regularidad por los demás, es prueba de que nuestro amor es egoísta en extremo, de que nuestra visión es muy limitada, y que todavía no conocemos cuál es el palpitar del corazón de Jesús, quien ama al mundo entero y anhela la salvación y el bienestar del mismo.

UN PECADO EN CONTRA DE SU PROPIA VIDA ESPIRITUAL

La falta de oración es, además, un pecado en contra de nuestra propia vida espiritual. Usted no puede crecer en gracia cuando descuida la oración. Usted no puede cultivar un andar íntimo con Jesús si no se comunica a menudo con El. Usted no puede compartir el mismo latir de Su corazón si usted en raras ocasiones intercede con El.

La falta de oración lo priva a usted de tener conciencia de la cercanía de la presencia de Jesús. Lo priva del tener conciencia de la sonrisa que se dibuja en Su cara, de la dicha de escuchar Su voz. Lo priva también del toque de su mano y de gran parte de la guía que él da. Lo priva de Su poder.

La falta de oración es el pecado más grave que se pueda cometer contra uno mismo, ya que la oración es felizmente tan sencilla. Todo lo que usted necesita hacer para aprender a orar es precisamente orar. Es algo tan natural en términos espirituales que los nuevos creyentes casi que comienzan a orar sin ser enseñados. Hasta los niños pequeños pueden fácilmente aprender a tener una vida de oración muy real, personal y satisfactoria a medida que hablan con Jesús.

UN PECADO CONTRA DIOS

Puede ser que a la falta de oración le llamemos debilidad, que estemos tan ocupados y preocupados que descuidemos aquello que sabemos que debemos hacer. Puede ser que inventemos numerosas excusas, mas Dios le da el nombre de desobediencia. Y eso es pecado contra Dios.

La falta de oración no es sólo un pecado contra los demás directamente, es un pecado contra el mismo Dios directamente (1 Samuel 12:23). Jesús nos enseñó "sobre la necesidad de orar siempre, y no desmayar" (Lucas 18:1). Forsyth ha dicho que para el cristiano, "el peor pecado es la falta de oración".[3] ¿Por qué? Porque demuestra nuestra indiferencia hacia Dios y nuestra desobediencia a El.

La falta de oración es una prueba de la actitud nuestra hacia Dios. Constituye un tipo de infidelidad y de falta de amor.[4] Nuestra relación con Dios no es lo que debería ser si no le amamos lo suficiente como para sacar tiempo para estar a solas con El, para escucharle y hablarle. La falta de oración le proclama a Dios y a Satanás que la relación que tenemos con Jesús no es demasiado amante ni estrecha. Una relación correcta con Jesús siempre habrá de incluir la oración: tanto el deseo de orar como la práctica en sí de la oración.

A USTED LE PESARA
LA FALTA DE ORACION

Nos pesará la falta de oración cuando de repente nos haga falta prevalecer en oración y nos demos cuenta de cuánto hemos retrocedido, de cuán poco importante es nuestra relación con El y cuán débiles nos ha dejado nuestra falta de oración. Cuando de pronto necesitamos una fe fuerte, nuestra fe nos resulta débil y tambaleante, puesto que la hemos ejercitado tan poco. Dios, en su misericordia, puede ser que nos escuche, mas nuestros corazones se sienten culpables por haberlo descuidado a El de tal manera y por haberlo desobedecido en nuestra vida de oración.

Es menester que le pidamos perdón inmediatamente. Tengamos presente que podemos recibir el perdón en un instante si nos arrepentimos de veras y tomamos medidas ahora para cumplir la voluntad de Dios. Mas el poder en la oración no se restablece en un instante. Como regla general, es el fruto de la fidelidad en la vida de oración.

Dios lleva un registro, no sólo de nuestros pensamientos y de nuestras palabras, sino también de nuestras oraciones. Ravenhill escribe lo siguiente: "Estoy convencido de que a la mayoría de nosotros habrá que enjugarle las lágrimas cuando los libros sean abiertos en el tribunal de Cristo, y sea leído nuestro registro personal".[5]

Cuando usted y yo estemos con Cristo en la eternidad, tal vez la característica más sorprendente de nuestras vidas, al mirar atrás, habrá de ser la falta de oración. "Si hay algún pesar en el cielo el mayor de todos será haber pasado muy poco tiempo en genuina intercesión".[6]

Si, como enseñó Andrew Murray, Cristo determinó que la oración fuera el gran poder mediante el cual Su iglesia habría de realizar su obra, entonces, con toda seguridad, el descuido de la oración por parte de la iglesia es la principal causa de su falta de poder. El agregó: "Satanás desatará todo su poder con el fin de que no nos convirtamos en hombres de oración"[7] ¡Cuán decepcionado está Dios con la vida espiritual del pastor y de su pueblo, cuando ambos son débiles en la oración que prevalece y en la oración de fe! Dios no nos ha otorgado un recurso mayor para que sobre nuestras vidas y sobre nuestra obra desciendan su bendición y su poder.

Es probable que no exista otro pecado en particular que usted y yo debamos admitir con mayor vergüenza, que el pecado de falta de oración. Quizás no ha habido otra época en la historia de la iglesia en que los líderes de las iglesias y las congregaciones hayan estado más atareados y más organizados en las actividades de la iglesia. Mas ¿dónde está el poder que atrae a los incrédulos, que los hace temblar en la presencia de Dios, que los conduce al verdadero

La falta de oración es pecado

arrepentimiento y a la transformación de sus vidas, y que luego los hace formar parte activa de una comunidad que activamente testifica? No basta con estar atareados. Es menester que seamos bendecidos y que estemos investidos de poder, que seamos poderosamente utilizados por Dios.

Nunca antes la causa de Dios ha necesitado una ilustración más visible de las posibilidades y del poder que tiene la oración, que lo que la necesita la iglesia de nuestros tiempos. El poder de la oración es el que hace santos y produce santidad de carácter, ética en el vivir, y testimonio fructífero. Que Dios perdone nuestra falta de oración y que nuevamente nos llame a una vida de oración que prevalece.

PODEMOS SER LIBRADOS DE LA FALTA DE ORACION

Chadwick ha escrito lo siguiente: "Tal parece que lo más grande en el universo de Dios es un hombre que ora. Sólo existe una cosa más asombrosa que esta, a saber: un hombre que no ora"[8] ¡Señor, haznos gigantes en la oración! La falta de oración es el pecado del cristiano indiferente. La ausencia de oración prevaleciente auténtica constituye el pecado de muchos cristianos que oran. Gracias a Dios que existe un camino que conduce a una vida de oración e investidura de poder, y ese camino es la oración.

Es necesario que tengamos una relación con Cristo totalmente nueva. Adrew Murray dice: "Es en vano que nosotros, con la vida espiritual defectuosa que tenemos, nos esforcemos por orar más y mejor. Esto es un imposible".[9] Es necesario que veamos a Jesús como el Señor que aguarda para librarnos de la falta de oración. Debemos creerle para poder tener una nueva vida de comunión más íntima con él, una vida, en su amor y en su comunión, que vaya más allá de lo que hasta la fecha hemos conocido.

Jesús anhela librarle de una vida espiritual defectuosa y de una vida defectuosa de oración. El debe hacerse real de una forma más personal. Usted debe valorar su amor infinito más que nunca. Usted debe reciprocar su anhelo de comunicarse con usted. Debe estar dispuesto a dedicar tiempo para que El comparta su carga de oración con usted, mientras que intercede a la diestra del Padre. El Cristo resucitado y entronizado, el gran Intercesor suyo, mediante su Espíritu Santo, le enseñará la vida del poder en la oración. Que el Espíritu le llene con el espíritu de intercesión. Para aprender a prevalecer en la oración hay que tener fuerza de voluntad. Hay que reconocer cuáles son sus prioridades espirituales. Ravenhill ha dicho: "La oración es una batalla para hombres hechos y derechos, completamente armados y completamente despiertos ante las posibilidades de la gracia".[10]

¡Que Dios nos enseñe el papel que juega la oración y la prioridad de orar! ¡Que Dios nos dé sed y gusto por la oración, por encontrarnos cara a cara con el Señor Jesús! ¡Que Dios nos dé la determinación de prepararnos para orar, para apartar tiempo para seguir el ejemplo de Cristo en la oración! Que Dios nos enseñe a llenar los requisitos de la oración, a cultivar el hambre por la oración, a experimentar el gozo de la intercesión que prevalece y el poder de Dios que viene sobre nuestras vidas y sobre las de otros mientras oramos!

5

El Cristo que prevalece

EL CRISTO PREVALECIO ANTES DE SU ENCARNACION

EXISTEN INDICIOS en las Escrituras de que nuestro Señor Jesucristo ascendido y entronizado ha desempeñado un papel en la intercesión, desde la época de Adán y Eva hasta el presente. Este papel lo seguirá desempeñando por lo menos hasta que toda la iglesia se haya reunido con el Señor en el cielo. ¿Intercedió el Cristo antes de encarnar en el momento en que Adán y Eva pecaron? ¿No es ese el motivo por el cual ellos no murieron al instante físicamente cuando de hecho murieron espiritualmente?

Sabemos que Jesús acompañó a Israel a lo largo de su peregrinación por el desierto (Exodo 14:19; 33:14; Isaías 63:9; 1 Corintios 10:4). La afirmación "mi presencia irá contigo", en Exodo 33:14, significa literalmente "Mi rostro irá contigo". Cristo es el único rostro visible que tiene Jehová. Si Jehová-Jesús, antes de encarnar, acompañó continuamente a Israel, y compartió sus penas, sin lugar a dudas que El intercedió por ellos de continuo, y le agregó, por ejemplo, su intercesión y su amén a la intercesión de Moisés (Exodo 32) y a la de los profetas (Isaías 62). En el Antiguo Testamento se dan indicios de la existencia, la presencia y el ministerio de Cristo, mas todos éstos se hacen claros y explícitos en el Nuevo Testamento.

Uno de los pasajes más sorprendentes, que nos encubre y a la vez nos revela la intercesión prevaleciente de Cristo, se encuentra en Isaías 62:1 (BLA). Muchos comentaristas consideran que esta es la voz de Dios o la voz del Siervo de Jehová: en otras palabras, el Cristo antes de ser encarnado. "Por amor de Sion no callaré, y por amor de Jerusalén no descansaré, hasta que salga como resplandor su justicia, y su salvación se encienda como una antorcha". ¿De qué manera no callará El? La respuesta se encuentra en los versículos 6 y 7: "Sobre tus muros, oh Jerusalén, he puesto centinelas; en todo el día y en toda la noche jamás callarán. Los que hacéis que el Señor recuerde, no os deis descanso, ni le concedáis descanso hasta que la restablezca, hasta que haga de una alabanza en la tierra".

Por el hecho de que el Cristo antes de encarnar se ha hecho el propósito de no callar (Isaías 62:1), El pide a aquellos que invocan al Señor—en otras palabras, que interceden —que no callen jamás. El propósito que Dios tiene para Jerusalén (la Jerusalén literal en aquel entonces, pero de manera más completa, la Jerusalén espiritual, la iglesia) es tan grandioso y apremiante que El y nosotros debemos unirnos en incesante oración prevaleciente. ¡Oh, los miles de millones de veces que Cristo ha intercedido por su pueblo a lo largo de los siglos!

CRISTO PREVALECIO EN LA TIERRA

Cristo prevaleció, cuando estuvo aquí en la tierra, mucho más de lo que sus discípulos pudieron imaginarse en aquel entonces. El no hizo ostentación de la comunión que tenía con el Padre ni de su intercesión, sino que casi siempre se alejaba silenciosamente para estar solo en oración. Se levantaba temprano con el fin de poder interceder de manera ininterrumpida.

Tenemos conocimiento de su lucha en la oración en Getsemaní: una oración que prevaleció de tal manera, a tal costo de energía del alma, que nos quedamos estupefactos ante el relato. Isaías nos dice: "Por cuanto derramó su vida hasta la muerte, y fue contado con los pecadores, habiendo él llevado el pecado de muchos, y orado por los transgresores" (Isaías 53:12). De modo que la cruz y la agonía de Getsemaní van unidas. Lo que El había estado haciendo en secreto junto con el Padre, y por lo que había agonizado en el jardín, se hizo público en la cruz, cuando El dijo: "Padre, perdónalos".

Jesucristo es el Salvador Intercesor. En Hebreos 5:7 dice: "Y Cristo, en los días de su carne, ofreciendo ruegos y súplicas con gran clamor y lágrimas..." F. F. Bruce dice lo siguiente acerca del que escribió este versículo: "Es probable que él tuviera conocimiento acerca de varios incidentes de la vida de Jesús en los que él ofreció "ruegos y súplicas con gran clamor y lágrimas".[1] No cabe duda de que Getsemaní fue una de estas ocasiones.

¡Con cuánto gusto recibiríamos más datos en cuanto a la forma en que Jesús prevaleció en oración! Moisés, Elías, Isaías y Daniel prevalecieron poderosamente en oración, mas jamás como lo hizo Cristo, el Hijo del Hombre, cuando intercedía en la tierra como nuestro Gran Sumo Sacerdote.

Ningún ser humano estuvo más atareado que Jesús durante su ministerio terrenal. Marcos nos habla acerca de ocasiones en las que El no tuvo ni siquiera tiempo para comer. En otros momentos no tuvo tiempo para dormir. El ministraba de día y la gente venía de noche a entrevistarse con El, que andaba enseñando, sanando, viajando y bendiciendo, mas se apartaba para orar a solas. Tal vez era en esas horas tempranas de la mañana y durante toda la noche, en que podía estar más a solas con el Padre, que El repetidas veces prevaleció con gran clamor y lágrimas. Cristo mismo nos dice cuán a menudo El anhelaba salvar a Jerusalén (Mateo 23:37; Lc. 13:34; 19:41). El avivamiento ocurrido el día de Pentecostés y después de éste, sin duda fue el resultado de la intercesión prevaleciente de Jesús.

E. M. Bounds escribió: "Las crisis de su vida se caracterizaron de manera distintiva, y las victorias de Su vida las obtuvo, en horas de importuna oración". Según Tomás Payne: "Sus oraciones eran más potentes que todas las fuerzas de la tierra y del infierno puestas juntas... Para El este era el verdadero campo de batalla".[2]

Sus oraciones trajeron victorias totalmente esenciales. El oró y los discípulos no perdieron su fe ni se dispersaron en la crucifixión (Lucas 22:32). El oró y mediante la agonía que padeció en Getsemaní, le fue posible soportar el peso de los pecados del mundo.

No se tenía la costumbre de arrodillarse para orar en los días de Jesús. Mas Jesús se hallaba en agonía tal que se arrodilló al orar (Lucas 22:41). Mateo y Marcos agregan que El cayó al suelo sobre su rostro en su lucha en la oración (Mateo 26:39; Marcos 14:35).

Jesús prevaleció hasta tener la seguridad de la victoria y, sobreponiéndose de su angustia, demostró la silenciosa postura de la victoria. El había orado como nadie había orado jamás y prevaleció como nadie había prevalecido antes, y todo lo hizo para bien nuestro. La oración que prevalece casi siempre se practica para el bien de los demás.

La oración prevaleciente fue la vocación de Su vida. Todo lo que Cristo logró durante su ministerio terrenal tuvo su origen en la intercesión, estuvo bañado y saturado con la intercesión, y recibió poder y fue ungido como resultado de la intercesión. Andrew Murray dice: "A cada acto de gracia en Cristo le ha precedido la intercesión, y a ésta le debe su poder".[3]

Cristo optó por ministrar, no principalmente por medio de los atributos de su deidad esencial como Hijo de Dios, sino más bien como Hijo del Hombre. La expresión favorita suya para referirse a sí mismo fue Hijo del Hombre. El optó por hacerle frente a la vida y a Satanás en el mismo plano en que lo hacemos nosotros. Su bautismo tuvo lugar mientras que El prevalecía en oración, y el Espíritu Santo vino sobre El mientras oraba. ¿Por qué oraba? No cabe duda de que durante los años que vivió en Nazaret El había estado orando día tras día mientras que trabajaba en el taller de carpintería. La oración formaba parte de todo lo que El hacía. Era el aliento de su misma vida.

Jesús ganó la batalla que libró con Satanás en el desierto durante cuarenta días, mediante la oración. El escogió a sus apóstoles por medio de la oración. El dependió completamente en el Espíritu Santo, tal y como debemos hacerlo nosotros; y El recibió el Espíritu, tal y como lo recibimos nosotros, mediante la oración. Jesús prevaleció diariamente. El no pudo vivir ni ministrar sin prevalecer en la oración, como nos dice Hebreos 5:7.

JESUS TODAVIA PREVALECE EN LA ORACION

Jesús, en el trono celestial en el presente, sigue siendo nuestro Sumo Sacerdote y también nuestro Rey. Su sacerdocio es permanente (Hebreos 7:24). El sigue siendo el Hijo del Hombre. El reina e intercede en el presente como el Hijo del Hombre. Cuando El venga otra vez habrá de venir como el Hijo del Hombre.

Como Hijo del Hombre, ¿en qué radica su prioridad? Como Hijo del Hombre en el trono, ¿para hacer qué cosa vive Jesús? ¿Vive él para darle la bienvenida a los santos en el cielo cuando mueran? Estoy seguro de que El les da la bienvenida, mas la Biblia no lo afirma. ¿Vive El para hacerle entrevistas a santos y a ángeles? Lo más probable es que así suceda, mas la Biblia no lo afirma. ¿Vive El para disfrutar la música celestial? Estoy seguro de que se deleita con la música celestial. El nos creó para que pudiéramos disfrutar la música junto con El, pero hay algo más importante que escuchar música. ¿Vive El para reinar? Por supuesto que sí: El reinará por los siglos de los siglos.

Sin embargo, la Biblia hace hincapié en un papel que desempeña Jesús sobre todos los demás: El es *Sacerdote* para siempre (Hebreos 5:6; 6:20; 7:17, 21). Su sacerdocio es permanente (7:24) puesto que El vive siempre para interceder (v. 25). Su trono soberano es un trono de gracia, como resultado de su expiación y porque El vive siempre para interceder por nosotros. Su trono es un trono sacerdotal (8:1).

En Romanos 8:34 se asocian dos hechos: Cristo a la diestra de Dios, y Cristo intercediendo por nosotros. ¿Qué significa esta intercesión por nosotros? Muchos comentaristas opinan que su misma persona sentada en el trono celestial basta por sí misma como gloriosa intercesión. Estos dudan que, en efecto, Jesús esté orando. Opinan que Jesús no necesita hacerle ninguna petición al Padre; El estar sentado en el trono constituye toda la petición que El necesita hacer.

Mas Jesús es el mismo ayer, hoy y por los siglos (Hebreos 13:8). Mientras estuvo en la tierra El nos amó, nos anheló, y oró por nosotros (Juan 17). El oró personalmente por Pedro (Lucas 22:32). Como Hijo del Hombre El se preocupa y se interesa tan intensamente por cada uno de nosotros como lo ha hecho siempre. El simpatiza con nosotros tanto como lo ha hecho siempre (Hebreos 4:15). El vocablo griego que se emplea aquí, "sympatheo", significa sufrir con. El argumento expresado en Hebreos 4:15-16 es que debemos acudir al trono de la gracia (donde intercede Jesús) confiadamente, puesto que El simpatiza y padece con nuestro sufrimiento. El se conmueve por nuestra necesidad y siente nuestro sufrimiento. El se compadece de nosotros tan infinitamente como jamás se ha compadecido.

El trono de Su intercesión por nosotros es un trono de intercesión sentida y de dolor. Entonamos el himno que dice: "¿Se preocupa Jesús cuando mi corazón está adolorido?" Y luego cantamos el coro, por medio del cual resuena nuestra profunda convicción: "Oh, sí, El se preocupa, yo sé que El se preocupa. Su corazón se conmueve con mi angustia".

Estoy de acuerdo con Andrew Murray de que toda bendición que recibimos de Dios, toda respuesta a la oración, llevan esta marca divina: "Mediante la intercesión de Cristo".[4] Cristo no está sentado en dichosa dignidad real, indiferente, mientras que usted intercede. ¡No, jamás! Usted intercede por el hecho de que El intercede. El Espíritu Santo le comunica a usted el palpitar del corazón de Jesús. La carga y el interés que usted siente son muy leves en comparación con el interés infinito que siente Jesús por usted y con usted.

Jesús participa en todas las luchas y las batallas espirituales de la iglesia. El Jesús que sintió todas las penas y el sufrimiento de Israel en su pecado (Isaías 63:9), siente aún todo el quebrantamiento de corazón del mundo en la actualidad. El es nuestro eterno Sumo Sacerdote. El está prevaleciendo en la actualidad en el trono celestial: no sólo por su presencia y como resultado de sus heridas en el Calvario, sino por Sus continuas y santas súplicas, por Su intercesión. La batalla contra el pecado no acabará hasta que Satanás no sea lanzado al lago de fuego, y hasta que la última oveja perdida esté en el rebaño; entonces Jesús dejará de prevalecer, en su carga intercesora, por nuestro mundo.

La muerte de nuestro Señor Jesucristo sobre la cruz marcó el final de Su humillación y de su sufrimiento, completó la provisión de Dios para la expiación, y trajo como resultado la estrepitosa derrota de Satanás. Luego comenzó, en cuatro pasos gloriosos, la exaltación de Jesús. En primer lugar, Jesús descendió al mundo invisible de los espíritus y anunció su rotundo triunfo sobre Satanás (1 Pedro 3:19).

En segundo lugar, le siguió su triunfante resurrección, la cual anunció al universo que Su sacrificio expiatorio había sido aceptado por el Padre, que sus afirmaciones de que El era el Hijo de Dios fueron autenticadas (Romanos 14:9), y que todos los suyos iban un día a resucitar, de la misma forma en que El había resucitado (1 Corintios 15:20; 2 Corintios 4:14).

En tercer lugar, Jesús, de manera visible y victoriosa, ascendió al Padre en los cielos. El traspasó los cielos (Hebreos 4:14) y fue escoltado y recibido en la gloria (1 Timoteo 3:16). Esta procesión triunfal que atravesó las puertas del cielo, probablemente se describe en el Salmo 24:7-10. Como el Hijo del Hombre glorificado, El mora oficialmente con el Padre y está preparando un lugar para nosotros (Juan 14:2). Este es un misterio bendito, cuyo significado y resultado veremos un día hacerse realidad.

En cuarto lugar, Jesús está sentado en el trono, a la diestra del Padre (Marcos 16:19). El mismo predijo este suceso al citar la profecía de David: "Dijo el Señor a mi Señor: Siéntate a mi derecha, hasta que ponga a tus enemigos por estrado de tus pies" (Mateo 22:44; Salmo 110:1). En el juicio que le celebraron ante el Sanedrín, Jesús anunció lo siguiente: "Y además os digo, que desde ahora veréis al Hijo del Hombre sentado a la diestra del poder de Dios" (Mateo 26:64).

La entronización de Jesús ya es un hecho consumado:

1. *El ya ha sido exaltado hasta lo sumo* y se le ha dado un nombre que es sobre todo nombre en el cielo, en la tierra, y debajo de la tierra (sobre todo poder satánico y demoníaco; Filipenses 2:9).

2. *El ya está activamente involucrado en el gobierno del universo* (Hebreos 1:4). El está sentado, lo que demuestra que su soberanía es un hecho consumado. El está sentado a la diestra de Dios el Padre: el sitio de autoridad suprema y de más alto honor. Su reino es un reino cósmico, abarca todo el universo. El Padre glorioso, dice Pablo, lo sentó "a su diestra en los lugares celestiales, sobre todo principado y autoridad y poder y señorío, y sobre todo nombre que se nombra, no sólo en este siglo, sino también en el venidero; y sometió todas las cosas bajo sus pies, y lo dio por cabeza sobre todas las cosas a la iglesia" (Efesios 1:20-22).

3. *Su reinado es sacerdotal.* El es nuestro Sumo Sacerdote soberano. Su trono tiene calidad de reino y de sacerdocio. El sigue siendo el Mesías—el Ungido—nuestro Profeta, Sacerdote y Rey (las tres clases de personas que eran ungidas en la época antiguotestamentaria). El es el "sumo sacerdote, el cual se sentó a la diestra del trono de la Majestad en los cielos" (Hebreos 8:1). Como Sumo Sacerdote, El se ofreció, sobre la cruz, como el supremo y final sacrificio. El, "habiendo ofrecido una vez para siempre un solo

sacrificio por los pecados, se ha sentado a la diestra de Dios" (Hebreos 10:12).

Si el acto de Su sacrificio ya se ha terminado para siempre, ¿de qué manera, entonces, ministra El como nuestro Sumo Sacerdote? En la otra actividad principal del sacerdocio, a saber, en la intercesión en favor de los demás. "Mas éste, por cuanto permanece para siempre, tiene un sacerdocio inmutable... viviendo siempre para interceder por ellos. Porque tal sumo sacerdote nos convenía" (Hebreos 7:24-26).

En la actualidad Cristo es el Soberano del universo que intercede. Su trono es un trono de intercesión. Un día El gobernará con vara: mediante Su absoluto poder. En el presente El gobierna mediante su brazo exaltado y extendido: por medio de la oración. Su intercesión no es simbólica sino real, tan real como lo fue cuando El intercedió aquí en la tierra. El está en el trono, intercediendo por nosotros y esperando a que nos unamos a El como intercesores.

6

Su bienvenida al trono

LA FORMA EN QUE NOS ACERCAMOS AL TRONO DE CRISTO

TODA ORACION CONSTITUYE un acercamiento al trono de Dios. La oración no es un acto impensado o de poca importancia, sino un privilegio maravilloso, una gloria de Dios. El es condescendiente para permitir que usted se acerque a Su trono. Sin embargo, Dios le ha concedido a usted, de su gloria, el derecho de acudir a El en cualquier momento y cuantas veces usted lo desee. El fundamento completo de la oración que prevalece consiste en el hecho de que Dios le ha dado acceso instantáneo y continuo a Su trono y que El desea que usted tenga una participación activa y de responsabilidad en los asuntos de Su trono.

Por una parte, usted debe recordar siempre que se está acercando al mismo Soberano del universo, sentado en la majestad de Su trono. Este cuadro es real, no solamente un simbolismo. El compositor del himno cantaba así:

> *"Te estás acercando a un rey;*
> *Grandes peticiones le habrás de traer".*

Usted es un oficial del reino, realizando negocios oficiales para el reino. La oración que prevalece es negocio apremiante del reino.

Por otra parte, siempre debe recordar cuánto se le ama, cuánto se le espera y cuán constantemente bienvenido es usted. Su Padre celestial se decepciona si usted no acude al trono frecuentemente y con libertad. Su Salvador se decepciona si usted no acude a interceder en Su nombre. El anhela pronunciar un "amén" a sus oraciones (Apocalipsis 3:14) y unirse a usted en la intercesión.

1. *Acérquese, recordando que se trata de un trono de gracia.* Se trata del trono del universo—mas es igualmente el trono de gracia (Hebreos 4:16). La justicia es su fundamento (Salmo 89:14); sin embargo, es un trono de gracia. El libro de Apocalipsis presenta al Cordero de Dios sobre el trono, y a Cristo se le llama el Cordero veintiséis veces.

El trono de Dios es un trono de gracia debido a que Dios es el Dios de toda gracia (1 Pedro 5:10). Su Espíritu es el Espíritu de gracia (Hebreos 10:29). La Biblia, en doce ocasiones, habla sobre "la gracia de nuestro Señor Jesús". Usted tiene acceso a Su trono como resultado de Su gracia. Vivimos en el momento en que Dios quiere manifestar Su gracia.

2. *Acérquese al trono con confianza y denuedo.* El término *parrésia*, en Hebreos 4:16, significa libertad; sin reserva de palabras; la ausencia de temor al hablar con denuedo, esto es, confianza; valor placentero.[1] Esta es precisamente la gloriosa libertad que Dios le da al entrar en Su presencia.

Cuando su Rey lo insta a venir y a dar a conocer sus peticiones, ¿por qué dudar de El? Si el Señor, quien le amó de tal forma que murió por usted, le pide que se una a El en la intercesión, ¿por qué habrá de vacilar o de dejar de interceder con ansias y así prevalecer en oración?

3. *Acérquese al trono abiertamente y con sinceridad.* La mirada abarcadora de Dios ha observado cada aspecto de la necesidad que usted trae ante El. Dios sabe en qué forma habrá de influir en sus reales propósitos y con cuánta premura hace falta hacerlo. El conoce todos los motivos por los que existe esa necesidad. El quiere que usted comparta con El abiertamente, sin ocultarle nada. De la misma forma en que Ezequías abrió la amenazante carta de Senaquerib delante del Señor (Isaías 37:14), así debe usted presentar

todos los detalles y los motivos (1:18; 43:26). Mientras más ampliamente comparta usted cada situación con el Señor, más fácil le resultará prevalecer en oración.

4. *Acérquese al trono con fe.* El trono es un sitio en el que se dan respuestas reales, donde se presentan necesidades y se dialoga sobre las mismas. Es el lugar en que el Rey toma decisiones. Recuerde que cuando uno es hijo de Dios no se acerca a él como un mendigo ambulante, con la esperanza de recibir migajas y sobras. Usted se acerca como príncipe y como miembro de la familia real; se acerca como oficial de la corte real; como compañero del reino y compañero del Hijo del Rey.

En los días del imperio persa sólo los miembros más privilegiados de la nobleza podían comparecer ante el rey, y sólo unos pocos a la vez. Se le consideraba como el mayor privilegio que un ser humano podía tener. Sin embargo, a usted se le da acceso instantáneo y permanente, a cualquier hora, al salón del trono del Rey del universo. A usted se le ha ordenado que acuda y que pida. Recuerde que la oración que prevalece es primordialmente en favor de aquello que tenga que ver, directa o indirectamente, con los intereses y los deseos del Rey.

Si usted le puede pedir ayuda o un favor a otra persona, ¿cuánto más debe usted pedirle al Dios todopoderoso por las cosas que en vez de avergonzarlo o de causarle pérdida, son para el avance de su reino? Carlos Spurgeon afirmó: "Cuando oramos nos hallamos de pie en el palacio, sobre el piso resplandeciente del propio salón de recepción del Rey, por lo tanto, se nos ha situado en una posición ventajosa. En la oración nos encontramos en el sitio donde los ángeles se inclinan con sus rostros cubiertos; allí mismo van a adorar los querubines y los serafines, ante el mismo trono, hasta donde ascienden nuestras oraciones".[2]

5. *Acérquese al trono con amor y gozo.* Acérquese deseoso y en forma amorosa, puesto que Dios es su Padre. Acérquese con amoroso agradecimiento por todas sus bondades para con usted. Recuerde lo fiel que ha sido El con usted. Acérquese con amor ardiente y rebosando entusiasmo en su corazón hacia Jesús, hacia Su reino, y hacia aquellos por quienes ora usted. Ame porque Dios ama.

Acérquese al trono con anhelante gozo. Usted va a pedir cosas que Dios anhela realizar. El ha dispuesto que, a pesar de que El desea hacer realidad lo que usted pide, por lo general El no actúa hasta que usted haya orado. Por lo tanto, Dios se alegra más de que usted acuda a El para prevalecer en oración, de lo que usted se alegra de tener la oportunidad de orar. El tiempo que usted pasa en oración siempre es un gozo para el Señor.

Acérquese con gozo, porque usted tiene el privilegio, el acceso instantáneo y la deseosa bienvenida al trono. Acérquese con gozo porque el trono de Dios es un trono de gracia. Acérquese con gozo como resultado de las "preciosas y grandísimas promesas" de Dios (2 Pedro 1:4). Acérquese con regocijo, no sólo por lo que Dios puede hacer, sino también por lo que usted espera que El haga.

Mas existe algo mayor aún y más maravilloso que el tener acceso al trono. La Biblia le asegura que usted, en efecto, se sienta con Cristo en Su trono.

LA REALIDAD DE LA VIDA DEL TRONO

Jesús promete que "al que venciere, le daré que se siente conmigo en mi trono, así como yo he vencido, y me he sentado con mi Padre en su trono" (Apocalipsis 3:21). Mas esta promesa pertenece al futuro, cuando estemos con El en el cielo, después que haya terminado el tribunal de Cristo y hayamos recibido nuestras recompensas y nuestros honores.

Jesús desea que aun ahora usted tenga una parte activa en la vida del trono. Cristo se ha identificado con nosotros de una manera tan completa que El provee para cada verdadero seguidor más allá de lo que pedimos o nos imaginamos.

La provisión que Cristo ha hecho para usted es que, por la gracia de Dios y por su fe, usted pueda hacer suya y experimentar hasta un grado sagrado, la muerte, la resurrección y la exaltación de Cristo. Que usted pueda ahora experimentar la realidad de estar crucificado con Cristo (Gálatas 2:20), resucitado con El (Efesios 2:6), y en el presente sentado ya con Cristo en Su trono.

Dios ya nos "bendijo con toda bendición espiritual en los lugares celestiales en Cristo" (Efesios 1:3). Somos miembros del cuerpo, del cual El es la cabeza; así que lo que le suceda a El, nos ocurre espiritualmente a nosotros. El es la Vid y nosotros somos los pámpanos. Nosotros estamos en El y El está en nosotros. El lenguaje que se emplea aquí es figurado, mas las palabras deben tomarse como auténtica realidad espiritual.

En potencia, ya usted ha sido exaltado hasta el trono en que Él reina. Y a pesar de que usted está aquí en la tierra, su espíritu está en los lugares celestiales con Cristo. Usted está en el mundo, mas no es del mundo (Juan 17:11, 14). En espíritu, usted ha sido exaltado por encima de lo mundano, de lo terrenal y de lo temporal. El obispo Moule, en su comentario sobre Efesios 6:2, señala que debido a que estamos escondidos "en Cristo", usted se encuentra a Su lado en Su trono de dominio intercesor. "Los creyentes están corporalmente en el cielo por derecho, y prácticamente en espíritu, y tienen su propio lugar separado en el mismo, y habrán de tomar posesión de éste a su tiempo".[3]

Se supone que usted participe de la exaltación de Cristo en el presente. Usted debe participar en la vida del trono ahora. Usted habrá de poseer visiblemente en el cielo lo que usted posee espiritualmente en el presente. Y puesto que todas las cosas están bajo los pies de Cristo (Efesios 1:22) y usted está "en Cristo", todas las cosas, entonces, están también bajo sus pies.

Pablo le aseguró lo siguiente a los creyentes romanos: "Y el Dios de paz aplastará en breve a Satanás bajo vuestros pies" (Romanos 16:20). ¿No es esto a lo que se refirió Cristo, cuando dijo "os doy potestad de hollar serpientes y escorpiones, y sobre toda fuerza del enemigo" (Lucas 10:19)? Esta conquista debe realizarse mediante la prevaleciente intercesión. Entonces usted tendrá en la práctica el poder para aplastar a Satanás. Por fe y en virtud de la cruz de Cristo y de Su nombre, usted puede aun dirigirle órdenes a Satanás. Desde su posición, en la que usted está sentado con Cristo en el trono, usted puede mirar desde lo alto a Satanás, en visión espiritual. Como dice Lutero:

> *Y pienso en este mundo, saturado de males,*
> *tratando de destruirnos;*
>   *No temeremos, pues Dios está dispuesto*
> *con su verdad a triunfar por medio de nosotros.*
>   *No temblaremos por causa*
> *del príncipe feroz de las tinieblas,*
>   *su furia podemos soportar;*
> *por lo que he aquí su fin está seguro;*
> *una palabrita lo hará caer.*

Usted está sentado junto a Cristo en su trono, triunfante en El, triunfante por medio de El.

Esta verdad es tan grandiosa que Pablo temía que nosotros no la fuéramos a comprender en toda su belleza. Así que, antes de explicársela a los efesios, les hace saber que él continuamente le pide a Dios el Padre que les dé "espíritu de sabiduría y de revelación" y que los ojos de su corazón sean iluminados para que puedan de veras conocer cuál es su esperanza y cuáles sus riquezas en Cristo, "y cuál la supereminente grandeza de su poder para con nosotros los que creemos". El luego describe la forma en que ese poder elevó a Cristo hasta el trono celestial y puso todas las cosas bajo Sus pies. Después Pablo nos deja perplejos diciéndonos que nosotros estamos sentados con Cristo (Efesios 1:17-2:6). Que Dios nos ayude a captar el poder y la autoridad que se nos ha dado por medio de la oración, en virtud de esta maravillosa verdad. Esta enseñanza es la base de toda oración que prevalece y explica por qué, mediante la oración, usted puede atacar y derrotar a Satanás.

Usted, por sí solo, es un débil ser humano. Mas en Cristo usted está sentado junto a El en Su trono soberano, y El le delega a usted el privilegio de orar en Su nombre, para hacerle resistencia a Satanás, su enemigo ya derrotado, y aplastar a Satanás bajo sus pies, por el hecho de que Satanás se encuentra bajo los pies de Jesús.

Huegel nos hace recordar que uno no asciende por esfuerzo propio poco a poco hacia esta vida en el trono. No es por su lucha, ni por sus oraciones, ni por sus ayunos que usted obtiene finalmente la vida en el trono. La vida en el trono es el regalo de gracia en Cristo que le hace Dios a usted.[4] Habiendo obtenido el regalo divino de la vida en el trono, usted habrá de luchar y de ayunar a veces para poder prevalecer en oración. Mas esta es la expresión de la vida en el trono, no el medio para poder entrar al mismo.

La completa materialización de la vida en el trono "es natural que da por sentado que existen numerosos pasos: entrega, consagración, la llenura del Espíritu, la vida victoriosa—todos estos pasos están incluidos y se dan por sentados".[5] La cruz es la puerta que conduce a la vida cristiana, a la vida llena del Espíritu, y a la vida en el trono. Usted, por sí mismo, no tiene ningún poder, ni victoria, ni autoridad alguna. Todo viene por gracia; todo es producto de la cruz.

Andrew Murray le llama al real poder de la oración, dentro de la cual nuestra voluntad se une a la de Cristo, la prueba más grande de que somos creados a semejanza de Cristo. "El hombre es hallado digno de entrar en comunión con El, no sólo en adoración y en rendimiento de culto, sino también en elevar su voluntad al reinado del mundo, y convertirse en el canal inteligente mediante el cual Dios puede realizar sus infinitos propósitos".[6] A Moisés, mediante la intercesión, se le concedió que colocara su mano sobre el trono de Dios (Exodo 17:16, margen) (BLA). Y a usted, por la gracia, se le ha concedido que se siente con Cristo sobre Su trono para que allí interceda y prevalezca por Su reino. Nosotros estamos tan identificados con Cristo, que si somos uno con El en Su muerte sobre la cruz, no podemos ser otra cosa que uno con El en Su resurrección y uno con El en Su trono. La vida en el trono es tan real como lo es su crucifixión con Cristo (Gálatas 2:20). La vida en el trono ha de producir resultados tan definidos como los que produce la crucifixión con Cristo.

De la misma manera en que usted debe considerarse muerto al pecado, pero vivo "para con Dios en Cristo Jesús" (Romanos 6:11), debe considerarse también como entronizado con Cristo, quien es su Señor reinante. Y como resultado de Romanos 6:11, se le exhorta a usted en el versículo 12, lo siguiente: "No reine, pues, el pecado en vuestros cuerpos mortales", usted, de la misma manera, por estar entronizado con Cristo, el Sumo Sacerdote y rey intercesor, debe ser un rey y un sacerdote con Cristo (Apocalipsis 1:6). Usted debe reinar por medio de su oración, al igual que Cristo reina mediante la oración. Reinar significa prevalecer. Que Dios grabe cada vez más profundamente esta verdad en nuestros corazones y que la utilice de una manera cada vez más significativa en nuestra oración prevaleciente.

LA NORMALIDAD DE LA VIDA EN EL TRONO

Jesús quiere que el ejercer autoridad en el trono se convierta en una cosa habitual para usted. Actuar basado en la Palabra de Dios no es un atrevimiento. Usted no debe temblar en presencia de Satanás sino más bien hacerle frente desde el trono. Usted no debe encogerse en el polvo ante él. Usted debe iniciar ataques en oración a las fortalezas de Satanás, obligarle a emprender la retirada, y poner en libertad a sus cautivos. No existe nada, aparte del ejercicio de la autoridad que se le ha delegado desde el trono, que le convenga más a usted, como sacerdote y rey de Dios por medio de Cristo (1 Pedro 2:9). Sólo la oración prevaleciente es adecuada y conveniente para alguien como usted, que se encuentra entronizado con Cristo.

Los intercesores entronizados no manifiestan ninguna autoridad de orgullo o superioridad. Dios los puede utilizar tan grandemente por el hecho de que el Espíritu Santo les ha impartido una humildad penetrante. El Espíritu da poder para que puedan pedir que caigan rayos del trono, a aquellos que se humillen ante la poderosa mano de Dios. Los guerreros en la oración que están entronizados no andan haciendo alarde del poder que tienen en la oración. A menudo son santos ocultos que sólo son poderosos en Dios.

En todos los demás aspectos sus vidas son normales: Llenas del Espíritu, santificadas para hacer la voluntad de Dios, y radiantes con Su presencia y Su gozo. No son ellos creyentes desequilibrados, anormales o fanáticos. No se jactan de tener una espiritualidad superior. Son completamente normales en su vida familiar, en el trabajo y en la iglesia. Mas en el lugar secreto de la oración tienen poder con Dios, y ponen en práctica la autoridad en la oración del trono de Cristo.

Usted quizá se dará cuenta de su callado sentido de responsabilidad espiritual, de su sensibilidad y de su profunda preocupación por las necesidades del reino y por nuestro mundo adolorido. De lo más profundo de su ser brotan ríos de amor, gozo, paz, paciencia y bondad (Juan 7:38; Gálatas 5:22-23). Llevan con ellos una porción especial de la presencia de Dios. Sus palabras y su labor son bendecidas. En ellos habita el poder sosegado, el intenso compromiso, la fe activa, y una vida de oración disciplinada y dedicada.

La vida en el trono trae honra a Dios. Es una vida que cree lo que El dice en su Palabra. Conoce el santo palpitar de Su corazón y ama con el amor de Cristo. Se regocija en el triunfo de Cristo. A menudo reconoce la obra oculta de Dios que otros no ven. No juzga por lo externo, mas se le concede un entendimiento más profundo de los propósitos y de las metas de Dios. Le pronuncia un amén a las promesas de Dios y así le hace eco a los amén de Jesús mismo (Apocalipsis 3:14). La vida del trono ve a Dios como Dios, le permite a Dios que sea Dios, y le concede a Dios la oportunidad que El desea para recibir grande gloria por medio de grandiosas respuestas a la oración.

REINANDO EN LA VIDA

La vida del trono, mediante la intercesión que prevalece, constituye sólo un aspecto de su reinar en la vida. "Mucho más reinarán en vida por uno solo, Jesucristo, los que reciben la abundancia de la gracia y del don de la justicia" (Romanos 5:17). ¿Cuándo ocurre este reinar en la vida? Evidentemente, por la gracia de Cristo debemos reinar en el presente. En la eternidad es cuando reinaremos completamente. La abundancia de Cristo no sólo nos da vida abundante ahora, sino también nuestro reinar en la vida.

Vine hace el siguiente comentario: "El que vayamos a reinar con Cristo tiene que ver con mucho más que con participar de la vida eterna; nos señala la comunión que debemos tener con Cristo en Su reino. Se recalca el término 'reinar'". Esta vida en el trono, nos dice otro autor, es "una vida que pertenece a la divinidad y legalmente asegurada, que 'reina' con libertad y en exaltación, un poder imparcial que nos viene por medio de Aquel que es incomparable: Jesucristo".[7]

El reinar en la vida ciertamente incluye estar libre del dominio del pecado y el ser más que vencedores por medio de Cristo (Romanos 8:37). Incluye el ser capacitados "en toda obra buena para que hagáis su voluntad" (Hebreos 13:21). Incluye el vencer el mal con el bien (Romanos 12:21) y tener la fe que vence al mundo (1 Juan 5:4). Y, sin dudas, incluye el compartir el trono de Cristo como sacerdote real para Dios (1 Pedro 2:9).

Toda autoridad en el cielo y en la tierra ha sido dada a Jesús (Mateo 28:18). Debido a que El tiene autoridad universal, usted puede pedir cualquier cosa en su nombre y tener la seguridad de que Dios le dará una respuesta. Y sólo como resultado de Su autoridad es que usted tiene la capacidad de prevalecer en oración y de atreverse a hacerle frente a Satanás en la batalla de la oración.

LA FE QUE ACTUA

La vida entronizada incluye el privilegio, bajo la dirección del Espíritu, de utilizar la autoridad delegada del nombre de Jesús y de dar la orden de fe. Huegel le ha dado el nombre de cierta clase de "autoridad ejecutiva", la que él considera que es el más elevado privilegio de la vida entronizada.[8]

Este es el privilegio más maravilloso de todos. Constituye una forma especial de la fe que actúa. Cuando Moisés se hallaba junto al Mar Rojo y clamó al Señor, Dios le contestó lo siguiente: "¿Por qué clamas a mí? Di a los hijos de Israel que se pongan en marcha" (Exodo 14:15). Moisés tenía fe. En los dos versículos anteriores le había hecho saber a Israel la forma en que Dios los iba a liberar. "No temáis; estad firmes, y ved la salvación que el Señor hará hoy por vosotros... El Señor peleará por vosotros, y vosotros estaréis tranquilos". El confiaba en que Dios iba a responder al instante, y, sin embargo, "clamó" por El. Y Dios le contestó lo siguiente: "No hace falta que sigan pidiendo. Pongan su fe en acción".

Israel había sido dirigido por Dios. Moisés había estado intercediendo. Lo que necesita ahora no era orar más sino actuar de acuerdo con la fe que había en su corazón.

Cuando Elías, mediante la dirección de Dios (2 Reyes 2:6), condujo a Eliseo al Jordán, él no oró para que se dividieran las aguas. Elías tomó su manto, lo dobló y golpeó las aguas, y éstas se dividieron a uno y a otro lado (v. 8). Cuando Eliseo regresó para cumplir con la comisión de Dios, dijo: "¿Dónde está el Señor, el Dios de Elías?" (v. 14), y golpeó de nuevo las aguas. El descubrió que el Señor estaba allí, y vio cómo las aguas se dividían en su presencia.

Esta fe en acción es un privilegio de la vida entronizada. Las personas que están acostumbradas a prevalecer en oración, a menudo le hacen frente a las crisis manifestando su fe por medio de la acción. Y por el hecho de que están entronizados, habrán de obedecer a Dios, y El confirmará la fe de ellos.

EL MANDATO DE FE

El mandato de fe es probablemente la manera más dramática de ejercer la autoridad del trono. Tanto en el Antiguo Testamento como en el Nuevo, encontramos numerosos ejemplos del uso de tal mandato, lo que se nos hace posible a nosotros por medio de nuestra vida en el trono. Esto se estudiará detalladamente más adelante.

7

¿Por qué es necesario prevalecer?

TODOS EXPERIMENTAMOS situaciones en las que las respuestas a la oración son mucho más difíciles que otras. ¿Acerca de qué o de quiénes debemos prevalecer en oración? Permítame señalar que usted debe prevalecer sobre sí mismo, sobre las situaciones que se presentan, a veces sobre la gente, y tal vez, casi siempre, sobre Satanás. Y en cierta forma usted debe también prevalecer ante Dios.

USTED DEBE PREVALECER SOBRE SI MISMO

Usted debe prevalecer sobre su horario de actividades. La vida está tan cargada que a menudo resulta difícil hallar el tiempo necesario para la extensa oración que puede ser necesaria para prevalecer. Para prevalecer puede ser que haga falta que usted reordene sus prioridades. Además, parece que Satanás siempre se las arregla para manipular las circunstancias o a la gente, con el fin de que le interrumpan a usted o de que le llamen por teléfono en el mismo instante en que se propone concentrarse en la oración. Cuando a usted le hace falta prevalecer es el momento en que se le hace más difícil que nunca estar a solas con Dios. Puede ser que usted tenga que poner a un lado actividades positivas y urgentes, con el fin de dedicarle suficiente tiempo a la intercesión.

LA ORACION PODEROSA QUE PREVALECE

Usted a veces tendrá que prevalecer sobre el cansancio. Después que usted ha estado activo y trabajando diligentemente, y hace una pausa para estar a solas con Dios, puede descubrir que su agotamiento físico natural lo vence. A veces cuando uno está cansado la actividad espiritual que conviene es tomar una breve siesta, antes de dar inicio a su período más intenso de oración. Después de haber pasado varias horas en oración, es posible que a usted le haga falta refrescarse con un vaso de agua o una merienda que consista en un trozo de fruta o una pequeña porción de comida ligera, con el fin de que le ayude a despertarse. Puede ser que a usted le haga falta cambiar de postura a pasearse de un lado a otro, si hay espacio para hacerlo. Cuando usted no se siente bien, puede necesitar prevalecer sobre el dolor.

Hay personas que deben prevalecer sobre la pereza o sobre la intranquilidad. Estas personas son demasiado indisciplinadas para que les resulte fácil prevalecer en oración por un tiempo prolongado. Les hace falta, por la gracia de Dios, aprender a disciplinarse a sí mismos. Pueden hacer que esta necesidad se convierta en petición especial de oración, y así recibir, en su punto débil, la verdadera ayuda de Dios.

Hay personas que son tan débiles espiritualmente, que nunca han aprendido a orar, con verdadera hambre del alma, por ninguna necesidad salvo sus propias crisis personales. Necesitan desarrollar un interés amoroso hacia los demás, aprender a elaborar y a utilizar listas de oración, y que apartar tiempo para la intercesión sea parte de su horario cotidiano. Estas personas pueden aprender a prevalecer sobre su débil vida espiritual y sobre su pobre vida de oración.

Puede ser que a usted le haga falta prevalecer sobre la tendencia a tener dudas. Quizás tenga un carácter inquisitivo que lo predispone a la duda. Tal vez no ha aprendido a concentrarse, de modo que ha desarrollado un patrón de pensamiento en el que su mente anda saltando de un pensamiento al otro. Estas tendencias humanas no son pecaminosas, mas es menester que las llevemos al pie de la cruz y que recibamos la ayuda del Espíritu.

Hay personas que son tan poco espirituales que no sólo su naturaleza física se abstiene de la oración, sino que su naturaleza carnal le tiene temor a involucrarse en la oración, les impide dedicarse a orar intensa y prolongadamente, y les proporciona una multitud de pretextos por los cuales no puede prevalecer. Satanás se aprovecha de cualquier inclinación natural a la dilación y ataca en particular la hora de la oración. Una persona con salud espiritual, madura y llena del Espíritu, se regocija por la oportunidad que tiene de orar, saca tiempo adicional para la oración, y a menudo desea con vehemencia pasar más tiempo en oración a solas con Cristo. Tal persona está deseosa de poner a un lado otras cosas con el fin de ser capaz de interceder con Cristo.

En algunos aspectos de la oración prevaleciente, tales como la lucha en la oración o la batalla en la oración, puede ser que Dios le dirija a incluir el ayuno a su intercesión por un tiempo. Luego puede ser que usted se vea obligado a prevalecer sobre el deseo de comer.

Quizás antes que usted comience a experimentar de veras lo que es la oración que prevalece, le hará falta confesarle a Dios su pasada falta de oración, su falta de apetito por la presencia de Dios o porque se cumpla Su voluntad, y su falta de deseo y determinación de perseverar hasta obtener respuestas a importantes necesidades. Puede ser que le haga falta pedirle a Dios que lo libre de indecisión interior, de temores y de su falta de disposición para pagar el precio que requiere la victoria. No podemos ganarnos las respuestas a la oración, mas hay que pagar un precio que consiste en el esfuerzo realizado, en determinar prioridades, y en estar dispuestos a sacrificar nuestros intereses personales con el fin de que la voluntad de Dios prevalezca. Pídale a Dios que le conceda denuedo renovado, determinación y fe.

USTED DEBE PREVALECER SOBRE LAS SITUACIONES

Las situaciones acerca de las que usted ora a menudo son muy complejas. Pueden existir tantos aspectos que tienen relación entre sí que se hace casi imposible descubrir lo que está impidiendo u obstaculizando el camino. Las estructuras de organización, las leyes gubernamentales, las tradiciones, o hábitos de pensamiento y métodos establecidos hace mucho tiempo, pueden estar tan ligados y entretejidos de manera tan compleja, que parece imposible que haya respuesta para la oración.

Para que se produzcan cambios en algunos aspectos o situaciones, los pasos a seguir de numerosas personas deben coordinarse y sincronizarse de tal manera, que siempre parezca que hay algo que está sirviendo de obstáculo. Una vez que se han obtenido respuestas a la oración relacionadas con un aspecto de la situación, puede ser que se descubran otros factores que sirven de obstáculo.

Puede que haga falta una serie de respuestas a la oración antes de que una situación extremadamente compleja ceda a la voluntad de Dios. Este proceso puede exigir prolongados períodos de oración. Obstáculos que reaparecen y situaciones complejas que no ceden pueden dejarle frustrado y casi sin esperanza.

Nunca diga "imposible" cuando usted esté orando por alguna cosa de acuerdo a la voluntad de Dios. Dios tiene soberanía sobre la naturaleza y sobre la gente. Dios puede proceder con sabiduría, gracia y poder hasta que un aspecto tras otro de determinada situación ceda como una divina reacción en cadena, hasta que Dios dé su respuesta completa y se cumpla Su voluntad a cabalidad. Jamás descarte la intervención directa de Dios. Jamás ponga en duda la posibilidad de un milagro.

USTED DEBE PREVALECER SOBRE LA GENTE

Dios nos ha creado a cada uno de nosotros con la capacidad para elegir y con voluntad propia. La voluntad humana en una persona o en más de una, puede aparentar que elimina la respuesta a la oración que usted busca. Es casi imposible determinar de antemano el proceder psicológico de las mentes, y más imposible todavía resulta influir en ellas o controlarlas. La gente puede ser obstinada, testaruda, y resistirse a todo cambio y sugerencia. Dios le llamó duros de cerviz repetidas veces a los israelitas. Moisés estaba de acuerdo con que Israel era duro de cerviz.

La ambición, el orgullo, los celos, la envidia, y aun el odio pueden envenenar las mentes y los corazones. La gente no sólo se vuelve inflexible por costumbre y se hace sorda a todo ruego, sino que puede también endurecerse por el pecado. ¿Qué será necesario, preguntará usted, para cambiar la actitud de una persona o una decisión que ha tomado?

La única esperanza es que Dios cambie aquello que usted no puede cambiar sin Su ayuda. Por lo tanto, usted ora. Dios se las arregla para hablar a la conciencia de una persona, para dirigirse a su sentido común y a su mejor criterio. Dios se las arregla para traer nuevas sugerencias a la mente de una persona, hasta que esa persona ve motivos para un cambio de proceder y ventajas que pueden surgir de éste. Puede ser que hagan falta una serie de circunstancias para arrojar nueva luz sobre una situación o para ejercer presión sobre una persona. Mas todos estos cambios Dios los puede realizar.

Dios jamás tratará al ser humano como a un robot, ni jamás lo manipulará. Dios jamás violará el libre albedrío de una persona. Sin embargo, Dios se las arregla para coordinar eventos, efectos y acciones de otras personas, hasta que los más tercos llegan a cambiar. Puede ser que haga falta intercesión continua durante un largo período de tiempo o de oración concentrada por parte de varios guerreros en la oración prevaleciente; mas la oración puede prevalecer hasta que la persona cambie, no importa cuánto se haya resistido la persona. Cuando Israel tuvo que enfrentarse a las desigualdades de las diversas naciones armadas y atrincheradas que ocupaban el territorio de Canaán, Dios, de manera simbólica, les dijo: "Yo enviaré mi terror delante de ti, y consternaré a todo pueblo donde entres, y te daré la cerviz de todos tus enemigos. Enviaré delante de ti la avispa, que eche fuera al heveo, al cananeo y al heteo, de delante de ti" (Exodo 23:27-28).

De la misma manera que la conquista de Canaán se realizó mediante un proceso que incluyó una serie de victorias divinamente propiciadas a lo largo de un extenso período de tiempo, así para prevalecer en muchas situaciones, donde hay personas voluntariosas y obstinadas involucradas, puede requerir reiteradas oraciones de guerra que prevalezcan. Mas cuando la intercesión suya prevalece con Cristo, no existe persona que no pueda llegar a someterse a la voluntad de Cristo, o de otro modo ser quitada del camino.

USTED DEBE PREVALECER SOBRE SATANAS

El intrigante manipulador genial de gran parte de aquello sobre lo que usted debe prevalecer es Satanás. El obra por medio de sus demonios, con el fin de hacer todo lo que esté a su alcance para impedir que usted prevalezca en oración, para acortar el tiempo de oración, para distraerlo mientras ora y, si es de algún modo posible, lograr que se dé por vencido antes de prevalecer en oración.

Satanás prefiere que usted haga cualquier cosa menos orar. El prefiere que usted esté ocupado, trabajando para el Señor, que orándole a Dios. Más que ninguna otra cosa que usted pueda hacer, prevalecer en la oración tiene la posibilidad de ponerle trabas a Satanás, de perjudicar su reino, y de arrebatarle a sus seguidores humanos y a sus esclavos.

La oración prevaleciente, más que ninguna otra cosa, lo conecta a usted con Dios y con el poder de Su reino Todopoderoso. Esta pone en acción el ministerio divino y mundial de los santos ángeles de Dios. La Biblia nos describe el poder casi indescriptible de algunos de los ángeles de Dios (1 Crónicas 21:15; Isaías 37:36; Daniel 6:22). La oración prevaleciente lo une a usted con todas las potencias del cielo.

Satanás se encuentra en constante e intensa hostilidad contra los seres humanos, por el hecho de que él está completamente en contra de Dios. Existe una sola forma en que Satanás puede hacer el intento de obstaculizar a Dios y de frustrar Sus planes, a saber: concentrándose en nosotros, los humanos, a quienes Dios ama tanto, y quienes se parecen tanto a El en poder y en potencialidad, y quienes forman parte tan íntima del plan de Dios. A Satanás le aterroriza la oración que prevalece más que todas sus otras actividades en favor de Dios y realizadas con El. Satanás conoce, generalmente, sus prioridades, y debido a que la oración prevaleciente lo puede frenar, atar y destruir, más que cualquier otra cosa, Satanás tiene como prioridad obstaculizar, desviar, o aun detener la oración prevaleciente. Toda oración es una amenaza y un gran peligro para él. La oración prevaleciente lo aterroriza más que cualquier otra cosa y hace que él se le oponga a toda costa. Tal parece que la tarea principal que le asigna a sus demonios seguidores es la de oponerse a la oración y obstaculizar la misma.

La oración prevaleciente, por tanto, debe de continuo estar enfocada en Satanás y en nuestra incesante batalla contra sus fuerzas, sus intrigas y sus maquinaciones. Nuestra oración prevaleciente a menudo debe convertirse en poderosa batalla de oración. La batalla en la oración se estudiará más adelante de manera más detallada.

No hemos prevalecido hasta que Satanás haya sido derrotado. La derrota comienza en el invisible mundo espiritual, mas se hace visible a medida que nuestra oración recibe respuesta.

8

Es necesario prevalecer ante Dios

EL PREVALECER INCLUYE ser fuertes espiritualmente, estar dedicados a la meta de la oración, y perseverar hasta que se reciba la respuesta de victoria proveniente de Dios. No sólo debe la oración prevaleciente incluir el prevalecer sobre nosotros mismos, sobre las situaciones de la vida, sobre los demás, y sobre Satanás, sino que debe incluir el prevalecer ante Dios. El prevalecer puede ser que incluya el tiempo más perfecto de Dios. Sólo Dios sabe en qué momento se producirán los mayores beneficios espirituales y los mayores adelantos estratégicos por haber recibido la respuesta a su oración. El reloj de Dios registra el tiempo a la perfección. El tiempo determinado por Dios es el mejor de todos. Para obtener los mayores resultados para el reino, puede ser que Dios tenga que demorar su respuesta. Puede ser que en el tiempo señalado por Dios venga incluida una bendición especial para usted. Puede ser que Dios concluya que lo mejor para su crecimiento espiritual y para su recompensa eterna, es que usted prevalezca por algún tiempo antes de que le llegue la respuesta.

1. *Dios puede estar poniendo a prueba la profundidad de su deseo.* Se nos ha asegurado que lo hallaremos si le buscamos de todo corazón (Jeremías 29:13). Si estamos dispuestos a quedarnos sin la respuesta divina, quiere decir que nuestro deseo no es muy

profundo todavía. Mientras más extensamente oremos, con verdadero afán del alma, más hondo se hace nuestro deseo.

2. *Dios puede estar poniendo a prueba su humildad.* Si está presente el deseo de alcanzar prestigio personal o de ensalzarse a sí mismo, lo más probable es que su petición no le sea concedida. Es muy fácil desear con sinceridad alguna cosa para la gloria de Dios y que, sin embargo, se alegre de que se dé a conocer que usted ha orado para que esto se haga realidad. Puede ser que Dios ponga a prueba, que haga más profunda, y que purifique su humildad, demorando la respuesta a su oración.

En el caso de la mujer griega de Sirofenicia (Mateo 15:21-28), Jesús la puso a prueba de la siguiente forma. Al principio se mantuvo en silencio, hasta que sus discípulos dijeron: "Despídela, pues da voces tras nosotros". Mas ella siguió insistiendo hasta que al fin prevaleció. Es probable que Jesús haya estado haciendo más profundos su deseo y su humildad.

3. *Dios puede usar su tiempo de prevalecer para ahondar en sus motivos y purificarlos.* Los motivos equivocados pueden obstaculizar cualquier oración, aun cuando lo que se quiera alcanzar esté de acuerdo a la voluntad de Dios. "Pedís, y no recibís, porque pedís mal" (Santiago 4:3). Los motivos pueden ser un asunto muy complejo. Puede ser que usted quiera obtener de Dios una respuesta por varios motivos, y uno de estos puede que sea inaceptable para Dios. Dios purifica sus motivos por su bien, aunque se vea obligado a retrasar la respuesta con el fin de lograr este fin.

Y al hallarse usted pidiéndole una respuesta a Dios, puede ser que El le haga recordar una necesidad espiritual que usted ha pasado por alto o que ha olvidado en su propia vida. ¿Ha sido estorbada la respuesta de Dios a su oración por la falta de unidad en su relación o en su actitud hacia otras personas, ya sea en pensamiento o en acción (Mateo 5:23-24)? Las relaciones de Jacob con su hermano Esaú fueron probablemente sometidas a prueba durante la noche que él pasó prevaleciendo en oración.

¿Ha entristecido usted a Dios con algún pecado de omisión o con alguno que se haya manifestado en pensamiento, palabra o hecho? El salmista dijo: "Si en mi corazón hubiese yo mirado a la iniquidad, el Señor no me habría escuchado" (Salmo 66:18).

¿Qué forma de prevalecer tuvo lugar cuando Jesús prevaleció en el jardín de Getsemaní? Lo más probable es que su intensa intercesión haya tomado tres horas. El estaba prevaleciendo en nuestro favor. Es probable que hayan estado incluidos varios aspectos del prevalecer. La oración que El hizo, diciendo: "Si es posible, pase de mí esta copa" (Mateo 26:39), nos hace ver que El estaba prevaleciendo sobre sí mismo, sobre su naturaleza humana. Y estaba sin duda prevaleciendo contra Satanás, y Satanás sufrió una completa derrota. Puede ser que haya habido otros aspectos ocultos del prevalecer, de los que no tenemos conocimiento.

¿Sobre qué prevaleció Elías sobre el Monte Carmelo? Elías sabía que él se hallaba dentro de la voluntad de Dios. El había anunciado tres años antes que no habría lluvia ni rocío, a no ser que él los pidiera (1 Reyes 17:1). Dios lo había guiado paso a paso: al arroyo de Querit, a Sarepta, de regreso al rey Acab, y paso a paso en el reto hecho a Baal en el Monte Carmelo. Dios lo había alimentado en forma sobrenatural por medio de los cuervos, había multiplicado la harina y el aceite de la viuda, había resucitado al hijo de la viuda, y había traído fuego del cielo para consumir el sacrificio y el altar sobre el Monte Carmelo.

Elías había orado para que la nación regresara a Dios y para que la idolatría entre ellos fuera erradicada. Ahora el pueblo estaba de acuerdo con la forma en que Elías había desafiado a los profetas de Baal. Habían visto la forma en que estos profetas fueron avergonzados, habían visto el fuego de Dios descender del cielo mientras que Elías oraba, y se habían postrado diciendo: "¡El Señor, El es Dios, El Señor, El es Dios!" (1 Reyes 18:39) (BLA). Ellos habían capturado a los falsos profetas de Baal, quienes luego fueron destruidos.

Elías le anunció al rey Acab que ahora Dios enviaría lluvia. Entonces Elías se arrodilló allá en la cima del Monte Carmelo y oró para que lloviera, mas no llovió: ni siquiera se divisaba una sola nube en el cielo. Elías envió siete veces a su sirviente para ver si venía la lluvia. Mas Elías perseveró en la oración prevaleciente, y se postró con el rostro entre sus piernas intercediendo intensamente. Entonces el sirviente divisó una pequeña nube del tamaño de la mano de un hombre. Elías había prevalecido ante Dios, y muy pronto la lluvia comenzó a caer torrencialmente.

Observe los diversos aspectos del prevalecer en la noche que Jacob pasó en oración (Génesis 32:9-31). Su vida no había sido ejemplar, sin embargo, Dios tenía un propósito eterno para él, para el cual Jacob necesitaba preparación espiritual. La necesidad inmediata era la de prevalecer en favor de la seguridad de su familia.

Sobre todo, él necesitaba ser un nuevo Jacob, más espiritual. Jacob, por haber prevalecido ante Dios, se convirtió en Israel. Tanto simbólica como literalmente, él oró hasta que prevaleció. Y esto constituye un modelo de lo que significa prevalecer ante Dios.

1. *El regresaba en obediencia al mandato de Dios* (Génesis 31:3). A menudo hace falta prevalecer, aun cuando uno hace peticiones que están de acuerdo con la voluntad de Dios.

2. *El regresaba aferrándose a la promesa de Dios.*

3. *El reclamó la promesa de Dios.* Sus oraciones adquieren una nueva dimensión de fe y poder cuando usted reclama la promesa de Dios.

4. *El tenía pruebas de la presencia y de la aprobación de Dios.* Labán dio testimonio de que Dios había hablado (Génesis 31:24-29). Los ángeles de Dios acompañaron a Jacob (32:1).

5. *Las dificultades, los obstáculos y las demoras no son pruebas de que uno se encuentra fuera de la voluntad de Dios.* Esaú vino con su ejército privado. Los ataques de Satanás casi siempre demuestran que uno se encuentra en la voluntad de Dios.

6. *El acudió inmediatamente a la oración* (Génesis 32:9-12). Ninguna batalla espiritual se puede ganar sin acudir inmediatamente y con frecuencia a Dios. Jacob le hizo recordar a Dios su mandato, sus promesas y sus pasadas bendiciones, y le presentó una petición específica.

7. *El se humilló* (Génesis 32:10). El le llamó a Dios Elohim (poderoso) y Jehová (Señor), confesando así su indignidad y su pobreza aparte de Dios.

8. *El hizo todo lo que estuvo a su alcance para colaborar en la contestación de su propia oración.*

9. *El no pudo dormir.* Cuando Dios lo mantiene a usted despierto, es porque El tiene algo que decirle.

10. *El encomendó todo a las manos misericordiosas de Dios* —esposas, siervos, hijos y posesiones.

11. *El continuó orando solo* (ver Oseas 12:4). El luchó en forma literal y simbólica. Se trataba de un conflicto espiritual. El lloró. Observe estas traducciones del verbo en Oseas: El lloró e imploró la gracia de Dios; suplicó y "le rogó" a Dios (B.D. y B.J.)

12. *El se negó a abandonar a Dios hasta que éste lo bendijera.* El persistió con denuedo santo. Mientras más se daba cuenta de quién era el que luchaba con él, más decidido estaba a que El lo

bendijera. No le importó el precio que tuvo que pagar, por lo que no cedió, aun cuando tuvo que padecer.
13. *El cesó de luchar y comenzó a aferrarse.* El insistió en obtener la bendición de Dios.
14. *El recibió un nombre nuevo.* Este cambio señaló una nueva naturaleza. El recibió, cara a cara, un nuevo entendimiento de Dios. Su nombre señalaba una nueva realeza: se convirtió en un príncipe.
15. *Su poder con Dios precedió el poder que tuvo con los hombres.* Una vez que hubo prevalecido ante Dios, no le costó ningún trabajo prevalecer ante su hermano.

LA DINAMICA DE
LA ORACION PREVALECIENTE

Todo el prevalecer en la oración depende de la completa capacitación, de la dirección y del poder que da el Espíritu Santo. Desde un punto de vista, sólo existe una fuente y una dinámica de la oración que prevalece: Dios el Espíritu. Sólo cuando El nos llena, nos posee, cuando anhela por medio de nosotros, cuando nos impregna y nos da poder en cada aspecto de nuestra oración—que es, sólo cuando El es Señor de nuestra oración—podemos prevalecer.

Desde otro punto de vista, existen ocho dinámicas que son de absoluta importancia en la oración prevaleciente:

1. El deseo
2. El fervor
3. La importunidad
4. La fe

5. El Espíritu Santo
6. El unirse en oración
7. La perseverancia
8. La alabanza

A medida que se estudian los relatos bíblicos, las biografías de los más grandes guerreros de Dios en la oración, y los emocionantes relatos de las oraciones contestadas, se ven mencionadas repetidas veces las formas en que estas ocho dinámicas han sido utilizadas por el Espíritu para conducir a los veteranos de Dios en la oración a sobresalientes victorias para Cristo.

En algunas oraciones de batallas una o varias de estas dinámicas parecen predominar, pero en la mayoría de los casos casi todas han sido empleadas por el Espíritu Santo, a medida que El ha prevalecido y ha triunfado por mediación de las oraciones de los hijos de Dios. No existen dos situaciones idénticas, ni en las necesidades ni en las actividades que Satanás emplea para tratar de impedir o de limitar la victoria de Cristo. Y las personas involucradas en esas situaciones por las que se ha orado tenían distintas actitudes, personalidades y prejuicios.

El pecado ha oscurecido el entendimiento, ha pervertido los deseos, y ha esclavizado las voluntades hasta el punto de que numerosos de los problemas que hacen falta ser resueltos se han vuelto demasiado complicados. Algunas necesidades han existido durante tanto tiempo que ya parece que son imposibles de resolver. Algunas personas le hacen tanta resistencia a la voluntad de Dios, están tan endurecidos por sus pecados, y tan atrapados por Satanás, que existe una formidable lucha en la oración para poder divisar las respuestas de Dios y creer en las mismas.

Satanás no cederá su fortaleza sin que se le haga fuerte resistencia y que haya batalla espiritual. El no sólo es insolente y empedernido en el odio que le tiene a Dios y al hombre, sino que está lleno de ira como resultado de las repetidas derrotas que le han propinado los hijos de Dios mediante las ofensivas de oración.

La oración suya, sin embargo, puede prevalecer sobre toda circunstancia, sobre los astutos engaños y los poderes demoníacos que Satanás puede dirigir. Dios ha determinado que Satanás sea rodeado y derrotado por medio de la oración suya.

Mas ¿quién se cree suficiente para entrar en conflicto espiritual contra las fuerzas formadas para la batalla y las fortalezas de Satanás? ¿Quién se atreve a invadir un territorio que Satanás dice que le pertenece? ¿Quién se atreve a provocar la ira de Satanás atacando a sus poderosos ejércitos y rompiendo las cadenas con las que él ha encadenado a sus cautivos? ¿Quién se atreve a pelear sin la ayuda de nadie, como a veces parece que ocurre, contra los poderes de las tinieblas y el atrincherado reino del mal? ¿Quién?

¡Dios el Espíritu Santo! El no se deja coaccionar por Satanás ni por toda la ira de ese león rugiente. El no se desalienta, no importa cuánto tiempo Satanás haya tenido el control de un lugar, de una situación o de una persona. El Espíritu Santo es Dios el Espíritu. Satanás no es contrincante para Dios.

Dios ha determinado que Satanás sea echado fuera y derrotado mediante las oraciones de su pueblo. El trino Dios ha querido que el Espíritu le dé poder a usted y que ore por medio de su persona, al estar Él en usted y a medida que le llena. Al Espíritu Santo le ha otorgado la responsabilidad de batallar contra todos los poderes de las tinieblas e imponer la victoria de Cristo. Estamos en la era del Espíritu y también en la era de la batalla. Desde el principio del tiempo ha existido una batalla sin tregua entre Dios y Satanás.

En el misterio de los propósitos divinos, Dios ha determinado que Satanás sea conquistado mediante la cruz de Cristo y por medio de las oraciones de Sus hijos. Satanás fue derrotado de una vez y para siempre en la cruz. Cristo solo obtuvo esa victoria: solo en el jardín, solo en la cruz. Mas esa victoria eterna debe ser aplicada e impuesta por el Espíritu Santo, al obrar por medio de las oraciones y la obediencia de los hijos de Dios.

La iglesia en la actualidad es la iglesia militante, la iglesia en guerra para Dios. La voluntad de Dios es que la iglesia sea agresiva. No debemos depender pasivamente de la completa y eterna victoria de Cristo en el Calvario. Debemos lanzar nuestra oración de batalla partiendo de la victoria de Cristo. Y desde ese monte de victoria debemos mantener una constante ofensiva contra todas las fuerzas derrotadas del infierno.

Usted debe prevalecer porque Cristo prevaleció. Usted debe prevalecer mediante el poder del Espíritu Santo y mediante su oración y su obediencia. La victoria es segura si usted mantiene su posición de victoria, obtenida para usted por Cristo. Usted tiene el deber de atacar y de desalojar a Satanás de una fortaleza tras otra. Usted debe andar de victoria en victoria: no por usted mismo, sino mediante el poder del Espíritu Santo.

La oración de batalla está constituida por la misma esencia del cristianismo neotestamentario. Las victorias en la oración son el desafío y la herencia del creyente. ¡Proceda según su santo privilegio, según el papel que le corresponde, comprado por Cristo y determinado por Dios. ¡Adelante de victoria en victoria por Cristo, mediante la constante oración prevaleciente, y por medio del dinamismo multiplicado que proporciona el Espíritu para la oración que prevalece!

9

La dinámica del deseo

EL DESEO TIENE un formidable poder en lo que respecta a la oración que prevalece. Mientras mayor sea su deseo de recibir las respuestas de Dios, mayor su deseo de ver a Dios en acción, y más apremiante sea el gemido de su corazón por ver el triunfo de Cristo, con mayor poder el Espíritu Santo podrá orar a través de usted. El deseo santo es un poder santo que le imparte energía a la oración. Constituye una dinámica del Espíritu.

Fénelon escribió lo siguiente: "Aquel cuyo deseo no brota de lo más profundo de su corazón, hace una oración engañosa".[1] El cielo desea sinceridad, no palabras hermosas y corteses. El cielo desea profundidad de espíritu, no tibia palabrería. Después de escuchar muchas de nuestras oraciones familiares y aun oraciones pronunciadas desde el púlpito, los ángeles de Dios, quienes ven nuestras almas con claridad meridiana, deben tener el deseo de pronunciar las palabras que escribió Salomón en Eclesiastés 1:2, "Vanidad de vanidades, todo es vanidad". Hemos pronunciado las mismas palabras tan a menudo que casi las podemos decir sin pensar. No hay nada nuevo porque no se desea nada de corazón.

La repetición es agradable a oídos de Dios cuando se trata del profundo deseo del alma. Jesús hizo repeticiones en su agonía en Getsemaní, mas la repetición se convierte en tibieza insignificante cuando se trata de palabras no sentidas que se dirigen, consciente o inconscientemente, tanto para los oídos de la gente como para los

La dinámica del deseo

de Dios. Tales palabras puede ser que constituyan un sedante para nuestra alma. Sin embargo, tales palabras no llegan a Dios.

Quizás usted tenga que prevalecer ante Dios durante algún tiempo antes de alcanzar la sinceridad completa y profunda en la oración. Fraser escribió: "La verdadera súplica es hija del deseo sentido genuina y profundamente, aquella no puede prevalecer sin este último; y debe ser un deseo que no sea terrenal y que no brote de nuestros corazones pecaminosos, sino que haya sido forjado en nosotros por Dios mismo. ¡Oh, qué deseos estos!" Haciendo hincapié en la necesidad de recibir deseos espirituales y de convertirlos en oración, él dice lo siguiente: "Un deseo intenso por las cosas espirituales es una campana que suena en favor de la oración. No se trata de que debamos esperar a que lleguen tales deseos. Es necesario orar en todo tiempo, tengamos deseos de orar o no. Mas si tenemos un saludable apetito por la oración, mucho mejor".[2]

En cierto sentido, su profundo y santo deseo es en sí mismo oración. "El deseo de los humildes oíste, oh Jehová; ... y haces atento tu oído" (Salmo 10:17). Aunque su corazón clame continuamente a Dios con profundo deseo, no siempre le será posible expresar ese deseo. Pero aun cuando la oración no la tengamos a flor de labios, el deseo con el que todo su ser clama al Señor, arde como una llama inextinguible de oración a la vista de Dios.

Así era la oración incesante del corazón de Pablo. El escribió lo siguiente: "Verdad digo en Cristo, no miento, y mi conciencia me da testimonio en el Espíritu Santo, que tengo gran tristeza y continuo dolor en mi corazón. Porque deseara yo mismo ser anatema, separado de Cristo, por amor a mis hermanos, los que son mis parientes, según la carne; que son israelitas, de los cuales son la adopción, la gloria, el pacto, la promulgación de la ley, el culto y las promesas" (Romanos 9:1-4).

¿De dónde sacaba Pablo semejantes deseos profundos y constantes, que ardían como una llama en el altar de su alma? El saturaba su alma con la verdad del Antiguo Testamento. El vio a Isaías describiendo a Dios como aquel que se hallaba en pie todo el día, anhelante, con sus manos extendidas al pueblo (Isaías 65:2). El le oyó suplicar por medio de Ezequiel, lo siguiente: "Volveos, volveos de vuestros malos caminos; ¿por qué moriréis, oh casa de Israel?" (Ezequiel 33:11). El oyó a Dios suplicar por medio de Oseas de esta forma: "¿Cómo podré abandonarte?... se inflama toda mi compasión" (Oseas 11:8). Pablo oyó a Dios en estas escrituras, y el clamor de su corazón se hizo uno con el de Dios.

Para que deseemos pedir e interceder en oración, es fundamental que reconozcamos la necesidad que tenemos. No hay nada más importante que esto. Andrew Murray dice: "El deseo es el alma de la oración, y la causa de la oración insuficiente o de la oración sin éxito es a menudo la falta de deseo o la debilidad de éste".[3] Mientras que nos interese poco si nuestras oraciones reciben respuesta o no, seguiremos sin prevalecer.

El deseo hace que la oración sea específica, que se enfoque y se verifique la prioridad. El deseo hace que la oración sea asunto vital y personal. Pablo dice lo siguiente acerca de su profunda oración en favor del incrédulo Israel: "Hermanos, ciertamente el anhelo de mi corazón, y mi oración a Dios por Israel, es para salvación" (Romanos 10:1). Y a los filipenses les escribe lo siguiente: "Y esto pido en oración, que vuestro amor abunde aun más y más" (Filipenses 1:9). Pablo enfocó su intercesión en esa forma, cada vez que pensaba en ellos.

Su intercesión será más prevaleciente a medida que usted comience a decir con Pablo que todo aquello por lo que usted ora es de veras "mi oración": el clamor, el llamado constante de mi corazón a Dios. Según las palabras de David: "Una cosa he pedido al Señor, y ésta buscaré" (Salmo 27:4). El deseo hace que su oración se convierta en algo muy personal. Convierte a la oración en el clamor mismo de su corazón. Además, no sólo es un incentivo para la oración, sino que le ayuda a vislumbrar la respuesta a la misma y hace que aumente su fe. El cristiano indiferente es de poco provecho para Dios o para el hombre. La gente lo tiene por hipócrita, y Dios no lo puede usar grandemente.

La falta de sinceridad y la tibieza en la oración o en otros asuntos espirituales son inservibles para Dios (Apocalipsis 3:15-16). La falta de corazón y de calor le causan repulsión a Dios. Cristo desea que sus seguidores estén bautizados con fuego (Mateo 3:11), y que la iglesia esté ardiendo con la presencia y el poder del Espíritu. Nuestro Dios es un Dios de fuego, y El desea compartir con nosotros no sólo su presencia y su pureza, sino también su ardiente deseo y su celo. El Espíritu le agrega fuego a nuestras oraciones. Bounds dice lo siguiente: "Esta santa y fervorosa llama en el alma despierta el interés del cielo, llama la atención de Dios,

La dinámica del deseo

y coloca a disposición de aquellos que la practican, las inagotables riquezas de la gracia Divina".[4]

El deseo tiene la virtud de refinar y purificar su oración de muchos clisés fáciles de proferir. Filtra la vaguedad y las repeticiones piadosas de frases que no se dicen de corazón. Destila las frases escogidas de la oración, que en verdad no dicen nada sobre su alma y que sólo son meras palabras para Dios. El deseo purifica las palabras que se encuentran al borde de la hipocresía que arrulla a su propia alma y las mentes de los oyentes y los conduce al sueño, y que se elevan un poco más alto que su propia cabeza. Poseen tan poco significado que nunca llegan al trono de Dios.

COMO HACER MAS PROFUNDO SU DESEO

1. *Reciba con agrado los deseos que Dios pone en usted.* Desde cierto punto de vista, el deseo auténtico es un regalo de Dios. Desde otro punto de vista, usted debe profundizar sus propios deseos con la ayuda de Dios. Finney enseña que si usted reconoce un deseo para el bien de otras personas le ha causado una fuerte impresión, es muy posible que sea el Espíritu Santo el que está concediendo y profundizando ese deseo, con el fin de empujarle a la oración. El agrega lo siguiente: "En tal caso, no hay grado de deseo o de importunidad que sea inapropiado. Un cristiano puede acudir como esté y asirse de la mano de Dios".[5] Preste atención a la oración de Jacob: "No te dejaré si no me bendices" (Génesis 32:26). ¿Insultó a Dios su actitud? ¡Claro que no! Convirtió a Jacob en un príncipe ante Dios, con un nuevo nombre: Israel. Moisés oró con tal deseo que Dios se acercó hasta estar cara a cara con él (Exodo 33:12-23; Números 12:8).

2. *No apague ni pierda estos deseos santos.* Estos son un fuego del Espíritu Santo. No los apague (1 Tesalonicenses. 5:19). No permita que otras cosas lo desvíen o lo distraigan. Permítale al Espíritu Santo que profundice su oración cada vez más, a medida que usted atesora estos deseos santos y los desea cada vez más profundamente. La mayoría de las cosas que le rodean a usted son de una índole tan secular que lo que hacen es entremeterse en su tiempo de oración y desvanecer sus deseos santos y su conciencia de la presencia de Dios.

Dios no anda jugando con usted. Los deseos nacidos del Espíritu y profundizados por El, indican lo que Dios desea hacer. El da deseos tocantes a lo que El desea ver hecho realidad. El Espíritu Santo nos dirige hacia los precisos propósitos del corazón de Dios y a que prevalezcamos a cabalidad.

3. *Renuncie a sus propios deseos.* *La ley es inmutable: Dios se ofrece y se entrega a aquel que de todo corazón se entrega a El completamente.*[6] Recuerde que en su humanidad usted puede a menudo desear cosas y tener motivos egoístas, en lugar de ser motivado por Dios. Su oración puede estar matizada más por sus propios intereses que por el deseo de traer gloria a Dios. La oración prevaleciente es generalmente posible sólo en favor de cosas que armonizan con la voluntad de Dios. Si usted se empeña en tener deseos egoístas y en exigir que se haga su propia voluntad, puede ser que un día le pese el haber hecho tales oraciones. El pueblo de Israel clamó ante Dios hasta que El les dio lo que pedían, mas llegó el día en que les pesó lo que habían pedido (Salmo 106:14-16). Esta forma de orar se da en raras ocasiones si usted somete su propia voluntad y ora verdaderamente como Jesús nos enseñó: "Hágase tu voluntad" (Mateo 6:10).

Usted puede ser "lleno del conocimiento de su voluntad" (Colosenses 1:9). Usted puede comprobar cuál es "la buena voluntad de Dios, agradable y perfecta" (Romanos 12:2). Aquellos que viven más cerca de Dios son los que generalmente reconocen la voluntad de El con mayor seguridad y rapidez. Usted puede desarrollar su oído para escuchar a Dios.[7]

El Espíritu Santo habrá de enseñarle fielmente la perspectiva divina, las prioridades de Dios y el proceso empleado por Dios, si usted permanece lleno del Espíritu y dedicado sin reservas a Su voluntad. Entonces los deseos divinos y los humanos resplandecen y se hacen uno.

4. *Tenga confianza en Dios en cuanto a las cosas que usted desea, y alábelo.* A medida que usted insiste ante Dios con profundo y santo deseo de que se haga Su voluntad en la situación por la que usted está orando, el Espíritu le llevará al punto en que la fe se apoderará de la promesa de Dios y el Espíritu le concederá el "manto de alegría" (Isaías 61:3). Tal vez en este punto su petición ya haya sido concedida, o quizá el Espíritu le esté conduciendo hacia la dinámica de la fe, hacia la dinámica de la alabanza, o hacia

ambas a la vez. (Estos niveles se aclararán más en capítulos subsiguientes.)

Otro término que se emplea en sustitución de hambre es "deseo". A no ser que haya suspiros, anhelo, hambre y sed, y tal vez aun lágrimas, es probable que usted no haya llegado todavía a prevalecer en la oración. A no ser que su corazón clame desde lo más hondo de su ser, los obstáculos de Satanás parecen a veces infranqueables, y los cautivos de Satanás continúan atados.

Fue el hambre inefable la que se manifestó en la oración que pronunció Juan Knox: "¡Dame a Escocia o me muero!" Juan Smith clamó en Inglaterra empleando casi las mismas palabras: "¡Dame almas o si no me muero!" Dios le dio almas. Esta misma oración fue repetida diariamente por un evangelista coreano, quien es quizás el motivo por el cual yo he servido durante cincuenta años a través de OMS Internacional. Su rostro resplandecía con la presencia de Dios, y su corazón clamaba constantemente por las almas. El ganó para Cristo a miles de personas en sólo unos años, y se le comenzó a conocer como el D.L. Moody de Corea. Tristemente, nuestro ministerio de OMS lo perdió y Dios también lo perdió para su servicio. Las cosas seculares le arrebataron el apetito y sus labios se convirtieron en labios de barro. El dejó de prevalecer. El perdió su poder. Murió en una ciudad extranjera, casi como un desconocido.

¡Oh, amigo cristiano, atesore ese apetito! Proteja el apetito que usted tiene por las respuestas de Dios a la oración. El procurar mantener este apetito puede costarle a usted malentendidos y aun sufrimientos. Lo pueden ver como un extremista o aun como un fanático. Hay muchas iglesias en las que se practica muy poca oración prevaleciente.

Mas ¿habrá Jesús de llevar solo la cruz? El siempre le ha concedido la pasión de su alma a aquellos hijos suyos que andan en sus pasos. ¿De dónde sacaron Juan Wesley, Jorge Whitefield, Carlos Finney, Guillermo Booth, Hyde el Intercesor y Carlos Cowman, el apetito por las respuestas a la oración, por los avivamientos y por la salvación de las almas? Ellos llegaron a conocer lo que hacía palpitar el corazón de Jesús. Finney dice: "Cuál debe ser la intensidad del deseo que Dios siente cuando Su Espíritu produce en los cristianos una agonía tan maravillosa, tal angustia de espíritu, semejantes dolores de parto—Dios ha escogido el mejor vocablo para expresarlo; se trata de la frase dolores de parto: dolores de parto del alma".[8]

Aprenda a beber en el Espíritu de Cristo mientras que El anhela ver romperse las cadenas de hábitos perversos, de las drogas y de Satanás, y a la gente puesta en libertad. Aprenda a llorar sobre su Jerusalén con Jesús, si usted desea que llegue a su ciudad o a su iglesia el avivamiento dado por el Espíritu. Las poderosas respuestas a la oración pueden ser costosas, mas el precio que se paga por las mismas vale la pena. Aprenda a tener apetito si usted va a prevalecer.

10

La dinámica del fervor

LAS DINAMICAS DEL deseo y del fervor están estrechamente relacionadas; sin embargo, cada una, en particular, tiene algo que aportar a la oración prevaleciente. Una apoya y fortalece a la otra; cada una por sí sola es esencial. El deseo tiene más que ver con el apetito que con la urgencia. El fervor tiene más que ver con la pasión y con el celo. El deseo nace de la necesidad; el fervor es hijo del amor. Necesitamos ojos que vean la necesidad, y un corazón al que el amor haga arder.

El amor le abre a uno el corazón a Dios, quien es el único que puede abastecer todas las necesidades. El amor constituye la naturaleza misma de Dios. Su corazón arde en amor por nosotros y por Su mundo. La llama que arde en el corazón de Dios hará arder su corazón si usted se acerca a El lo suficiente. Su amor irradia hacia su corazón. A medida que usted ora Su amor coloca en su corazón profundo interés por las necesidades que El ve y que quiere que usted vea. Su amor, al saturarle, hace que su oración se convierta en una dulce fragancia en Su presencia (Salmo 141:2).

El amor de Dios es dinámico. Y este amor le agrega amor, deseo y celo a sus oraciones. Carlos Finney dijo: "Usted debe tener tanto del amor de Dios en su corazón —un amor como el que Dios le tiene a los pecadores— que le hace estar listo para hacer cualquier sacrificio o realizar cualquier labor. Usted debe sentir como Dios siente...amor por las almas". A no ser que usted posea lo anterior, afirma él: "las oraciones con este objetivo tendrán poca intensidad y carecerán de poder ante Dios".[1]

Andrew Murray insistía en lo siguiente: "La misma naturaleza del amor consiste en abandonarse y olvidarse de sí mismo por el bien de los demás. Toma las necesidades de los demás y las hace suyas; encuentra verdadero gozo cuando vive y muere por los demás, como lo hizo Cristo...el verdadero amor... se convertirá en nosotros en el espíritu de intercesión... el verdadero amor debe orar".[2]

A la dinámica del fervor se le ha dado el nombre de ley de la intensidad. ¡Cuántas oraciones fracasan por la falta de fervor! Richard Watson, un teólogo que vivió hace alrededor de doscientos años, escribió lo siguiente: "La oración sin fervor no es oración; es hablar, mas no es orar. La oración carente de vida no es oración, de igual manera que el retrato de un hombre no es un hombre". Acker agrega lo siguiente: "El incienso no huele ni puede ascender sin el fuego; tampoco la oración, a no ser que sea fruto del calor espiritual y del fervor... Las oraciones frías, carentes de vida y estáticas son como aves sin alas... las oraciones meramente de labios hacia fuera son oraciones perdidas".[3]

Adoniram Judson, pionero de las misiones, sabía cómo prevalecer. El escribió lo siguiente: "Un espíritu atormentado, la angustia de deseo que produce una gran carga, pertenece a la oración. Un fervor lo suficientemente fuerte como para quitar el sueño, lo cual inflama el espíritu y lo hace devoto,... pertenece a la oración que lucha y prevalece. El Espíritu, el poder, el aire y el aliento de la oración radican en esta clase de espíritu".[4]

Isaías se lamentaba de la siguiente forma: "Nadie hay que invoque tu nombre, que se despierte para apoyarse en ti" (Isaías 64:7). Israel se hallaba en necesidad, mas nadie se levantaba con el fin de prevalecer en intercesión en favor de la nación. El término hebreo significa levantarse, despertar, incitar. Usted debe despertarse y profundizar cualidades como el interés, el amor y el celo dentro de usted. Usted debe despertarse espiritualmente y prevalecer.

Necesitamos movimientos nuevos y poderosos del alma. Hace falta que nos despertemos de nuestro sueño y que nos levantemos con el fin de aferrarnos a Dios en poderosa oración. Necesitamos reunir todos nuestros recursos espirituales y todas nuestras energías santificadas, para hacer la oración que prevalece. A no ser que nuestra oración posea potencia ferviente, carecerá de poder para vencer dificultades y ganar poderosas victorias.

La dinámica del fervor

Hay diversos términos bíblicos que hablan sobre el fervor y la pasión en la oración. Uno de los vocablos es "invocar". Lo utilizan Samuel, David, Elías y muchos de los profetas. El alma se extiende hacia Dios, invocándole con una fuerza y una intensidad que esperan ser escuchadas. Otro de los términos es gritar o clamar. "Oh, Señor,... de día y de noche he clamado delante de ti... inclina tu oído a mi clamor" (Salmo 88:1-2) (BLA).

Otro de los vocablos es "derramar". El Salmista describe cómo su alma brama por Dios como brama por agua un ciervo perseguido por los cazadores. El tiene sed de Dios, anhela encontrarse con Dios, llora día y noche mientras que anhela que Dios le responda y derrama su alma (Salmo 42:1-4). En el Salmo 62:8, David nos insta de la siguiente forma: "Derramad delante de él vuestro corazón; Dios es nuestro refugio". Este versículo es una vívida expresión del fervor y la pasión del alma.

Todos estos hombres y mujeres de Dios que imploraron en oración, según Finney, sintieron la presión que ejercía una gran causa". No hay lugar en la oración para los deseos flojos, los esfuerzos indiferentes y las actitudes de pereza. E. M. Bounds conocía por experiencia propia lo que es la oración prevaleciente. El escribió lo siguiente: "Los deseos inflamados apasionan, la insistencia incansable produce deleite al cielo... El cielo no tiene tiempo para escuchar oraciones hechas sin ánimo".[5]

La visión de la necesidad por la que usted ora debe convertirse en una pasión ardiente que desea ver la respuesta de Dios. Debe convertirse en un profundo principio en usted, que se da a la tarea de conseguir la respuesta. Debe convertirse en un impulso que constriñe. Debe añadirle fervor a su oración y colocar el poder de la determinación dentro de su alma. ¡Usted no debe aceptar una negativa como respuesta!

Samuel Chadwick afirma que el fervor, por sí solo, hace que la oración ordinaria se convierta en oración prevaleciente.

"Hay pasión en la oración que prevalece. Elías era un hombre de pasiones... Todo lo que él era se vertía en todo lo que hacía. Preste atención a su oración en la cámara de muerte. Obsérvelo en el Carmelo. Escúchelo implorar por la honra de Dios y al Señor por la aflicción del pueblo.
Siempre es lo mismo: Abraham intercediendo por Sodoma, Jacob luchando en la quietud de la noche, Moisés

de pie sobre el monte, Ana ebria de angustia, David con el corazón destrozado por el remordimiento y la angustia; Jesús sudando gotas de sangre. Súmesele a estos la lista de los anales de la iglesia, de la observación y la experiencia personal, y siempre encontrará el precio que cuesta la pasión, hasta derramar sangre. Esta prevalece. Convierte a mortales ordinarios en hombres de poder. Trae poder. Trae fuego. Trae lluvia. Trae vida. Trae a Dios. No existe poder como el de la oración prevaleciente.[6]

La forma más importante de medir la oración no consiste en su longitud, sino en su profundidad; no en sus bellas palabras, sino su intensidad. No se trata en sí de cuántas horas usted dedica a la oración, sino de cuán intensa es su oración cuando usted la hace. Existe una dinámica de la perseverancia: la oración a veces hay que continuarla por algún tiempo; mas ya sea corta o larga, que su oración sea ferviente.

Una ley de la oración es que todos los que buscan de todo corazón, hallan. "Me invocaréis, y vendréis y a rogarme, y yo os escucharé. Me buscaréis y me encontraréis, cuando me busquéis de todo corazón. Me dejaré hallar por vosotros, declara el Señor" (Jeremías 29:12-14) (BLA). Moisés empleó casi las mismas palabras, cuando aclara, diciendo: "De todo tu corazón y de toda tu alma" (Deuteronomio 4:29).

Chadwick dice nuevamente: "La intensidad es una ley de la oración ... la oración que lucha, prevalece. La oración ferviente y eficaz del justo tiene una gran fuerza. Dios aborrece el fuego extraño. Nunca debemos tratar de producir una intensidad emotiva... Si el espíritu gime en la intercesión, no le tenga miedo a la agonía de la oración. Hay bendiciones del reino que sólo ceden ante la violencia del espíritu vehemente".[7]

En Hebreos se nos asegura que: "Cristo, en los días de su carne," ofreciendo ruegos y súplicas con gran clamor y lágrimas" (Hebreos 5:7). Parecerse a Cristo es estar tan cargado en la oración que oramos con pasión. Pablo le pidió a los santos en Roma "que me ayudéis orando por mí a Dios" (Romanos 15:30). "Que me ayudéis orando", en griego, son dos palabras que significan literalmente: "agonicen conmigo". ¡Eso es orar con pasión!

R. A. Torrey escribe: "La oración que prevalece ante Dios es aquella en la que derramamos toda nuestra alma, extendiéndose hacia Dios en intenso y agonizante deseo.... Si oramos con tan poco entusiasmo, no podemos esperar que Dios se entusiasme mucho en contestar nuestras oraciones... Cuando aprendemos a acudir a Dios con una intensidad que retuerce el corazón, entonces conoceremos una clase de poder en la oración que la mayoría de nosotros no conoce en la actualidad".[8]

Alexander Whyte, el gran predicador y escritor escocés, afirma lo siguiente: "Que cada hombre derrame su pasión en sus oraciones".[9] La descripción que hace Santiago de Elías: "oró fervientemente" (Santiago 5:17), en el griego literalmente dice "con oración oró", y esto es un modismo que significa que él oró con intensidad o con pasión.

RESUMEN

La verdadera pasión en la oración tiene tres características:

1. Es fruto del amor que hay en su alma.
2. Es fruto del deseo santo.
3. Puede ser un don directamente otorgado por Dios en un momento en que él quiere utilizarle en la oración.
4. Puede ser el resultado de su nueva visión de una necesidad.
5. Puede ser el resultado de la convicción que paulatinamente se ha ido profundizando sobre la urgencia de una necesidad y de la voluntad de Dios para satisfacer tal necesidad. Finney aconsejó lo siguiente: "Si usted se siente movido a orar poderosamente por ciertas personas, y lo hace con gran compasión, agonía, fuerte llanto y derramamiento de lágrimas por determinada familia, vecindario o por determinadas personas, déjese llevar por una influencia tal".[10]
6. Puede convertirse en un rasgo característico de su vida de oración, a medida que usted se dedica a la intercesión.
7. Despierta y fortalece su fe.

Lo que no es la pasión en la oración:

1. No es sinónimo de oración vociferante y escandalosa. Puede ser oración apacible y aun silenciosa. Muchas personas han prevalecido en la noche, de manera tan silenciosa, que los que han estado durmiendo cerca ni se enteraron.

2. No es sinónimo de esfuerzo físico. La lucha espiritual no depende de la actividad física. La pasión en la oración no la produce levantar la mano, mover el brazo, ponerse de pie, arrodillarse, postrarse en el suelo, caminar de un lado a otro, ni ninguna otra acción o posición mientras que se ora. El Espíritu Santo puede guiarle a que haga tales cambios de postura, especialmente cuando usted está orando a solas en su lugar secreto.

A veces el empleo de tales posturas, por el momento concuerdan con el estado de su alma o lo expresan: humildad ante Dios, peticiones fervorosas hechas a Dios, esperar en su presencia, o una determinación espiritual y premura. Muchos guerreros en la oración, como Brainerd y Finney, han sudado profusamente como resultado de la intensa angustia del alma en la oración prevaleciente, como el sudor de Cristo en Getsemaní, que era como grandes gotas de sangre. Mas no procure fabricar la intensidad espiritual mediante su esfuerzo físico.

3. No es sinónimo de la oración contestada. Muchas oraciones reciben contestación inmediatamente o sin que uno tenga que orar intensa y prolongadamente. Muchas peticiones expresadas en la oración son concedidas mientras que usted se deleita en el Señor. (Salmo 37:4).

4. No es una clase de "obras". No consigue la salvación o la bendición de Dios. El fervor es, más bien, una obra accesoria del ministerio del Espíritu Santo en usted.

COMO ADQUIRIR PASION
EN LA ORACION

1. Pídale al Espíritu Santo que le dé Su amor, su pasión y su celo.

2. Reciba con agrado y alimente cualquier provocación del Espíritu a la oración. Bounds nos asegura lo siguiente: "No tenemos el poder, quizás, de producir fervor de espíritu voluntariamente, mas podemos pedirle a Dios que lo siembre en nosotros. A nosotros nos toca, por tanto, alimentarlo y protegerlo para que no se extinga, para impedir su disminución o deterioro".[11]

3. Lea y relea relatos bíblicos o relatos que aparecen en libros de profunda espiritualidad, de la forma en que Dios ha llamado a las personas a que oren y cómo ha dado respuesta a sus oraciones.

4. Continúe profundizando su vida de oración mediante la fidelidad en sus hábitos y compromisos de oración.

5. Tome varios asuntos importantes o cargas en su corazón, y haga que se conviertan en la perspectiva especial de su oración: por ejemplo, seguir orando por un avivamiento, su iglesia, su país, el ministerio juvenil, el ministerio de las cárceles, el ministerio en los países comunistas y el ministerio en tierras musulmanas. Las cargas pueden incluir necesidades especiales, tales como la pornografía, las drogas, el maltrato infantil, o el SIDA. Pueden incluir a un país en particular: India, China, Indonesia, Cuba, u otro que Dios ponga en su corazón. Puede incluir el ministerio radial, el ministerio mediante la televisión, o ministerios internacionales o nacionales, tales como los de Billy Graham, Luis Palau, o "Focus on the Family" (Enfoque a la Familia). Usted no podrá orar extensamente por todo, mas sí puede pedirle a Dios que le dirija a escoger varios asuntos especiales de oración.

6. Mantenga sus oídos abiertos para cualquier tarea de oración que Dios pueda darle, como urgente carga de oración temporal. Puede ser que su oración sea necesaria para una necesidad especial, en un día o a una hora particular. Si le es posible, recurra de inmediato a la oración por esa necesidad. Emplee cada minuto libre que le sea posible, hasta que Dios quite de su corazón el interés de orar por esta necesidad. Su pasión en la oración aumentará tremendamente a medida que usted responde a esta carga del Espíritu.

Hagamos un resumen empleando las palabras de Bounds: "Las oraciones deben estar al rojo vivo. La oración ferviente es la que es efectiva... El fuego es necesario para que la oración avance. El calor del alma crea un ambiente favorable para la oración... Mediante la llama es que la oración asciende al cielo. Mas el fuego no quiere decir incomodar; no es calor, ni ruido...Estar absorto en la voluntad de Dios, tener tal intensidad en cuanto a cumplir Su voluntad, que todo nuestro ser arda, es la condición que califica al hombre que habrá de tomar parte en la oración eficaz".[12]

11

La dinámica de la importunidad

ADEMAS DE FERVOR Y deseo, la intensidad en la oración incluye la importunidad. En cierto modo, en la importunidad se combinan el fervor, el deseo y la perseverancia, mas no siempre. La oración importuna puede que sea hecha con fervor, pero es más que fervor. Puede ser que esté revestida con el deseo más profundo. Casi siempre la perseverancia forma parte de la misma, mas le agrega una dimensión importante.

¿Qué es la importunidad? El término griego utilizado en Lucas 11:8 es *anaideia*. Significa falta de vergüenza total. Incluye el concepto de grande denuedo, de premura, de insistir en que se conceda la petición, de reclamar o exigir hasta los mismos límites, e incluye la determinación de persistir con ese apremiante denuedo hasta recibir la respuesta.

Andrés Murray, un firme creyente en la oración importuna, describe el crecimiento de la importunidad con las siguientes palabras: "Comienza negándose a aceptar de inmediato una negativa. Crece hasta tener la determinación de perseverar, de no perder tiempo ni evitar dificultades hasta que venga una respuesta. Se eleva hasta alcanzar la intensidad en la que todo el ser se entrega a Dios en súplica, y el denuedo llega a apoderarse de la fortaleza de Dios".[1]

La importunidad en la oración es aquella que pide que se haga la voluntad de Dios. Debe carecer totalmente de egoísmo. Consiste casi siempre en la desvergüenza de insistir en lo apremiante que es la necesidad de otra persona. Batallar en la oración puede ser que incluya algunos elementos para el beneficio propio. Cuando Jacob luchó por la protección de Dios para su familia, él se incluyó a sí mismo, por lo que también se benefició individualmente.

Mas la santa importunidad es justa y apropiada mientras que intercede por otros. Observe a la mujer sirofenicia intercediendo por su hija, quien estaba poseída por un demonio; al dueño de la casa que pide comida a media noche para un amigo; Moisés que implora perdón para Israel; David que suplica por la restauración de Israel y de Jerusalén. Observe también a Lutero, prevaleciendo por la sanidad de su colega reformador, Melanchthon; y Juan Knox suplicando por el alma de Escocia.

La oración importuna no cede ante el desaliento, el cansancio, el temor, o la impaciencia. Es una diligencia intensa. La oración importuna no juega con Dios en una indiferencia pasiva, para saber si la oración recibe o no contestación. Richard Sibbes escribió: "Orar y no aguardar en esperanza es ateísmo. Un cristiano sincero orará, esperará, fortalecerá su corazón con las promesas, y jamás abandonará la oración ni dejará de mirar hacia lo alto hasta que Dios le conceda una respuesta de gracia".[2]

La perseverancia carente de vergüenza en la oración, hasta que Dios conceda su completa respuesta, la describe George Mueller: "No basta con empezar a orar, ni con hacerlo correctamente; ni basta con seguir orando por un tiempo; sino que debemos continuar orando pacientemente y con valor, hasta que obtengamos una respuesta".[3] Bengel, el teólogo luterano del siglo dieciocho, quien tuvo una poderosa influencia en Juan Wesley, afirmó que Dios no nos da permiso para que cesemos de orar hasta que Él nos conceda una respuesta. Por supuesto, estos escritores se refieren a la oración que se hace por necesidades importantes, por las que Dios nos ha dado una carga.

P.T. Forsyth advierte que no debemos reducir la oración a una conversación con Dios, "en sólo caminar con Dios en diálogo amistoso". No sólo perderemos el aspecto que tiene el conflicto espiritual, de la lucha y del prevalecer, sino que, por último, podemos perder el sentido real de la oración. La convertimos en una conversación más bien que en la actividad por excelencia del alma.

Al concluir su libro titulado *"The Soul of Prayer"* ("El alma de la oración"), Forsyth nos insta a que luchemos en la oración, con las siguientes palabras: "Aférrate a El con tu fortaleza, no sólo con tu debilidad, con tu fe activa, no sólo con la pasiva, y El te concederá fortaleza. Echate en sus brazos, no para recibir caricias, sino para luchar con El. A Dios le encanta esa guerra santa. Puede ser que El sea demasiado para usted, y que lo levante en peso. Mas será para elevarle de la tierra y colocarlo en los lugares celestiales, que pertenecen a aquellos que pelean la buena batalla y echan mano de Dios como su vida eterna".[4]

La importunidad es tan esencial en el ámbito espiritual como lo es a veces en la vida secular. Y probablemente resulta más efectiva con Dios que con el hombre. Cuando Abraham inició su importuna, pero a la vez respetuosa, intercesión por Sodoma, a Dios no le pareció mal, a pesar de que Sodoma había caído profundamente en el pecado (Génesis 18;16-33). Cada vez Abraham acudía a El con otro argumento, Dios le hacía una concesión. El corazón misericordioso de Abraham armonizaba con el corazón misericordioso de Dios. ¿Se puso de manifiesto el límite de la misericordia de Dios cuando Abraham dejó de interceder? ¿Podía Abraham haber insistido más?

Dios anhela extender su misericordia. ¡Con cuánta frecuencia El se ve limitado por nuestra falta de importunidad! Abraham se convirtió en el amigo de Dios de manera más íntima por medio de su importunidad. Conduzca la importunidad en la intercesión por los demás hasta los límites más lejanos, si usted ha de ser amigo de Dios.

Tenemos aún una visión muy incompleta de lo que Dios espera de nuestras oraciones. Dios demuestra su intenso deseo de que prevalezcamos ante El por medio de la intercesión, realizada con denuedo y sin egoísmo. El jamás reprende a uno de sus hijos por importunidad inadecuada al acudir a Su trono de gracia. Dios nos ha concedido una inmensa responsabilidad espiritual y ha puesto en nuestras manos una iniciativa formidable.

Dios puso límites a Moisés en lo que se refería a pedir por sí mismo (Deuteronomio 3:26), mas no le puso límites a las peticiones importunas de Moisés en favor del pueblo pecador de Israel. Dios le dijo a Moisés: "Déjame". Mas esto fue para probar el carácter de

La dinámica de la importunidad

Moisés (Exodo 32:10). El deseo y el celo que tenía Moisés por el pueblo de Dios era tan fuerte que él se negó a dejar de importunar a Dios. El discutió y razonó con Dios. El le propuso a Dios ofrecerse a sí mismo vicariamente a la ira de Dios, y así sustituir a Israel para que no fueran castigados. Tal sustitución, por supuesto, era imposible, pero puso de manifiesto que Moisés tenía la misma pasión que tuvo nuestro Señor cuando nos sustituyó en la cruz del Calvario. De modo que la importunidad de Moisés no fue descortés a los ojos de Dios. Fue santa, noble y gloriosa ante Dios. Fue la confirmación de que él era amigo de Dios (33:11).

Existen límites en cuanto a la importunidad: los límites de la voluntad de Dios. Mientras más cerca de Dios caminemos, más íntimamente entenderemos Sus inefables anhelos por la salvación de la humanidad y porque su pueblo reciba toda bendición espiritual. El desea bendecir con salud y suplir las necesidades esenciales, y conceder prosperidad mientras que ésta no sea espiritualmente perjudicial.

La voluntad fundamental de Dios siempre ha sido bendecir. Nosotros no podemos persuadir a Dios para que sea misericordioso: El ya es misericordioso. No hace falta que le persuadamos para que manifieste amor: Su misma naturaleza nos garantiza que El siempre amará hasta los límites de lo que sea mejor para nosotros. Sólo le pedimos a Dios que manifieste lo que ya El es infinitamente.

Sin embargo, Dios ha determinado limitar gran parte de su obra a la intercesión de su pueblo. Nuestra importunidad se convierte en la oportunidad de Dios. El anhela que le concedamos la oportunidad de manifestar Su naturaleza. Dios honró de tal manera la importunidad de Moisés, y se acercó tanto a él, que el rostro de Moisés llevó el resplandor de Dios al necesitado Israel.

¿Fue la importunidad de la quebrantada madre de Sidón una ofensa para Jesús? El puso a prueba su importunidad por una aparente reconvención (Mateo 15:21-28), mas cuando ella pasó la prueba por continuar importunándole aún con mayor ahínco, Jesús respondió: "Grande es tu fe; hágase contigo como quieres".

Algunos comentaristas opinan que el motivo principal por el que Jesús llevó a sus discípulos a Tiro y Sidón, fue con el fin de suplir la necesidad que tenía esta mujer y para utilizar esta experiencia para instruir a sus discípulos acerca del papel que juega la oración importuna. Jesús puso a prueba su importunidad, mas luego la alabó y la hizo un ejemplo para los cristianos de todas las épocas.

Según Bounds: "El que no insiste en su petición, no ora en lo absoluto. Las oraciones frías no pueden reclamar nada del cielo, ni tienen audiencia en las cortes de lo alto. El fuego es la vida de la oración, y con ella se llega al cielo mediante la ardiente importunidad, que se eleva en escala ascendente".[5]

Dios se deleita con el santo denuedo suyo que no acepta una respuesta negativa. Dios lo tiene como "grande fe" y luego lo considera a usted como su amigo, puesto que usted comprende el sentir de su corazón.

Pablo nos asegura que en Él "tenemos seguridad y acceso con confianza por medio de la fe en él" (Efesios 3:12). El término griego literalmente es: "Tenemos valor y acceso con confianza" *Parresia* es manifestación abierta; hablar con franqueza sin temor, osadamente pero con ánimo alegre.

"Teniendo libertad (*parresia*: valor, ánimo confiado) para entrar en el Lugar Santísimo por la sangre de Cristo" (Hebreos 10:19). "Acerquémonos, pues, confiadamente (*parresia*: valor, ánimo confiado)" (Hebreos 4:16). Ester se acercó al trono del rey Asuero con tal audacia, y fue el instrumento empleado por Dios para salvar a su pueblo.

¡Cuán a menudo el temor, la timidez y la falta de fe han sido la causa de la pérdida de bendiciones y de respuestas a la oración, las cuales Dios se hubiera deleitado en concedernos! A. B. Simpson escribió: "El secreto del éxito en los asuntos humanos a menudo ha sido la audacia. Existe ... una audacia santa en la vida y en la fe cristianas que en ningún modo contradicen la más profunda humildad".[6] Así fue la audacia de Moisés, de Josué, de Elías, de Daniel, de Lutero y de una gran hueste de guerreros de la oración, a lo largo de los siglos.

El guerrero importuno en la oración insiste más allá de los límites de la amistad, y casi más allá de los límites de una relación filial. Existe una determinación, una insistencia llena de valor que se niega a aceptar una respuesta negativa o a prolongar la demora. Tal importunidad no sería adecuada para ninguna situación que no tuviera que ver con la gloria de Dios. Cuando la voluntad, el nombre y la gloria de Dios están en juego, nadie debiera detenernos. Cristo enseñó que esta forma de orar obtiene respuestas que no se pueden obtener de ninguna otra forma. La importunidad santa conquista todas las circunstancias, derrota toda oscuridad, y penetra a través de las huestes demoníacas hasta llegar al trono de Dios.

La laxitud en la oración, la timidez en la intercesión y la debilidad en la importunidad son fatales para la poderosa oración prevaleciente. "La espera del comienzo de nuestra importunidad e insistencia constituye el corazón del Padre, su mano, su infinito poder y su infinita disposición de escuchar a sus hijos y de obsequiarles".[7]

Isaías deploraba el hecho de que "Nadie hay que invoque tu nombre, que se despierte para apoyarse en ti" (Isaías 64:7). Dios desea que usted tome en serio la oración prevaleciente. El quiere que usted se despierte, que se despabile. Dios, por lo tanto, dice por medio de Isaías: "Sobre tus muros, oh Jerusalén, he puesto guardas; todo el día y toda la noche no callarán jamás. Los que os acordáis de Jehová, no reposéis, ni le deis tregua, hasta que restablezca a Jerusalén, y la ponga por alabanza en la tierra" (Isaías 62:6-7).

"La oración importuna es un poderoso movimiento del espíritu hacia Dios. Se trata de un despertar de las fuerzas más profundas del alma hacia el trono de la gracia celestial. Se trata de la habilidad de aferrarse, de continuar, de esperar... No es un incidente... sino una pasión del alma... La habilidad para la lucha en la oración importuna no brota de la vehemencia física o de la energía de la carne. No es una energía impulsiva, ni una mera intensidad del alma; se trata de una fuerza incrustada, de una facultad implantada y despertada por el Espíritu Santo. Se trata, virtualmente, de la intercesión del Espíritu de Dios en nosotros".[8]

Usted debe despertarse a sí mismo, y pedirle al Espíritu Santo que le ayude, pero a la vez, El se sumará a la importunidad suya que la intensificará por medio de su poderosa obra en usted. Pero usted debe tomar la iniciativa, para que luego el Espíritu Santo multiplique su oración mediante sus gemidos interiores, por su celo y por su poder. Prestemos atención al salmista, mientras que toma esta audaz iniciativa con Dios: "Despierta; ¿por qué duermes, Señor? Despierta, no te alejes para siempre. ¿Por qué escondes tu rostro, y te olvidas de nuestra aflicción, y de la opresión nuestra? Porque nuestra alma está agobiada hasta el polvo, y nuestro cuerpo está postrado hasta la tierra. Levántate para ayudarnos, y redímenos por causa de tu misericordia" (Salmo 44:23-26).

Alrededor del 500 A.D., el obispo Avitus escribió lo siguiente: "Hay que clamar con acentos de súplica; y si mientras el peligro aumenta El sigue sin escuchar, usted debe tocar con mano pródiga".[9]

12

La importunidad prevalece

EL PAPEL QUE DESEMPEÑA LA IMPORTUNIDAD

DIOS UTILIZA LA IMPORTUNIDAD para conducirnos hacia grandes bendiciones espirituales. Andrés Murray le llama a la oración importuna uno de los medios más selectos de gracia divina.

1. *La importunidad enseña los aspectos del carácter más parecidos a Cristo.* Si no hubiera otra razón que ésta, Dios reservaría sus respuestas especiales para el intercesor importuno, porque la misma naturaleza de la importunidad desarrolla en usted las gracias cristianas más elevadas. W. E. Biederwolf llama a la importunidad "uno de los instructores en la escuela de entrenamiento de Dios".[1]

Los ochenta días que pasó Moisés en comunión e intercesión, de los cuales los últimos cuarenta los empleó en gran parte intercediendo importunamente, dejaron el sello indeleble de Dios en él para toda la vida. Después de esto él fue un hombre de Dios más paciente, más perdonador y más humilde, que lo que jamás había sido. Lo que le ocurrió en el Monte Sinaí no sólo fue vital para Israel, sino también en la capacitación del liderazgo de Moisés durante los treinta años siguientes. La importunidad en la oración hace que nuestro carácter se parezca cada vez más al de Dios.

Moisés se alejó de aquella etapa en la que prevaleció, con la gracia de Dios que se reflejaba en su rostro y con el evidente sello de Dios en su vida. Y esto no sólo se manifestó mediante los milagros externos (en los que antes tuvo parte), sino por medio de una personalidad piadosa. Más que en ninguna otra ocasión, él se convirtió en compañero del Espíritu de Dios mismo. La importunidad intensifica los anhelos de que se haga la voluntad de Dios y de que venga su reino. La voluntad suya, entonces, se manifiesta con mayor piedad en lo que respecta a la justicia, la santidad y el cumplimiento de la voluntad de Dios. También fortalece su fe hasta el punto de creer, no sólo por lo que Dios puede realizar, sino también como resultado de quién es Dios. Bounds lo explica como sigue: "La importunidad ... impulsa la oración hasta el punto en que se cree. Un espíritu persistente lleva a un hombre al punto en que la fe domina, reclama y se apropia de la bendición".[2]

Dios le da a usted fortaleza espiritual conduciéndole al ejercicio de su musculatura espiritual. En su amor, Dios se demora en contestarle hasta que usted se eleve a lo más alto de su gracia. R. A. Torrey escribió: "No existe entrenamiento más bendito en la oración que aquel que se recibe al vernos obligados a pedirle repetidas veces, aun durante largos años, antes de recibir lo que uno necesita de Dios".[3]

2. *La importunidad nos enseña a realizar el servicio propio de Cristo más elevado.* No existe ministerio que sea más propio de Cristo que el de la oración de intercesión; y la importunidad constituye la intercesión por excelencia. Andrés Murray dice: "El ejercicio más elevado y la gloria de la oración radican en el hecho de que la constante importunidad puede prevalecer y conseguir aquello que al principio Dios no daba ni estaba dispuesto a otorgar". Y Payne agrega lo siguiente: "La intensidad en la oración ... [es] el mayor esfuerzo que pueda realizar el espíritu humano, la cual se convierte en una potencia irresistible".[4] Dios anhela de tal forma que su espíritu se parezca al de Cristo, y que éste se convierte en su compañero de intercesión, que El retiene sus mejores respuestas para cuando usted ha aprendido a ser importuno en la oración.

3. *Mediante la importunidad se obtienen respuestas que de otra forma no se podrían conseguir.* Se ha dicho a menudo que no existe nada que esté fuera del alcance de la oración, a no ser que esté fuera de la voluntad de Dios. La importunidad sin reservas

triunfa mientras que todas las demás súplicas y oraciones fracasan. La importunidad conquista circunstancias imposibles de conquistarse, hace retroceder las fuerzas de las tinieblas, y vence la aparentemente interminable serie de obstáculos. La importunidad ata a Dios a sus promesas, hace que los ángeles del cielo desciendan a socorrerle y dispersa a los demonios del infierno. La importunidad logra que se realice la voluntad de Dios cuando todo lo demás no lo logra.

LA IMPORTUNIDAD ES TRABAJO ASIDUO Y AFAN

La importunidad no es entretenimiento. Aunque es regocijante prevalecer y ser testigo de las poderosas respuestas de Dios, para obtener las mismas hay que trabajar arduamente. La oración importuna puede ser agotadora, tanto física como emocionalmente, muy en particular cuando el afán del alma se prolonga demasiado. El afán en la oración es primordialmente espiritual; mas nuestra naturaleza espiritual está tan vinculada con nuestra naturaleza mental y emocional, que la lucha y la guerra espirituales tienen un efecto en todo nuestro ser.

Las biografías y los diarios de guerreros en la oración, como Juan Knox, Martín Lutero, Adoniran Judson, Hyde el que oraba, y Juan Smith, dan testimonio de lo antes dicho. Se paga un precio en lo que a nuestro aspecto físico se refiere, cuando nos damos a la tarea de prevalecer poderosamente en oración. La importunidad cuesta. Jowett escribió: "Toda oración de vital importancia agota las energías de un hombre. La intercesión genuina es un sacrificio: un sacrificio de sangre".[5] Mas la oración prevaleciente vale todo lo que cuesta.

Hace falta un esfuerzo decidido para poder prevalecer con el fin de derrotar a Satanás. Calvino afirmó: "Usted nunca podrá aspirar a orar mientras que no se estimule y se obligue a sí mismo". Zwemer llamó a la oración "el gimnasio del alma". Uno de los líderes de la iglesia primitiva escribió lo siguiente: "No exagero al decir que yo opino que para ninguna cosa hay que realizar mayor esfuerzo que para orar a Dios... La oración exige que uno se mantenga en el combate hasta quedar sin aliento". Martín Lutero agregó: "La oración es, de hecho, una incesante actividad violenta del espíritu, a medida que éste se eleva hacia Dios. Esto es semejante al buque que navega contra la corriente".[6]

Todo ministerio espiritual que se realice con carga, compasión y con celo santo, produce agotamiento físico y espiritual. Durante la lucha importuna de Jesús en el jardín, su sudor era como la sangre (Lucas 22:44).

"Si la oración de un discípulo es para colmar la intercesión del Maestro, debe estar a la altura de su objetivo por la abundancia del clamor y las lágrimas. Los ministros del Calvario han de suplicar en sangriento sudor, y su intercesión debe a menudo llegar al punto de la agonía.... La auténtica intercesión es un sacrificio, un sacrificio de sangre ... un "llenarse" de los sufrimientos de Cristo.... Muy a menudo me avergüenzo de mis oraciones. Con harta frecuencia no me cuestan nada; no derraman sangre. Me maravillo de la gracia y la condescendencia de mi Señor, de que El haga fructificar de alguna manera mis dolores superficiales".[7]

LA REPETICION EN LA IMPORTUNIDAD

Algunas personas tienen la falsa impresión de que uno no debe repetirles las cosas al Señor; que una vez que se le hacen saber las cosas, ya no hay necesidad de repetírselas. Quizás Dios, de vez en cuando, le ha otorgado a la gente una seguridad tan profunda de que una petición en particular ha sido concedida, que ellos estiman que significaría dudar del Señor si se la hicieran recordar de nuevo.

La repetición de una plegaria ante el Señor no es señal de irreverencia ni de incredulidad. Un amante puede decirle a su amada: "Te amo", cien veces; esto no es falta de respeto: es algo dulce y precioso. Jesús es nuestro más Amado. Un niño puede repetirle la necesidad que tiene a su mamá o a su papá, a no ser que se le hayan dado órdenes de no hacerlo más. Dios es nuestro Padre. El no nos ha ordenado que nos callemos, sino que hablemos. Jesús se repetía en el jardín. Mientras más intensamente prevalezca usted y mientras más cargada de urgencia esté su importunidad, es más probable que usted repita muchas veces algunas peticiones o algunas frases. R. A. Torrey afirmó que aquellos que oran más de dos veces por la misma cosa, ¡han ido más allá en la oración que lo que fue Jesús![8]

Juan Calvino escribió:

"Es menester que repitamos la misma súplica, no ya dos o tres veces, sino tantas veces como sea necesario, ya sea cien o mil veces.... Nunca debemos cansarnos de esperar la ayuda de Dios". Oswald Chambers enseñaba que "la repetición al interceder importunamente no es regatear con Dios, sino más bien la insistencia gozosa de la oración".[9]

Bounds agrega: "Debemos insistir en el asunto, no empleando vanas repeticiones, sino reiteraciones apremiantes. Repetimos, no para contar las veces que lo hacemos, sino para obtener la respuesta a la petición. No podemos cesar de orar porque estemos pidiendo con el alma y el corazón.... Es necesario que insistamos en nuestras peticiones por el hecho de que si no las obtenemos, nos morimos". El escribió, además, lo siguiente: "Cristo otorgó la importunidad como una cualidad distintiva de la verdadera oración. No sólo debemos orar, sino que es necesario hacerlo con grande apremio, con constancia y empleando la repetición. No sólo debemos orar, sino que es necesario que lo hagamos repetidas veces... Jesús expresó con claridad meridiana que el secreto de la oración y del éxito de la misma radicaban en su apremio".[10]

13

La dinámica de la fe

LA ORACION NO ESTA limitada a las posibilidades humanas. La oración es una obra de fe. El propósito de la oración prevaleciente es lograr que se hagan realidad las cosas que son divinamente posibles y que están de acuerdo con la voluntad de Dios. Nuestra oración constituye una condición esencial para la realización de la mayoría de las soberanas obras de Dios en la redención. Que nuestro prevalecer en la oración sea la condición puesta por Dios para realizar sus obras poderosas, no limita la soberanía de Dios. El ha elegido hacernos sus colaboradores mediante nuestra oración y nuestra obediencia.

En la oración prevaleciente se le pide a Dios que haga cosas que usted no puede realizar de ninguna otra forma. Para poder prevalecer es menester que usted tenga un deseo y un hambre profundos, para poder orar con fervor y pasión. No obstante, le hará falta tener, además, la dinámica de la fe. "Y esta es la victoria", nos asegura Juan, "que ha vencido al mundo, nuestra fe" (1 Juan 5:4). De igual manera, esta es la victoria de nuestra oración prevaleciente: nuestra fe triunfante.

Millones de oraciones se hacen casi sin ninguna fe. Santiago nos dice que Dios es un dador generoso, mas nosotros, cuando oramos debemos pedir "con fe, no dudando nada" (Santiago 1:6). Al que duda él le llama persona de doble ánimo y declara enfáticamente: "No piense, pues, quien tal haga, que recibirá cosa alguna del Señor" (Santiago 1:7).

Henry Martyn fue un gran misionero de la cruz quien derramó su vida en devoción a Dios. Vivió sacrificialmente y murió a temprana edad como resultado de sus increíbles compromisos, cualesquiera que fuesen sus costos. El fue un hombre de oración, pero quizás no haya sido un hombre de fe. El declaró que "era más probable que viera a un hombre levantarse de entre los muertos, que ver a un brahmán recibir a Cristo como Salvador".[1] El tradujo el Nuevo Testamento al indostaní, al árabe y al persa; y sus diarios son clásicos de la literatura devocional, pero no vio ni a un solo brahmán recibir a Cristo. La falta de una fe dinámica pone límites a lo que Dios puede hacer por medio de nosotros.

Muy a menudo somos de doble ánimo en lo que respecta a la oración. Creemos que Dios puede contestar nuestra oración. No cabe duda de que abrigamos alguna esperanza de que él le dará respuesta a nuestra oración, de otro modo no oraríamos. ¡Mas cuántas veces no esperamos realmente que Dios responda! Si Jesús nos preguntara, como lo hizo a los dos ciegos que acudieron a él en busca de sanidad: "¿Creéis que puedo hacer esto?" (Mateo 9:28), de inmediato le responderíamos: "Sí, Señor". Sabemos que El tiene poder para hacer todas las cosas. Sin embargo, si somos totalmente honestos, admitiremos que no estamos seguros de que Dios responderá a la necesidad por la que hemos orado.

Quizás la falta de fe en sus discípulos fue el asunto acerca del cual Jesús se decepcionó con mayor frecuencia. Cinco veces él exclamó: "Hombres de poca fe". En tres partes leemos la frase: "generación incrédula". Tres veces puso la siguiente condición para que se realizaran las poderosas obras de Dios: "Si tuviéreis fe".

Prestemos atención a sus palabras: "¿Dónde está vuestra fe?" (Lucas 8:25); "¿Cómo no tenéis fe?" (Marcos 4:40). "Por vuestra poca fe" (Mateo 17:20); "No seas incrédulo sino creyente" (Juan 20:27); "Y estaba asombrado de la incredulidad de ellos" (Marcos 6:6); "Y no hizo allí muchos milagros, a causa de la incredulidad de ellos" (Mateo 13:58); "Les reprochó su incredulidad" (Marcos 16:14).

No cabe duda de que nuestra falta de fe limita la libertad de Dios para obrar poderosamente. Impidió que Jesús utilizara su poder para obrar milagros (Marcos 6:5). Dios es omnipotente: su poder no tiene límites. Y por el hecho de que es soberano, Dios puede hacer lo que desee. Mas visto desde la perspectiva de su gracia, El ha decidido sujetar generalmente sus respuestas milagrosas al grado de nuestra fe. "Conforme a vuestra fe" (Mateo 9:29), afirmó Jesús.

Esta sujeción constituye sólo uno de los múltiples misterios de la gracia y la voluntad de Dios. "No tenéis lo que deseáis, porque no pedís" (Santiago 4:2). El avivamiento viene aparentemente cuando alguien ha preparado el camino con la oración. Dios se complace en obrar por medio de sus hijos. Continuamente él basa gran parte de su obra divina en la salvación y en el adelanto del reino en nuestra obediencia, en nuestra fe y en nuestra oración. ¡Qué enorme responsabilidad coloca lo antes dicho sobre nuestros hombros!

Es sorprendente que Jesús haya dicho: "Tu fe te ha salvado" (Lucas 17:19; 7:50; Marcos 5:34; 10:52). ¿No fue el poder de Jesús? ¿La obra Suya? Cierto, pero hubiera estado incompleto sin la fe de ellos. En la actualidad la situación es idéntica: La fe no tiene substituto. Las largas horas de oración no eliminan la necesidad de tener fe. Puede ser que sirvan para conducirnos a la fe, pero sin la dinámica de la misma, la oración no puede prevalecer.

La necesidad que usted tiene atrae al corazón amoroso de Dios. La oración suya lo conmueve hondamente. Pero sin fe su oración está incompleta. Hablar con Dios sin tener fe no es intercesión auténtica. La fe sujeta su necesidad a la voluntad de Dios y se aferra a su poder. La fe da honra a Dios, y El se deleita en responderle a la fe.

En el transcurso de la intercesión que prevalece la fe avanza paso a paso:

1. *La fe acepta la revelación divina que afirma que hemos sido creados a imagen de Dios, hechos para representarle a El sobre la tierra y para gobernar en Su nombre* (Génesis 1:26-28).

2. *La fe acepta la redención realizada por Cristo, la cual le hace a usted hijo de Dios con el derecho espiritual de tener acceso a El a cualquier hora y por cualquier necesidad* (Efesios 2:18).

3. *La fe acepta su identidad con Jesús, no sólo en su muerte, sino también en su resurrección y exaltación, de tal modo que ahora usted está sentado en los lugares celestiales con Cristo, a la diestra del Padre* (Efesios 2:6). La fe acepta el papel que usted tiene

como rey y sacerdote de Dios (Apocalipsis 1:6; 1 Pedro 2:5, 9; Exodo 19:6; Isaías 61:6; Apocalipsis 5:10; 20:6).

4. *La fe reconoce la ayuda del Espíritu mientras que El habita en usted, y profundiza sus deseos y dirige su intercesión (Romanos 8:26-27).* Según Andrés Murray: "La fe ve la intercesión de los santos como parte de la vida de la Santa Trinidad: al creyente como hijo de Dios pidiéndole al Padre, en el nombre del Hijo, por medio del Espíritu".[2]

5. *La fe está inmersa en el sorprendente amor de Dios para proveer su plan celestial por el cual usted compartirá el actual gobierno de Cristo a través de la oración* Usted se inclina en sumisión humilde a la voluntad de Dios, y se atreve valerosamente a cumplir con el papel para el cual Dios le ha llamado y al que El le ha elevado. La fe otorga la determinación de ser a cabalidad lo que Dios quiere por medio de Cristo.

LA FE VENCE LA DUDA

La fe impide que su espíritu vea el papel y el poder de la oración, y le hace olvidar el propósito redentor de Dios y su buena voluntad. La duda debilita la confianza que usted tiene en la disponibilidad, la fidelidad y el papel activo de Dios en su vida. También oscurece su horizonte, distorsiona su visión espiritual, y paraliza su vitalidad espiritual. Le quita a su oración el poder y la efectividad. En pocas palabras, deshonra a Dios.

La fe hace que su vista esté enfocada en Dios y en sus promesas, su fidelidad y su disponibilidad. La fe ve la presencia de Dios, lo observa hondamente interesado y activo. La fe ve los problemas y las necesidades desde la perspectiva divina.

La duda, la ansiedad, el temor y la preocupación, se concentran principalmente en las circunstancias; mas la fe se concentra primordialmente en Dios. La ansiedad ve las cosas y hace que usted preste atención y que aun se obsesione con cosas que parecen imposibles de obtener. Procura que usted se preocupe, que cavile tristemente acerca de sus problemas y necesidades. Le hace desviar la vista de Dios. Murray dice: "El inicio de la ansiedad constituye el fin de la fe".[3]

La fe no es ciega ante las necesidades. La fe le hace frente a la realidad, pero la ve según las dimensiones de Dios, no de acuerdo a la de los hombres. Abraham es un ejemplo de esta fe que tiene su perspectiva en Dios. "El creyó en esperanza contra esperanza... Y no se debilitó en la fe al considerar su cuerpo, que estaba ya como muerto (siendo de casi cien años), o la esterilidad de la matriz de Sara. Tampoco dudó, por incredulidad, de la promesa de Dios, sino que se fortaleció en fe, dando gloria a Dios, plenamente convencido de que era también poderoso para hacer todo lo que había prometido" (Romanos 4:18-21).

La fe observa sus manos vacías, pero ve también una realidad mayor, que es la promesa de Dios. Basado en el amor y la misericordia de Dios, la fe reclama la promesa de Dios. La fe es tener conciencia de Dios, poner los ojos en El y creer en Su existencia. Su amor, su oración y su fe deben siempre tener un objeto. No se tiene fe en la fe; con Pablo repetimos: "Yo confío en Dios" (Hechos 27:25).

La fe es una gracia triunfante y prevaleciente. Vence al mundo y cualquier cosa que vaya en contra suya, debido a que enfoca su visión espiritual en cosas más elevadas que este mundo. La fe es sumamente específica. Le pide a Dios respuestas concretas. La fe prevaleciente no se limita a creer en Dios. Tiene fe en que la respuesta de Dios vendrá para suplir la necesidad que tiene ante usted. La respuesta de Dios ha de ser tan concreta como lo sea la fe suya. La fe que prevalece es tan concreta como la oración prevaleciente.

LA FE Y LAS SEÑALES

La fe más pura y sencilla no exige señales. Abraham creyó que Dios le daría un hijo, y no exigió una señal. Su fe fue perfeccionada hasta el punto en que él creyó que Dios levantaría de los muertos a Isaac, a pesar que hasta esa fecha nadie había sido resucitado (Hechos 11:19).

Sin embargo, a menudo Dios es condescendiente con nosotros, como humanos, y nos manda una señal con el fin de fortalecer nuestra fe. Dios no reprendió a Gedeón, sino que en repetidas ocasiones le concedió una señal (Jueces 6:16-23, 36-40). David pidió una señal en oración (Salmo 86:17). Dios le instruyó a Acaz que pidiera una señal (Isaías 7:10-14). Dios le dio a Ezequías una señal para hacerle saber que lo iba a sanar (38:7-8).

Hay que estar dispuestos a que Dios nos dé una confirmación de nuestra oración o nuestra obediencia, si él así lo desea. En cierta forma, cada milagro es una señal que proclama la presencia, la bondad y el poder de Dios. Una fe trémula puede pedir una señal. Mas el desprecio intencional y la incredulidad no tienen derecho a pedir una señal (Mateo 12:39; 16:4).

Nuestro andar cotidiano con Dios debe ser por fe, no provista (2 Corintios 5:7). Ponemos nuestros ojos espirituales en la invisible realidad de Dios, en lugar de en nuestro entorno visible (2 Corintios 4:18). Nosotros no damos órdenes a Dios ni lo manipulamos. Nunca exija de Dios señales, mas acepte todo lo que El le conceda con en el fin de fortalecer su fe.

LA FE Y LA SEGURIDAD

Dios no tiene en poco su humanidad. Cuando a usted le haga falta alguna fortaleza visible para que su fe se afiance, a menudo Dios está dispuesto a brindar esta clase de ayuda. El testimonio del Espíritu en su nuevo nacimiento constituye una señal invisible pero profunda que Dios le concede a usted (Romanos 8:16). Quizás usted debe considerarlo como una señal de seguridad.

COMO SABER QUE
DIOS ESCUCHA SU ORACION

Según 1 de Juan 5:15: "Si sabemos que él nos oye", entonces tenemos la confianza de que "tenemos las peticiones que le hayamos hecho". Mas ¿cómo podemos tener este conocimiento, el cual es la clave para que la oración sea contestada?

1. *Usted tiene la certeza de que Dios escucha las oraciones.* David oró con seguridad, diciendo: "El Señor oye cuando a El clamo" (Salmo 4:3). Miqueas dio el siguiente testimonio: "Pero yo pondré mis ojos en el Señor, esperaré en el Dios de mi salvación; mi Dios me oirá" (Miqueas 7:7). Esta seguridad fue la que sostuvo a Moisés, a los profetas y a los héroes de la fe de todas las épocas.

Dios siempre nos oye. Esta clase de fe es un ancla para el alma, aviva la pasión en la oración y pone una determinación inquebrantable en su voluntad.

2. *Usted puede saber que su petición está de acuerdo con la voluntad de Dios.* Hay algunas oraciones que siempre armonizan con la voluntad de Dios: la salvación del pecador (2 Pedro 3:9), la bendición y el avivamiento de la iglesia y la glorificación del nombre de Dios. Yo llamo a estas "oraciones de siempre". Mas existen algunas oraciones de las que no tenemos seguridad: la sanidad de una persona en particular en un momento determinado; el desarrollo de una actividad determinada en un momento determinado (Santiago 4:15).

3. *A veces usted sabe como resultado de una seguridad interior.* Esta seguridad es fruto de la inequívoca dirección de Dios, de la contestación a la oración, de la providencia en un asunto que tiene que ver con esta situación, o la existencia de una paz interior en relación al asunto por el que se ha orado.

Dios le concede una seguridad especial en su corazón cuando usted ha estado prevaleciendo en la oración. A veces esta seguridad llega rápidamente. Usted sabe en su corazón que Dios ha escuchado y que ha contestado. A veces esta seguridad interior se experimenta al cabo de orar largamente o de habernos unido en oración con otros hijos de Dios. Tal vez después de haber pasado horas y aun días en oración, el Espíritu Santo de pronto le revela que Dios le ha concedido lo que pedía. Es como si Dios dijera en forma muy clara: "Su oración ha sido escuchada y su petición concedida". Esta seguridad es la experiencia de "la mayoría de los hombres para los que la oración es el fundamento de su vida... Esto sucede continuamente". Goforth de la China dio testimonio de esta misma clase de seguridad.[4]

Lutero dijo que aunque no comprendía esta clase de seguridad, "resonando desde lo alto mis oídos escuchan lo que trasciende el pensamiento humano".[5]

14

Cómo aumentar la fe

EL AUMENTO DE LA FE

LA VISION ESPIRITUAL ESTA basada en la vista natural, pero se eleva y se transporta más allá de lo material. La visión espiritual ve lo que sus ojos no pueden ver. Del mismo modo, la fe espiritual tiene su base en la fe natural, pero se eleva y se transporta más allá de la misma.

La fe natural existe en cada ser humano, aunque en mayor grado en unos que en otros. La vida sería imposible sin fe. La compra y la venta, el correo, el gobierno en todos sus aspectos; las relaciones humanas con los demás; la ciencia, la medicina, y aun la vida familiar dependen de la fe. La fe en Dios, en su Palabra y en el que Dios escuche y dé respuesta a su oración, dependen de la fe espiritual.

Todos los cristianos tienen cierto grado de fe espiritual, pues de otro modo no serían salvos. Somos salvos por fe, vivimos por fe, obedecemos con fe, tenemos como base de nuestra vida la Biblia en fe, y oramos en fe. Algunas personas manifiestan la fe de manera más abierta, sencilla y dramática que otras. La fe puede aumentar a medida que crecemos en la gracia de Dios.

Cuando los discípulos le dijeron a Jesús: "Auméntanos la fe" (Lucas 17:5), lo hicieron en respuesta a la enseñanza de Cristo de que si un hermano peca contra uno, debe ser reprendido, y si se arrepiente, debe ser perdonado. Jesús agregó que si el ofensor fuera tan inestable como para repetir su pecado contra usted siete veces durante un mismo día, que cada vez que hiciera profesión de arrepentimiento, usted debía aun así perdonarlo. De manera que cuando los discípulos pidieron que se les aumentara la fe, lo hicieron teniendo en mente la salvación de una persona aparentemente incorregible.

Pero Jesús al momento extendió la aplicación de la fe para la salvación e incluyó la fe necesaria para echar un sicomoro al mar, ordenándoselo por fe. ¿Cómo podemos desarrollar a tal grado nuestra fe?

SIETE PASOS QUE CONDUCEN A UNA FE MAS GRANDE

1. *Admita su propia incapacidad y su necesidad.* Hallesby afirma: "La incapacidad en unión con la fe trae como resultado la oración". La incapacidad constituye el primer escalón en la escalera de la fe. La fe le exige tomar la iniciativa y, por extraño que parezca, el sentirse incapaz, impotente y en completa dependencia de Dios, nos permite tomar la iniciativa de la fe. "El reconocer nuestra incapacidad es el alma misma de la intercesión".[1]

2. *Alimente su alma con la palabra de Dios.* "La fe es por el oír, y el oír, por la palabra de Dios" (Romanos 10:17). "La palabra de Cristo more en abundancia en vosotros" (Colosenses 3:16). Mientras más lea o escuche la palabra de Dios—toda la Palabra—, más crecerá su fe. Hay relatos bíblicos especiales de las grandes obras de Dios, y grandes promesas que son vitaminas especiales para la fe. Mas toda la palabra de Dios edifica la fe. Léala extensamente y con intensidad. Léala con frecuencia. ¡Llene su alma con la Palabra!

3. *Pase suficiente tiempo orando.* Toda clase de oración fortalece la fe. Interceder por los demás, batallar en oración y pasar tiempo en comunión con Dios y alabándole en oración, contribuyen grandemente a aumentar la fe.

4. *Lea relatos acerca de cómo Dios ha dado respuesta a la oración.* Las biografías de aquellos que han sido poderosos ejemplos de fe son un gran estímulo para la fe. Los relatos de grandes

avivamientos, conversiones y contestación a peticiones de sanidad, protección, guía, y el abastecimiento de necesidades económicas y otras especiales, fortalecen la fe.

5. *Obedezca a Dios en todo.* Usted no podrá confiar en Dios totalmente si la luz que él le ha dado aún no la ha obedecido. Cualquier controversia que existe entre su alma y Dios, cualquier pecado oculto, serán un obstáculo para la fe y para la oración eficaz. Dios extendió la invitación a Israel para que le obedeciera en los diezmos, para que luego comprobaran cómo él iba a responder y a abastecer sus necesidades materiales (Malaquías 3:10-12). Obedezca al instante toda la luz que Dios le da.

6. *Comience a confiar en que Dios dará respuestas precisas.* Mientras más ejercite su fe, más crecerá. Hay quienes han comparado la fe con un músculo: mientras más se ejercita, más se fortalece. Comience a confiar en que Dios contestará sus pequeñas pero específicas peticiones. Cuando se presente una emergencia, acuda primero a Dios. Lleve un diario de las respuestas a las oraciones que recibe, y repáselo de vez en cuando.

7. *Comience a alabar a Dios.* Dios merece nuestra alabanza, y El se acerca a nosotros mientras que le alabamos. Haga que la alabanza forme parte de su vida. Cante en su corazón silenciosamente coros de alabanza o estrofas de grandes himnos. Repita versículos de alabanza de la Biblia.

Que la alabanza sea militante en presencia del diablo. Yo he visto a la alabanza militante echar fuera a un demonio que se había opuesto a un grupo de oración y al ayuno. La alabanza ganó una poderosa batalla de la fe para Josafat. El pronunció la siguiente exhortación: "Confiad en el Señor, vuestro Dios"; y luego comenzaron la alabanza militante. "Y cuando comenzaron a entonar cánticos y alabanzas, el Señor puso... emboscadas", y los ejércitos de Amón y Moab y del monte de Seir, fueron derrotadas sin que Israel tuviera que pelear (2 Crónicas 20:20-23).

LA ORACION DE FE

Fraser define la oración de fe como "una petición específica... hecha con fe específica, por una respuesta específica".[2] Recuerde que Dios le había prometido a Israel que le daría a Canaán. Dios los dirigió milagrosamente hasta las fronteras de Canaán. Luego dividió el Jordán para facilitarles la entrada a la tierra. Milagrosamente Dios les entregó a Jericó. Mas desde ese momento en adelante ellos tuvieron que pelear para conquistar cada tramo de territorio que ocuparan en Canaán. A veces hacer la oración de fe es como garantizar la promesa de Dios en general. Después hay que desalojar a Satanás de sus fortalezas, una por una. La vida de fe puede ser frecuentemente una vida de batallas, mas constituye también una vida de victorias.

Fraser escribió: "A menudo es necesario que luchemos en oración... antes de que alcancemos esta gran fe que nos da descanso... Sin embargo, una vez que hemos alcanzado una fe verdadera, todas las fuerzas del infierno no son capaces de anularla. Y luego, ¿qué? Emprenden la retirada para luego venir contra esta parcela que Dios ha prometido darnos, y pelear por cada centímetro de ese territorio. La verdadera batalla se inicia cuando se ha hecho la oración de fe. Mas, gracias a Dios, ¡pertenecemos al ejército vencedor!"[3]

La oración de fe se extiende para tocar el trono de Dios; y luego descansa inconmovible en la seguridad de que la respuesta llegará en el tiempo señalado por Dios. Tal vez se le pueda dar el nombre de una forma especial y poderosa de oración de fe.

1. *Es una fe que depende completamente del Espíritu Santo.* Usted tiene la seguridad de ser dirigido en cuanto al propósito a tratar en la oración; consciente de ser fortalecido a través de la misma (orando en el Espíritu); y reconociendo que su fe se ha estimulado mientras oraba. Esto no se origina en nuestros propios intereses o en nuestra propia voluntad. Claro está que usted quiere ver la respuesta, mas el Espíritu le confirma que la petición forma parte esencial del objetivo de la oración.

2. *Es una oración completamente dedicada a ver la respuesta de Dios hacerse realidad.* Usted debe dedicar toda su persona, su todo a Dios, en un voto definido e inteligente, que jamás habrá de violarse. Debe orar con un deseo apasionado que lo comprometa. "*Euché*", el término griego empleado en Santiago 5:15, es un vocablo que se utiliza con menos frecuencia para referirse a la oración; se puede traducir "oración" o "voto". La oración intensa en su forma más elevada como "oración de fe", le da confianza para tomar una decisión, como una promesa.

3. *Es una oración dispuesta a creer y a prevalecer por la obtención de la respuesta de Dios, en una situación sumamente difícil.* Cualquiera que sea el grado de dificultad en una situación, lo único que se requiere de usted es que crea en Dios a pesar de las apariencias. Sus ojos están puestos en Dios, no en la situación que se presenta (Romanos 4:19-20).

4. *Es una oración que cree sin consideración de sentimientos y emociones.* La fe confía en Dios a pesar de las contradicciones y de la falta de sentimientos, y aun a pesar de los sentimientos suyos. A veces se le ha dado el nombre de fe "desnuda".

5. *Es una oración convencida de que se encuentra en armonía con la voluntad más elevada de Dios.* Usted está sometido completamente a la voluntad de Dios; mas teniendo seguridad de esa voluntad, le es posible prevalecer hasta haber recibido la respuesta que Dios había prometido.

6. *Es una oración tan segura de la voluntad de Dios, que no aceptará la negación de la respuesta.* Mientras más larga se haga la batalla, más intensa será su dedicación para llegar a ver la respuesta de Dios, por el hecho de que usted está convencido de que se trata de la voluntad de Dios (Lucas 11:9). Usted es consciente de que Satanás se opone tan enérgicamente por el temor que le tiene a la respuesta.

7. *Está dispuesto a obedecer a Dios como quiera que El dirija, con el fin de apresurar la llegada de la respuesta.* Usted se regocija en la respuesta de Dios aun antes de que se le haga visible (Romanos 4:20). Tan seguro está usted de la victoria de Dios, que con agrado invierte tiempo, posesiones y aun su vida misma, en la respuesta. Usted está al tanto de la dirección del Espíritu en cuanto a cualquier paso adicional que deba dar mientras que continúa con la oración de fe.

8. *Puede ser que incluya batalla en la oración, para hacerle resistencia y desviar la ruta de Satanás.* Satanás es un usurpador y un intruso. El procura mantener en su poder su territorio o sus esclavos, aun después de haber sido derrotado. Fraser dijo: "Me gusta leer pasajes de las Escrituras, como 1 de Juan 3:8 o Apocalipsis 12:11, como armas directas contra Satanás mientras que oro.... No hay nada que corte como lo hace la palabra del Dios vivo (Hechos 4:12)".[4]

9. *Esté dispuesto a orar por cada detalle de la respuesta o de la victoria.* El orar por cada detalle siempre es más específico y más beneficioso en el prevalecer y en el creer. Hasta donde pueda entender, usted debe preparar el camino del Señor punto por punto, y contrarrestar a Satanás punto por punto también. Fraser descubrió que la oración detallada era agotadora, pero efectiva en asegurar que se hiciera la voluntad de Dios y en que se garantizaran victorias completas.[5]

15

La orden de fe y su uso

DOS ESTILOS DE LA ORACION DE FE

LA ORACION DE FE, a veces, tiene la certeza interior y la serenidad de un comandante en jefe invencible. Hay momentos en que tiene la apasionada determinación de las tropas que van al frente de la batalla, abriéndose paso a través de las fortalezas del enemigo. Ambas cosas son bíblicas. Las dos prevalecen delante de Dios. Una es tan espiritual como la otra. El Espíritu Santo le guía en la manera en que habrá de expresarse la oración prevaleciente. Veamos algunos ejemplos de lo anterior en la vida de los cristianos.

1. *La fe que tiene confianza interior y absoluta.* Johann A. Bengel fue un teólogo luterano y comentarista durante la mitad del siglo XVII. Una tormenta de granizo repentina y devastadora atravesó los campos, amenazando con destruir completamente la cosecha. Alguien entró repentinamente en el dormitorio de Bengel, diciendo: "¡Ay, señor, todo quedará destruido!; ¡lo perderemos todo!" Bengel se acercó en silencio a la ventana, la abrió, alzó sus manos hacia el cielo, y dijo: "Padre, deténla". La tormenta cesó al momento.[1]

El señor David Thomas, hermano de uno de nuestros primeros líderes internacionales de OMS en Corea, fue un conocido comerciante londinense. En una ocasión, mientras que salía de un culto de la iglesia, su hijo se apareció jadeante y le dijo: "¡Padre, la tienda se está quemando!" El señor Thomas le preguntó: "¿Están los bomberos combatiendo el fuego?" Cuando se le dio seguridad de que así era, Thomas se dirigió al evangelista y, con la mano sobre un hombro de éste, dijo: "Oremos por este asunto". Entonces dijo: "Señor, la tienda no me pertenece. Es tuya. Pon tu mano sobre el fuego, y hazlo ahora mismo por Jesús".

Luego dijo calmadamente: "Ahora vayamos a cenar". Varios amigos que le acompañaban se quejaron, diciendo: "¿Y el fuego?" Thomas respondió: "¿No lo pusimos en manos del Señor? Si fuéramos a ir, ¿qué más podríamos hacer nosotros? El se hará cargo del fuego".

En la mitad de la cena nocturna se apareció el hijo. "Y bien, ¿qué sucedió?", le preguntó el señor Thomas. "¿Qué sucedió? Tal parece que ocurrió un milagro....Era improbable que pudiera evitarse que todo se quemara completamente; pero cuando regresé, en forma misteriosa, las llamas se habían apagado. Los mismos bomberos no lo entienden. Parece ser obra de Dios".[2]

2. *La fe que se caracteriza por la apasionada determinación.* D. McIntyre cuenta acerca de un muchacho que cayó en un río desbordado llamado Río Wupper. El padre creyente del muchacho clamó: "¡Señor, enséñame a nadar!", mientras que se lanzaba a las aguas. Nadó con éxito, a pesar de las violentas corrientes, alcanzó al hijo y lo rescató. ¡Jamás había hecho siquiera el intento de nadar![3]

Un amigo mío, llamado M. B. Case, desheredado por su acaudalada familia en Inglaterra por tomar la decisión de recibir a Cristo, emigró a los Estados Unidos de América y empezó a celebrar reuniones evangelísticas. En cierta ocasión, durante la década de los veinte, se alojó en casa de una familia muy pobre. El quería ser servicial, de manera que salió a donde estaba la leña y comenzó a cortarla para que fuera empleada en el fogón. El había estado acostumbrado a que los sirvientes estuvieran a sus órdenes en Inglaterra, y jamás había utilizado un hacha. Mientras que procuraba partir la madera, sin darse cuenta, se dio un tajazo en la planta del pie. Cuando la sangre empezó a brotar profusamente, él golpeó el suelo con el pie herido y exclamó: "¡Gloria a Dios!" En el acto el pie quedó sano y sin cicatriz.

El gran avivamiento en Kilsyth, Escocia, comenzó el 23 de julio de 1839, bajo el ministerio de William Burns. Los habitantes de Kilsyth consagrados a la oración habían anhelado, prevalecido y luchado en la oración, con el fin de que Dios los visitara de nuevo. La noche anterior muchos se reunieron y pasaron toda la noche afanados en oración, para que hubiera almas que nacieran de nuevo. Se les concedió tal seguridad de fe que llegaron a la reunión matutina con la expectativa de que Dios haría una obra gloriosa. Mientras que el joven predicador hablaba, el poder de Dios vino sobre él. Todo el auditorio se quebrantó e irrumpió en llanto. Muchos hallaron paz con Dios. De inmediato se iniciaron servicios de avivamiento que se celebraron, día y noche, durante varios meses, tanto en la iglesia como en las plazas de comercio. A veces se congregaban entre cuatro y cinco mil personas para escuchar a Burns. El pueblo quedó libre de vicios, se dejó de ingerir bebidas alcohólicas y tanto hogares como negocios se convirtieron en sitios de oración.[4]

Antes de que se celebrara la Asamblea de Nuremberg, Lutero se mantuvo luchando en oración con intensidad y ahínco. El Espíritu le permitió echar mano del trono de la gracia de Dios con una fe y un poder tales, que logró prevalecer ante Dios. El estaba convencido, aun antes de que la asamblea se celebrara, de que los que la formaban se mantendrían firmes en defensa de los principios de la reforma. Y sucedió como él lo había previsto.[5]

LA ORDEN DE FE

En ocasiones el Espíritu ha guiado al pueblo de Dios a alcanzar un grado de fe llamado la orden de fe. Spurgeon instó al pueblo de Dios a que ascendieran a este grado de fe y a que fueran más arriesgados con Dios. Los ejemplos de esta fe los encontramos en el Antiguo Testamento y en las vidas de los guerreros de Dios en la oración, a lo largo de los siglos. Aunque habitualmente pensamos en la oración prevaleciente y en la oración de fe, en otros momentos el Espíritu conduce a realizar un acto de fe o a dar la orden de fe.

En algunas de las plagas de Egipto, Moisés clamó al Señor antes de que éstas cesaran. Sin embargo, cada plaga se inició por el acto de obediencia de fe de Moisés. A él no le hacía falta orar. Junto al Mar Rojo Dios le ordenó a Moisés que dejara de orar, que actuara con fe y que cruzara. Dios le dio a Moisés la siguiente orden: "Hablad a la peña". El no tenía que orar más sino dar la orden de fe (Números 20:8). Jericó cayó por el acto de fe de Josué. Cuando peleó contra los cinco reyes amorreos, él dio la orden para que el sol se detuviera (Josué 10:12). La naturaleza le obedeció.

Elías no le oró al Señor para que se multiplicara la comida de la viuda de Sarepta. El dio la orden de fe. Cuando Eliseo y Elías debían cruzar el Jordán, Elías golpeó las aguas. Lo mismo hizo Eliseo al regresar. Eliseo dijo: "Si yo soy varón de Dios, descienda fuego del cielo" (2 Reyes 1:10). Y al instante cayó fuego. Cuando el hijo de la viuda del profeta estaba a punto de ser vendido por la deuda, Eliseo dio la orden y el aceite se multiplicó. Cuando hubo necesidad de alimentar a cien con una pequeña porción, él dio la orden y la comida se multiplicó.

Jesús pronunció la orden de fe cuando le dijo al hombre de la mano seca: "Extiende tu mano". Y fue sanado en el acto (Mateo 12:13). Jesús ordenó: "¡Lázaro, ven fuera!" (Juan 11:43). Y el muerto salió.

Jesús habitualmente pronunciaba la orden de fe ante aquellos que necesitaban sanidad. El enseñó claramente que si tenemos fe como un grano de mostaza, podemos ordenar en fe y los montes se quitarán de nuestro camino (Mateo 17:20-21).

Pedro mezcló el acto de fe y la orden de fe en el incidente con el mendigo paralítico. "En el nombre de Jesucristo de Nazaret, levántate y anda" (Hechos 3:6-7). También combinó la oración con la orden de fe en el caso de Dorcas. "Se puso de rodillas y oró; y volviéndose al cuerpo, dijo: 'Tabita, levántate'" (Hechos 9:40). A la mujer se le devolvió la vida de inmediato.

En Derbe, Pablo vio al paralítico de nacimiento, y ordenó lo siguiente: "¡Levántate derecho sobre tus pies!" Y fue sanado de inmediato (Hechos 14:10). La orden de fe se utilizaba de continuo cuando se echaban fuera demonios. En Filipo, Pablo se dirigió a la joven con espíritu de adivinación, y le dijo: "Te mando en el nombre de Jesucristo, que salgas de ella. Y salió en aquella misma hora" (Hechos 16:18).

Esta verdad tocante a la orden de fe es tan importante, que Jesús la enseñó tres veces. Cuando los apóstoles le pidieron a Jesús, "auméntanos la fe", El no les instruyó a que orasen más. Su respuesta inmediata fue: "Si tuvierais fe como un grano de mostaza, podríais decir a este sicómoro: Desarráigate, y plántate en el mar; y os obedecería" (Lucas 17:6).

En otra ocasión en que Jesús había reprendido a un demonio y lo había echado fuera, le dijo a sus discípulos: "Porque de cierto os digo, que si tuviereis fe como un grano de mostaza, diréis a este monte: Pásate de aquí para allá, y se pasará" (Mateo 17:20).

Cuando los discípulos se sorprendieron de que la higuera se había marchitado de la noche al día, Jesús lo explicó de la siguiente forma: "De cierto os digo, que si tuviereis fe, y no dudareis, no sólo haréis esto de la higuera, sino que si a este monte dijereis: Quítate y échate en el mar, será hecho" (Mateo 21:21).

Existen montañas de dificultades por las que se ha orado. Puede ser que lo que haga falta sea una orden de fe del trono. El Espíritu Santo nos puede guiar cuando damos este paso. A veces hay que ordenarle a la oposición satánica que se detenga. Cristo le ordenó a Satanás que se quitara de delante de él (Mateo 16:23). En la oración prevaleciente a menudo es necesario proceder con el valor que nos otorga la posición que tenemos en el trono, y reprender a Satanás en su misma cara.

R. Arthur Mathews escribió: "Numerosos montes obstaculizan el progreso de la obra de Dios en el mundo en la actualidad. Estos existen por negligencia y nosotros tenemos la culpa. Y mientras que estos montes prevalezcan jamás llegaremos a ver lo que Dios tiene para nosotros del otro lado... El llamado nuestro y nuestra función no consisten en sustituir a Dios, sino en liberarlo. Tampoco es necesario que venzamos ninguna renuencia de su parte. Alguien ha dicho acertadamente: "Sin Dios el hombre no puede obrar; sin el hombre Dios no ha de obrar".[6]

"Parece evidente por el orden de sucesión de esta enseñanza (Mateo 11:20-23)", escribe Huegel después de numerosos años de experiencia misionera, "que a la orden de fe se le da la misma importancia que tiene la oración común en la vida del creyente".[7]

Cuando usted está en el trono no es necesario que espere para obtener la victoria. Cristo ya ha obtenido la victoria y Satanás ya ha sido derrotado. Desde esa posición de poder y autoridad, ordénele a Satanás que se vaya. En virtud de la victoria de Cristo, ate a Satanás, su enemigo, empleando el poder del nombre de Jesús.

"Tened fe en Dios" (Marcos 11:22) significa literalmente "tened la fe de Dios". En un sentido la fe dada por Dios está a nuestra disposición por medio de él, mas debemos obrar como resultado de la misma o dar la orden por ella. La fe verdadera tiene que ver primordialmente con la voluntad. Adquiere cualidades creativas mediante el poder del Espíritu. Uno se pronuncia en favor de Dios, observa el problema desde la perspectiva divina, y luego se atreve a hablar en nombre de Dios desde el trono, en el que uno está sentado con Cristo.

16

La dinámica del Espíritu: Primera parte

EL CUMULO DE DINAMICAS de la oración prevaleciente que hemos estudiado está subordinado al Espíritu Santo. El socorre, capacita y lo coordina todo. El es el Señor de la oración que prevalece. Nosotros prestamos atención a su voz, respondemos al poder que nos da y nos entregamos completamente a su activo señorío, de manera que El pueda habitar en nosotros, llenarnos y orar por medio de nosotros.

El señorío del Espíritu es, en efecto, el señorío de Cristo, quien ha enviado al Espíritu con el fin de que sea el otro Ayudador-Consolador (Juan 14:16). El recibe de Cristo lo que luego nos revela y nos imparte (16:14). Mediante la oración el Espíritu deposita todos los poderes del mundo celestial a nuestra disposición.

El arzobispo Trench escribió: "Es necesario que oremos en el Espíritu... si es que hemos de orar. Les ruego que guarden esto en el corazón. No se dispongan a orar como si se tratara de una labor que se ha de realizar en virtud de sus propias fuerzas naturales. Se trata de una labor divina, de Dios el Espíritu Santo; una labor de El en usted y por mediación suya, en la que debemos ser colaboradores con él, teniendo presente, no obstante, de que se trata de su obra".[1]

Andrés Murray agrega: "Sólo cuando nos entregamos al Espíritu que habita y ora en nosotros, puede conocerse en su poder la gloria del Dios que escucha la oración y la más eficaz mediación del Hijo".[2] Spurgeon predicó que no es verdadera la oración cuando el Espíritu no tiene el señorío completo de la misma. El Espíritu Santo mismo "debe estar presente en todo momento de oración, con el fin de ayudar en la incapacidad y de dar vida y poder".[3]

La auténtica oración prevaleciente tiene su origen en el Espíritu, se prevalece en ella en el Espíritu y mediante el Espíritu se hace efectiva. Orar auténticamente es orar en el Espíritu. El es el Espíritu de gracia y de oración (Zacarías 12:10). El es el Espíritu de adopción que hace posible que podamos decir "Abba, Padre", y de esa forma lograr que nuestra oración sea aceptable ante Dios (Romanos 8:15).

El Espíritu Santo respira en usted el espíritu de oración; el poder en la oración proviene de la energía que desata el Espíritu dentro de nosotros. El no continuará otorgando poder si no se emplea ese poder en la oración. La debilidad en la oración, por lo general, es producto de la debilidad espiritual, y ésta causa debilidad espiritual. Andrés Murray le llama a la oración "el índice que mide la obra del Espíritu en nosotros". Sólo los que están llenos del Espíritu son capaces de prevalecer de continuo y poderosamente en la oración.

Cuando el Espíritu obra en usted sólo en forma débil, entonces su vida de oración habrá de ser débil y carente de poder. Mientras más poderosamente obra el Espíritu en usted, más poderosos habrán de ser los frutos de sus oraciones. La causa principal de la falta de oración es el hecho de que el Espíritu habita en uno escasamente, casi nominalmente, y no en su plenitud. Dios puede obrar a través de sus oraciones sólo cuando de veras es el Señor de su ruego. Ese señorío lo ejerce completamente el Espíritu Santo. La visión en la oración la da el Espíritu; el hambre en la oración la da el Espíritu; el poder en la oración es el inmenso poder del Espíritu que se derrama en todo su ser espiritual. Bounds dice: "¿Habrá de orar usted con resultados portentosos? Busque el obrar portentoso del Espíritu en su propio espíritu".[4]

La norma nuevotestamentaria para el creyente es la llenura del Espíritu. Mas debemos recordar que El es el Espíritu de poder. Leonardo Ravenhill duda que cualquier afirmación de la plenitud del Espíritu que no traiga como fruto "un período prolongado de oración", pueda dársele el nombre de bíblica.[5]

Por vivir de este lado de Pentecostés, tenemos mayor disponibilidad del ministerio del Espíritu que la que tuvieron los santos del

Antiguo Testamento. Nosotros debemos conocer, en un grado mayor el poder y la realidad en la oración, y la vida de oración que prevalece mediante el Espíritu. Por haber enviado al Espíritu Santo, Dios ha puesto a nuestra disposición "la supereminente grandeza de su poder para con nosotros los que creemos" (Efesios 1:19). Así que Pablo oraba de continuo que la iglesia pudiera conocer mejor a Dios y su poder (17-21). Y todo esto está en espera de que lo descubramos y de que lo hagamos nuestro mediante la oración prevaleciente.

"El regalo que Él gratuitamente ha otorgado aún no se ha agotado. Los cielos siguen repletos de experiencias como las de Pentecostés. La necesidad imperiosa es que haya hombres que sepan cómo prevalece ante Dios con el fin de hacer descender las lluvias sobre la iglesia y sobre el mundo. En esto reside el... secreto para continuar en marcha y a plenitud con la vida de oración apostólica, así como con todos los demás ministerios del Espíritu".[6]

En la oración, como en todo, las cosas en nuestra vida espiritual, no se realizan "No por el poder ni por la fuerza, sino por mi Espíritu —dice el Señor de los ejércitos" (Zacarías 4:6 (BLA)). Puede ser que Jesús haya tenido presente esta promesa cuando dijo que vuestra fe trasladará cualquier monte que se interponga, puesto que el siguiente versículo de este pasaje de Zacarías, dice así: "¿Quién eres tú, oh gran monte?... Serás reducido a llanura".

Cuando Dios llamó a la iglesia para que realizara obras sobrenaturales en su favor, Él otorgó poder sobrenatural. La dinámica sobrenatural del Espíritu obra mediante la oración, la fe y la obediencia. ¿Por qué dependemos casi exclusivamente de nuestro mejor juicio, del perfeccionamiento de nuestros propios métodos y del entrenamiento psicológico y administrativo que hemos recibido? Hemos dependido tanto de nuestras fortalezas naturales, de nuestra buena preparación y de nuestra laboriosidad en favor del Señor, que estamos a punto de caer en bancarrota espiritual.

Poco sabemos acerca de lo que significa orar en el Espíritu y que lo que digamos sea "con demostración del Espíritu y de poder" (1 Corintios 2:4). El poder de la oración prevaleciente producirá una portentosa revolución espiritual en nuestra alma. La presencia irresistible de Dios en nuestros cultos de adoración y su infinito poder al hacer efectivos nuestros esfuerzos evangelísticos y misioneros, aguardan con el fin de que poseamos una nueva dimensión en la vida de oración, por la dinámica del Espíritu.

EL ESPIRITU NOS AUXILIA
EN LA ORACION

Jesús prometió que enviaría a otro Ayudador (es posible que así se pueda traducir Juan 14:16). Y Pablo nos asegura que el Espíritu nos ayuda en nuestra debilidad en la oración (Romanos 8:26). Revenhill escribe lo siguiente: "El Espíritu Santo, como Espíritu de vida, pone fin a nuestras oraciones muertas... a medida que el Espíritu de sabiduría nos libra de la ignorancia en este arte santo de la oración... a medida que el Espíritu de poder viene a ayudarnos en la debilidad que nos caracteriza mientras que oramos".[7]

Alrededor del año 400 A.D., el obispo Ambrosio enseñó lo siguiente: "Esta ayuda del Espíritu es sumamente enfática en el idioma original; como un hombre que agarra un tronco por un extremo no lo puede levantar hasta que otro hombre lo agarra por el otro extremo.... El Espíritu de Dios viene por el otro extremo y se hace cargo del lado más pesado de la carga, y así ayuda al alma a levantarla".[8]

Estudiemos varias formas en que el Espíritu nos ayuda para que tengamos la capacidad de prevalecer en oración:

1. *El Espíritu le llena para convertirse así en el Señor de su oración.* Verdaderamente, usted nunca se convierte en una persona de oración, poderosa en la oración prevaleciente, hasta que el Espíritu le llene. Y al llenarle, dice Payne, El "trae a nuestros días a Pentecostés". Los apóstoles no se destacaron como hombres de oración hasta el día de Pentecostés. Luego, su perspectiva, su compromiso y su experiencia espiritual sufrieron una transformación. Ellos se hicieron el propósito de tener en primer lugar la oración (Hechos 6:4). Chadwick dice que "los que oran en el Espíritu deben estar en el Espíritu". J. Stuart Holden agrega que estar llenos del Espíritu es "el único secreto para tener una auténtica vida de oración".[9]

2. *El Espíritu nos da salud espiritual.* El hace que Cristo se convierta en su misma vida (Romanos 8:2; Colosenses 3:4). Cuando se vive en el Espíritu se recibe salud espiritual y vitalidad, con el fin de que uno pueda orar y servir a Dios como debe ser. Cuando se vive en el Espíritu se recibe la capacidad para orar en el Espíritu.

Mientras usted permanezca en Cristo, tiene el derecho de pedir lo que quiera (Juan 15:7).

El gran maestro de la oración, Andrés Murray, escribió: "La relación que existe entre la vida de oración y la vida del Espíritu es muy estrecha y es indisoluble". También dijo: "La oración es una de las funciones más celestiales y más espirituales de la vida del Espíritu; no podremos aspirar a hacerla realidad y así complacer a Dios, si nuestra alma no se encuentra en perfecta salud y si nuestra vida no está totalmente en manos del Espíritu de Dios y motivada por El".[10]

Acudamos de nuevo a las palabras de Murray: "Lo que abarca la permanencia constituye la medida exacta del poder en la oración. El que ora es el Espíritu que habita en nosotros, no siempre con palabras y pensamientos, mas respirando y siendo, de manera más profunda que cualquier expresión. En la medida en que el Espíritu de Cristo esté en nosotros ha de haber verdadera oración... Oh, que nuestras vidas estén llenas de Cristo, y colmadas de su Espíritu, y las maravillosas e ilimitadas promesas a nuestras oraciones ya no nos parecerán extrañas".[11]

3. *El Espíritu lo atrae a la oración.* Como guardián de su vida y como mayordomo de su vida espiritual, El lo atrae a la oración continuamente. A veces El lo atrae a usted a la oración mostrándole la magnitud de alguna necesidad y cuán incapaz es usted para abastecerla. En otras ocasiones lo atrae cuando le da una visión de lo que Dios anhela hacer. Sólo el Espíritu puede comunicarle a usted las pulsaciones de Dios, sus prioridades, o la batalla espiritual en la que El le ha llamado a participar.

Usted no sabe cuándo algún amigo o un ser querido necesita su oración, se encuentra en peligro, está enfermo, le hace frente a la tentación o anda en busca de una respuesta urgente de Dios, para la que le hace falta que usted sea un compañero de oración. Mas el omnisciente Espíritu puede llamarle a la oración y fijar a esa persona en su mente, de tal manera que usted sabe que debe orar por medio del Espíritu.

Spurgeon predicó lo siguiente: "Cada vez que nuestro Señor le conceda la inclinación especial a orar, usted debe ser entonces doblemente diligente.... Cuando El le concede el anhelo especial por la oración, y usted siente una aptitud especial para la misma y el disfrute de ésta, tiene el mandato, por encima que continuamente nos obliga, que nos impulsa a obedecer alegremente. En momentos como éste me parece que podemos hallarnos en la situación en que se halló David, a quien el Señor le dijo lo siguiente: "Y cuando oigas ruido como de marcha por las copas de las balsameras, entonces te moverás". Esta marcha por las copas de las balsameras puede haber sido las pisadas apresuradas de los ángeles para ayudar a David.[12]

Gracias a Dios, usted puede estar seguro de que el Espíritu le acercará, le concederá el deseo y le abrirá el apetito para orar en el mismo instante en que su oración sea clave para el adelanto del reino de Cristo.

James McConkey dice: "Nunca desobedezca esta atracción que hace el Espíritu para que oremos. Constituye un llamado especial de Dios para el individuo que es consciente del mismo.... Asuntos de incalculable importancia dependen de la obediencia a ese llamado a la oración".[13] Siempre es lamentable que se descuide la oración, pero es más lamentable aún cuando es el Espíritu el que le llama. Hay personas que por encontrarse en medio de una crisis, puede ser que necesiten su oración en ese momento; o puede ser que se evite algún peligro si usted se da a la tarea de orar en ese mismo instante. A menudo, sólo la eternidad arrojará completa luz acerca de lo importante que fue obedecer ese llamado a la oración.

4. *El Espíritu concede entrada especial al creyente ante Dios.* "Por medio de él...tenemos entrada por un mismo Espíritu al Padre" (Efesios 2:18).

"En quien tenemos seguridad y acceso con confianza por medio de la fe en él" (3:12). ¿Quiénes somos usted y yo para que podamos tener acceso al trono celestial? Ningún gobernante, en ninguna nación, le concede entrada inmediata y continua a nadie. Mas por medio de Cristo usted y yo hemos sido hechos reyes y sacerdotes de Dios, en virtud de la redención llevada a cabo por Cristo.

El Espíritu, por tanto, le conduce a usted hasta la presencia de Dios. Esta imagen nos hace pensar en un oficial de la corte a quien le toca presentar a aquellos que desean tener una entrevista con el rey. Usted no sabe cómo acercase a Dios ni la forma en que debe hacerle saber sus peticiones más importantes, mas el Espíritu Santo expresa el gemir de su corazón e interpreta a la perfección sus más profundas necesidades. "Acerquémonos, pues, confiadamente al trono de la gracia, para alcanzar misericordia y hallar gracia para el oportuno socorro" (Hebreos 4:16).

17

La dinámica del Espíritu: Segunda parte

EL ESPIRITU NOS AUXILIA EN LA ORACION
(continuación)

5. *EL ESPIRITU ENSEÑA* a orar. Al inicio de cada sesión de oración usted debe entregarse al Señor y pedir que el Espíritu Santo se apodere hondamente de usted mientras que ora, para que así lo capacite para orar en el Espíritu. "En el Espíritu" (Efesios 6:18) significa literalmente "en espíritu". Este texto, según se interpreta, significa completamente rodeado por el Espíritu. El es la atmósfera transformadora de la oración. Usted debe respirar en la atmósfera del Espíritu y exhalar el espíritu de oración.

Usted debe "andar en el Espíritu" (Gálatas 5:16, griego), "vivir en Espíritu" (v. 25, griego), y andar "conforme al Espíritu" (Romanos 8:4). La atmósfera del señorío del Espíritu debe ser cualidad en todo aspecto de su vida, pero sobre todo de sus oraciones. El Espíritu manifiesta su señorío enseñándole a orar a usted, llamándole a la oración, fortaleciéndole para la oración, dirigiéndole en la oración y dándole fe mientras que ora.

Carlos Finney aconsejaba lo siguiente: "Si has de orar con fe, cerciórate de andar diariamente con Dios. Si así lo haces, él te dirá por qué cosas debes orar. Sé lleno de su Espíritu y te concederá suficientes objetos por los que orar. El te otorgará tanto del espíritu de oración como fuerzas físicas tengas para resistir".[1]

Usted depende totalmente del Espíritu, cosa que sabe cualquier persona que ha anhelado prevalecer en la oración. Es necesario que El conmueva sus emociones, para que le conceda su deseo profundo; su fe, para que le dé denuedo en la oración y su voluntad, para que insista con ahínco. El debe tanto enseñarle como darle la capacidad para utilizar sus enseñanzas en la oración. El es el dador de toda oración en el Espíritu, como acertadamente ha dicho Spurgeon.

El Espíritu Santo es el principal intercesor en usted, así como el mismo Jesús es el principal intercesor que está a la diestra del Padre. El Espíritu es su Maestro infalible y sabio por excelencia; pero además le capacita a usted para que obre de acuerdo a Sus enseñanzas. El no sólo le enseña las necesidades por las que ha de orarse y la forma de hacerlo, sino que también le muestra los misterios de la oración. El es el Ayudador en toda su vida espiritual, pero particularmente en la oración.

El Espíritu es el *parakletos* Maestro (Juan 14:26). El *parakletos* se fue al juzgado con un hombre al que se celebraba juicio, actuando como ayudador y consejero. Mientras que estuvo al lado de esa persona, le concedió valor. El acusado no estaba solo, porque el *parakletos* estaba a su lado. El ayudó al acusado a entender los asuntos que ante él presentaban, lo auxilió para que hablara como debía hablar, le sugirió qué hacer y estaba siempre a su lado para cuando hiciera falta.

De la misma manera, el Espíritu es su paracleto cuando usted ora. El está a su lado y vive en usted. El intercede por usted, y lo hace también en usted y por mediación suya. El obra poderosamente en su espíritu, de modo que le sea posible orar con poder por medio de usted.

El Espíritu lo santifica así para que haga la voluntad de Dios, gime de tal modo en usted por la voluntad de Dios, lo ilumina para que vea la voluntad de El, y así cree, por medio de usted en la realización de la voluntad de Dios, que El santifica su intercesión, hasta que la intercesión de Dios el Hijo y de Dios el Espíritu y el gemir de su corazón son una misma cosa. En esta santa e irresistible unidad en la intercesión, el cielo y la tierra se pueden mover como haga falta.

Usted y yo no sabemos cómo interceder de la manera correcta. Podemos errar el objetivo al orar. ¡La oración se puede volver peligrosa! Dios tendrá que decirnos repetidas veces, empleando las palabras que Jesús dirigió a Pedro, lo siguiente: "No sabéis lo que pedís" (Mateo 20:22). ¿Qué haríamos si el Espíritu no nos enseñara y nos guiara en la oración?

El Espíritu le enseña lo que es el amor de la oración, el sabio y adecuado contenido de la oración, y cómo orar en el Espíritu. Estas cosas espirituales las enseña el Espíritu y las disciernen espiritualmente aquellos que están llenos del Espíritu (1 Corintios 2:14). La sensibilidad, la percepción, los anhelos y la guerra espirituales, son asuntos profundos que pertenecen a Dios y que enseña el Espíritu Santo (2 Corintios 2:10).

Mas el Espíritu sólo enseña lo que está dentro de la voluntad de Dios. El jamás concede apetito santo por cualquier cosa que esté fuera de la voluntad de Dios, ni ora mediante usted por nada que no sea lo mejor que Dios tiene para usted.

Si sus deseos al orar son carnales, el Espíritu guarda silencio dentro de usted. Los que están llenos del Espíritu de repente se dan cuenta que hay algo que anda mal. Y es que están orando por su propia cuenta, por lo que se produce una vacilación interior, un refrenamiento apacible del Espíritu. El "paracleto" nos dice por medio de su silencio: "No puedo aprobar esa oración. Jesús no puede darle el 'amén' a esa oración. Puede ser que tengas buenas intenciones, mas estás fuera de mi propósito y de mi voluntad. Espera, espera, y te ayudaré a ver una forma más efectiva, a que hagas una oración mejor".

A medida que usted se deleita en el Señor, entonces entenderá cada vez con mayor claridad lo que le agrada a El y cuál es su voluntad. El Espíritu Santo, su amante Maestro, le ayudará a conocer la voluntad de Dios, a regocijarse en su voluntad, a anhelar la misma y a orar por ella. Usted no desearía de veras o intensamente algo que supiera que está en contra de la voluntad de Dios. El puede, entonces, concederle los deseos de su corazón, porque armonizan con los suyos (Salmo 37:4).

Sin un compromiso completo con la voluntad de Dios, la que conocemos y la que desconocemos, no podemos ser llenos del Espíritu Santo. Y hasta que seamos llenos del Espíritu, El no puede llevar a cabo su completa labor de Maestro en nuestra súplica.

En una manera muy real, las oraciones más profundas de la persona que está llena del Espíritu, provienen del Padre, mediante el Espíritu, hacia el que ora; y luego se devuelven, del corazón al Padre, por medio del Espíritu y reciben el amén de Dios el Hijo. Los cristianos jamás se encuentran en unión más estrecha con la Trinidad que cuando oran. El gozo del cielo es oír a los creyentes orando en el Espíritu.

Cuando se ora en el Espíritu siempre se ora en armonía con la palabra de Dios, puesto que el Espíritu que le dirige en la oración es quien inspiró la Palabra. Existe una unidad bendita del Espíritu, la Palabra y usted cuando ora. El Espíritu siempre le enseña a amar la Palabra, a ser guiado por la misma y a sostenerse de la voluntad de Dios y de los propósitos suyos, como se revelan en las Escrituras. De modo que no existe nada que se le aventaje a la oración en el Espíritu para traerle gloria a Dios. La gloria de Dios es su deseo principal; la bondad de Dios hacia los demás y hacia usted está en un plano secundario.

El cristiano carnal y el hombre natural no están enseñados por el Espíritu. Con frecuencia la oración les parece como algo desconcertante. Lo triste es que casi todo lo que mucha gente conoce acerca de la oración es la voluntad propia, los deseos egoístas, las peticiones imprudentes y las oraciones superficiales. Jamás podrán entrar en la vida enseñada por el Espíritu del poder de la oración prevaleciente, hasta que realicen la clase de consagración que los conducirá a la vida llena del Espíritu.

6. *El Espíritu nos pone carga para que oremos.* Ningún cristiano ha comprendido a cabalidad la carga que pesa sobre el corazón del Espíritu Santo, a medida que éste anhela, ama, y se identifica con todo el sufrimiento, el dolor y las cargas que llevan en el corazón los cristianos por todo el mundo. No existe desaliento, lágrima oculta, o dolor sin expresar que el Espíritu Santo no sienta de manera completa y personal. No hay injusticia, pena, o angustia que el tierno Espíritu Santo no sufra con nosotros.

No obstante, el Espíritu Santo anhela, además, a todas las vidas destruidas, los hogares deshechos y a los millones de personas en todo el mundo que no son salvas. El siente la tragedia que los afecta. El padece con el odio y la violencia de ellos. El lleva sobre su santo corazón el sufrimiento de nuestro mundo. Dios el Padre, Dios el Hijo y Dios el Espíritu Santo, comparten el mismo amor, los mismos anhelos y la misma compasión.

La dinámica del Espíritu: Segunda parte

El Espíritu Santo ansía inundar su corazón con el santo y anhelante amor ágape del trino Dios. En Romanos 5:5 se nos dice que Dios derrama su amor en nuestros corazones mediante el Espíritu Santo. ¿Qué clase de amor es este? Este es el amor que condujo a Jesús a venir a la tierra, a ir a la cruz y a morir por usted (v. 8). El amor que el Espíritu desea derramar en usted y con él inundar todo su ser, es el anhelante amor de Dios que se entrega a sí mismo, el cual vemos en Jesús (8:39).

El Espíritu no quiere que sólo una mínima parte de ese amor se desprenda y penetre en el corazón suyo. El desea derramar continuamente ese amor en su ser y que mediante usted llegue al mundo sufriente. El quiere que este amor se manifieste tanto en sus palabras como en su conducta; pero de manera más constante y quizás más poderosamente que en cualquier otro aspecto, que se manifieste en sus oraciones.

Usted puede amar a mayor número de personas mediante la oración que por medio de cualquier otra cosa. Usted puede amar, mediante la oración, a aquellos que lo evitan o que se le oponen. Usted puede amar a la gente en cualquier parte del mundo mediante la oración. Mientras más derrame usted el amor de Dios mediante su oración y su conducta, más se derramará el Espíritu en usted a medida que se lo pide. Dios le da el Espíritu a aquellos que se lo piden (Lucas 11:13).

El Espíritu anhela compartir con usted su carga, su compasión, y su congoja del alma. Dios ha ordenado que el poder necesario para cambiar las cosas, para detener el mal, para aplacar el odio humano y para sanar las heridas del mundo, se desate mediante las oraciones de su pueblo. Se espera que usted y yo seamos sacerdotes para este mundo que sufre. Mas; ¿cómo podemos desempeñar este papel?

Esto debe comenzar con nuestros corazones. Es necesario que sintamos antes de que nos sea posible sanar. Es menester que veamos antes de que podamos prevalecer. Uno de los papeles principales que desempeña el Espíritu Santo, en relación con las necesidades del mundo, es el de colocar cargas de oración en nuestros corazones. ¿Hasta qué punto lleva usted en su corazón la carga del mundo? Usted le está fallando a su gente, a su ciudad, a su nación y a su mundo, a no ser que usted sea un sacerdote de Dios, quien lleva sus cargas en el corazón.

No somos salvos sólo para ser felices. Somos salvos para ser de bendición. ¿Y qué forma mejor de ser bendición que por medio de nuestras oraciones? ¿De qué otra manera podríamos ser de bendición para tantos? Dios es un Dios que bendice, pero gran parte de esta bendición puede venir y manifestarse solamente por medio de la intercesión suya.

El Espíritu Santo ansía ayudarle para que sus ojos vean, para que su corazón sienta y para que sus oraciones lleven una carga de oración prevaleciente en favor de la gente y de la sociedad. ¿Cómo pueden los cristianos vivir despreocupados en un mundo sufriente y suponer que tienen el corazón de Cristo? ¿Cómo pueden los cristianos permanecer sin derramar lágrimas en un mundo quebrantado y suponer que representan a Jesús? ¿Cómo podemos usted y yo estar tan a menudo sin carga de oración y a la vez seguir siendo compañeros de oración de Jesús?

Abra su corazón ante el dolor, el quebranto y la tragedia a su alrededor y a través del mundo. Abrale el corazón al Espíritu para que le dé carga. Aprenda a gozarse con los que se gozan y a llorar con los que lloran. (Romanos 12:15). Pídale al Espíritu que le enseñe a llevar cargas por medio de la oración. Usted puede ser de ayuda decisiva para muchas vidas si le permite al Espíritu que le dé carga por la intercesión. ¿Qué mayor gozo podría darle usted a su Dios trino que el de compartir la carga que tiene por nuestro mundo?

Con frecuencia se ha contado la historia del visitante que vino a ver la iglesia y el púlpito de Roberto Murray McCheyne, después de su muerte. El conserje lo condujo al estudio del pastor y, apuntando hacia la silla de McCheyne, dijo: "Siéntese allí. Ahora coloque los codos sobre la mesa". El visitante le obedeció. "Ahora cúbrase el rostro con las manos". Nuevamente el visitante siguió las instrucciones. "Ahora deje brotar las lágrimas. Así solía hacerlo el señor McCheyne".

Luego condujo al visitante hasta el púlpito de McCheyne, desde donde había sido bendición para el pueblo mediante su ministerio. "Coloque los codos sobre el púlpito", le indicó el conserje. El visitante le obedeció. "Ahora cúbrase el rostro con las manos". Nuevamente el visitante siguió las instrucciones. "Ahora deje brotar las lágrimas. Así solía hacerlo el señor McCheyne". ¡Ah, ese era el secreto de su ministerio! El llevaba la carga de su gente, de su nación y de la causa de Dios sobre su corazón. Permita que el Espíritu Santo ponga carga en usted.

7. *El Espíritu le da poder para la oración.* ¿Siente usted que tiene poco poder para la oración? Claro que tiene poco poder. Ninguno de nosotros tiene poder en sí mismo para orar. El Espíritu Santo tiene la tarea de dar poder. El desea manifestar su poder por medio de usted a medida que usted prevalece por las cargas que El tiene en su corazón.

El poder y el amor le pertenecen a Dios (Salmo 62:11-12). Y él le imparte poder y amor a medida que usted comparte el sentir de Su corazón y le da expresión. De la misma forma en que El aumenta su amor, también le aumenta el poder, a medida que usted lo emplea en la intercesión. El, siendo el aliento de Dios, respirará Su poder en el alma suya. Mientras más prevalezca usted, más habrá de ser lleno de amor y poder prevalecientes. El Espíritu anhela capacitarlo para que sea un intercesor poderoso. El se regocija convirtiéndolo en lo que usted debe ser como canal suyo de bendición.

Dios anhela que usted prevalezca. El ansía hacer uso de la oración suya. El con gusto impartirá poder a cualquier persona que esté llena del Espíritu en la oración, si la persona sólo se da a la tarea de orar. Mientras más prevalezca usted, más poder recibirá para seguir prevaleciendo. El cielo se goza cuando usted ama como Dios ama y cuando usted prevalece como Cristo prevalece. Hágase disponible: responda al Espíritu y lleve las cargas de los demás. Pídale a Dios que coloque sus cargas prioritarias sobre su corazón. El tiene tareas concretas de oración para usted. A medida que usted prevalezca, El le dará más tareas. Su papel aumentará, mientras más usted lo llene. El Espíritu está aguardando para utilizarlo a usted cada vez más.

8. *El Espíritu multiplica su fe.* Se habla mucho de una fe que no es otra cosa que fe sólo de nombre. R. A. Torrey dice: "Tratar de creer algo que usted quiere creer no es fe.... La fe no viene nunca por el simple propósito que usted tenga de obtener aquello que quiere poseer".[2]

Bounds escribió: "Existe un mundo caracterizado por la oración natural, la cual es egoísta, e inspirada en uno mismo. Cuando el Espíritu ora por medio de nosotros, o nos ayuda a pedir como debemos al orar correctamente, reduce nuestra oración al mínimo de la voluntad de Dios, para que luego podamos pronunciar sus gemidos indecibles. Entonces tenemos la mente de Cristo y oramos como él oraría".[3]

El Espíritu Santo, al habitar en usted, fortalece y multiplica su fe en los aspectos en que usted ora de acuerdo con la voluntad de Dios. El multiplica la fe dándole a usted una nueva revelación de la grandeza y del poder de Dios, dándole una visión de la forma en que Dios anhela actuar en su favor y haciendo resaltar en su corazón ciertas promesas de la Palabra. Mientras que usted prevalece en oración, El enciende una gozosa esperanza en su corazón que le dice que la respuesta de Dios está en camino.

El Espíritu afirma su fe mediante la Palabra y por medio de la certeza en su corazón de que El está orando por medio de usted. El Espíritu no le conduce a orar por metas inútiles. El pone carga sobre usted porque Dios desea trabajar. La ayuda que El le da en sus oraciones afirma la confianza que usted tiene en sus promesas. De la misma forma en que Abraham fue fortalecido en su fe, dio gloria a Dios y se convenció (Romanos 4:20-21) de que el Espíritu guía, anima, afirma su fe hasta que usted también le da gloria a Dios y se regocija en la victoria de la fe, aun antes de poderlo ver con sus ojos.

Jean-Nicolas Grou oró, en 1750, como sigue: "Oh, mi Salvador, te repito con mayor insistencia que nunca: Enséñame a orar; inculca en mí todas las disposiciones necesarias para la oración en el Espíritu... ¿De qué sirve mi oración si el Espíritu Santo no ora conmigo? ¡Ven, Espíritu Santo, ven a morar y a laborar conmigo! Toma posesión de mi entendimiento y de mi voluntad; dirige mis acciones, no sólo en el momento de la oración, sino en todo momento".[4]

18

La dinámica de unirse en la oración

HAY PODER INUSUAL en la oración unida. Dios ha querido que su pueblo se una en la oración, no sólo con el fin de que exista comunión cristiana, alimentación espiritual y crecimiento, sino además para llevar a cabo sus propósitos divinos y alcanzar las metas que él ha seleccionado.

Hay fortaleza en la unidad, un principio que tiene vigencia en todos los ámbitos de la vida: en la familia, en las naciones y entre el pueblo de Dios. El principio de Eclesiastés 4:12 se aplica a la vida espiritual y a la oración de guerra: "Y si alguno prevaleciere contra uno, dos le resistirán; y cordón de tres dobleces no se rompe pronto".

Jesús siguió enseñando acerca de esta verdad. Él acompaña a cualquiera de sus hijos en cualquier parte. Siempre está presente, sobre todo durante la oración. Mas Jesús acompaña de manera especial donde dos o tres estén congregados en su nombre. Cristo dio a conocer este hecho cuando terminaba de hacer Su promesa del poder en la oración, particularmente para la oración unida, cuando nos ponemos de acuerdo para la misma (Mateo 18:18-20).

El Nuevo Testamento enseña la importancia que tiene la iglesia y la comunidad cristianas. Cuando nacemos del Espíritu, nacemos en una familia. Dios determinó esta relación para nuestro bien espiritual. Nos necesitamos unos a otros, pero en particular en la oración que prevalece y en la oración de guerra. Con frecuencia es necesario que libremos batallas espirituales solos. Dios tiene el poder y la gracia necesarios para llevarnos a la victoria, aun cuando nos sentimos muy solos.

Pero, con frecuencia, necesitamos las oraciones de nuestros hermanos y hermanas en Cristo. La exhortación de orar "unos por otros" (Santiago 5:16) es de importancia no sólo para la sanidad sino para todo aspecto de la vida. Observe que la garantía de que "la oración eficaz del justo puede mucho", se declara en relación con el orar los unos por los otros.

Las demostraciones más formidables del poder de la oración se presentan casi siempre en las oraciones hechas por los demás y por el reino de Cristo. Dios, en efecto, contesta las oraciones hechas por nuestras necesidades, mas la función principal de la oración, exceptuando la comunión, es la de interceder. Jesús no sólo tiene como prioridad la comunión con su Padre, sino también la intercesión por nosotros y por el mundo.

Desde un punto de vista, toda oración de intercesión hecha según la voluntad de Dios, es oración unida. La oración unida es tan importante, que toda intercesión hecha en el Espíritu es intercesión del Hijo, del Espíritu Santo y suya —una clase de trinidad intercesora que busca la gloria del Padre—. Pero más allá y por encima de esta oración unida fundamental, Dios se complace en premiar de manera especial la intercesión unida de dos o más de sus hijos. Lo que más poder tiene es el ponerse de acuerdo en oración.

Crisóstomo, alrededor del año 400 A.D., escribió: "Aquello que no podemos obtener mediante la oración solitaria, lo podemos obtener por vía de la social... pues en el punto en que nuestra fortaleza individual flaquea, se hacen efectivas la unión y la concordia". Tomás Payne escribió: "Es cierto que un hombre que sabe orar e interceder en el Espíritu posee muchísimo más poder ante Dios que una legión sin interés, es un hecho glorioso que las oraciones de una multitud santificada, cuando son de un mismo sentir y están unánimes, se tornan irresistibles".[1]

DIOS BENDICE CUANDO USTED SE UNE A OTROS EN ORACION

Quizá sea conveniente hacer una distinción entre estar unidos en oración y en oración unida. Cuando se hace un llamado a la oración, los creyentes pueden unirse en oración por la misma necesidad o petición, dondequiera que se encuentren. Todos aquellos cuyos corazones claman a Dios se encuentran, por tanto, unidos en oración.

Gracias a Dios, nos podemos unir en oración con los demás, cualesquiera que sean nuestras circunstancias. He aquí algunos ejemplos de cómo se ha logrado esto:

1. *Convierta el Día del Señor en tiempo de oración.* Aunque las circunstancias nos impidan congregarnos para adorar, podemos y debemos unirnos con el pueblo de Dios mediante nuestra oración en el Día del Señor. En su día debemos procurar, hasta donde nos sea posible, apartar mayor tiempo para la oración. Aquellos que se encuentran en la cárcel por la causa de Cristo, aunque han estado muy solos, han dicho que han recibido bendiciones especiales cuando han orado en el Día del Señor, porque sabían que había millones de hijos de Dios orando en todo el mundo.

Juan recibió las visiones que aparecen en el libro de Apocalipsis durante un período semejante de oración. Juan, pastor de la iglesia en Efeso, sufrió el exilio en la pequeña isla de Patmos, y probablemente se vio obligado a trabajar en las minas con los esclavos. El estaba separado de su amada congregación, mas él sabía que en el Día del Señor ellos se congregarían en Efeso para orar. Y él, aunque separado de ellos, se les unió en oración, cuando de repente el Señor mismo se les manifestó en forma maravillosa y dramática (Apocalipsis 1:9-10).

2. *Ponga una lista de oración o de peticiones en manos del mayor número posible de cristianos.* Luego, todos pueden unirse en oración diaria o en momentos apartados para la oración, por las necesidades enumeradas. Durante la Segunda Guerra Mundial los cristianos a todo lo largo de Sud Africa interrumpieron sus actividades en todas partes, en las calles o en los comercios, y oraron en silencio por un minuto al mediodía.

3. *Utilice las cadenas de oración.* Una congregación puede organizar una o varias cadenas de oración entre sus mienbros. Cada persona que forma parte de la cadena le puede informar a la siguiente sobre el contenido de la lista. De esa forma toda la iglesia, en un breve espacio de tiempo, puede estar unida en oración por las mismas apremiantes necesidades. La mayoría de las cadenas de oración se realizan por teléfono.

4. *Ore a toda hora.* Los creyentes pueden comprometerse a orar durante media hora o por una hora, y se les puede asignar determinados períodos de oración, de tal manera que se ore durante toda la noche por una necesidad perentoria, o aun durante las veinticuatro horas. Se dice que el Pentecostés que Dios le dio a los moravos en Herrnhut, en 1731, en una reunión de oración, trajo como resultado una cadena de oración ininterrumpida durante cien años, y fue parte de la clave para la enorme bendición que Dios derramó sobre los moravos, mientras que esparcían el mensaje de Cristo alrededor del mundo.

5. *Conviértanse en compañeros de oración.* Es de enorme bendición hacerse compañero de oración de uno o de varios hermanos. Cada compañero puede comprometerse a sostener en oración al otro de manera especial. Durante muchos años R. Stanley Tam y su compañero de oración han estacionado su automóvil en un parque público y han pasado una hora en oración juntos, a la misma hora cada semana. Algunos oran juntos, regularmente, por teléfono. Numerosas organizaciones misioneras reclutan a personas que estén dispuestas a emplear algún tiempo orando por su ministerio, y les proveen peticiones de oración periódicamente a estos intercesores.

Algunas parejas de esposos han formado un equipo de oración muy eficaz. Parejas de jubilados han podido apartar una hora o más diariamente para unirse como compañeros de oración, empleando una lista de peticiones.

Debemos recordar que Cristo es siempre nuestro compañero de oración. Nunca estamos solos. Esta verdad se hizo realidad para mí mientras ministraba en una aldea de la India. Estaba yo supervisando a nuestros estudiantes en el evangelismo en las aldeas, mientras que todos nos alojábamos en una casa de lodo alquilada por espacio de varias semanas.

Me enfermé de malaria y no había traído medicina, ni había tienda alguna en la aldea donde habíamos parado. Yo tenía la esperanza de mejorar cada día, sin embargo, lo que hacía era empeorarme. Un día los estudiantes se habían ido a evangelizar y me hallaba solo en la casa. Cerca del mediodía la fiebre me subió tanto que comencé a preocuparme.

Yo anhelaba que alguien orara por mí y que me ungiera para sanidad, como nos dice Santiago 5:14-15. No tenía aceite de oliva, pero vi que en una ventana había una botella de aceite de coco, que uno de los estudiantes se untaba en el pelo. Agarré la botella y oré así: "Señor Jesús, tú y yo somos los únicos que estamos aquí. Sólo tú puedes acompañarme en oración. Yo me unjo en tu nombre. Acompáñame en oración para que sea sano". Y al instante recibí sanidad y quedé libre de malaria. Durante todos los años que pasé en la India nunca más me enfermé de lo mismo. Jesús, mi compañero de oración, había perseverado en mi favor.

Jorge Whitefield, quien fue usado poderosamente en el evangelismo a través de las Islas Británicas, siempre llevó con él a un paralítico, quien era un guerrero en la oración. Frank Laubach dice: "Sus oraciones, aun más que la predicación de Whitefield, fueron la causa de los maravillosos resultados".[2] Carlos G. Finney, en su evangelismo tan enormemente bendecido, mediante el cual cientos de miles vinieron a Cristo, frecuentemente tenía a su lado a dos ministros: Clary y Nash. Ellos solían alquilar una habitación en la que se daban, día tras día, a la oración prevaleciente. A veces estos compañeros de oración comenzaban a orar en una comunidad antes de que se iniciaran las reuniones de Finney.

Se informó que después que Finney había ido a Bolten, Inglaterra, a ministrar, mas antes que comenzara a ministrar, estos dos hombres habían llegado a la puerta de cierta mujer, para preguntarle si ella les podía dar algún lugar para rentar. Ella tenía un sótano bastante oscuro y húmedo, el cual alquiló a estos hombres por veinticinco centavos a la semana. En este lugar Nash y Clary intercedieron en oración perseverante, batallando contra los poderes de las tinieblas con sus luchas en la oración, con sus lágrimas y con su fe invencible. Y Dios obró poderosamente.[3]

La señora Goforth, en China, se hacía acompañar frecuentemente de una creyente china. Ambas trabajaban, oraban y lloraban juntas, y así fueron poderosamente utilizadas por Dios. Los Goforth también atribuían las bendiciones de Dios acerca de su ministerio en China, a sus compañeros de oración, quienes con tanta fidelidad intercedían por ellos en su país de origen.[4]

6. *Haga un llamado para un día o una semana especial de oración.* A veces se ha hecho un llamado a nivel nacional, para dedicar un día en concreto o una semana en oración en favor de una necesidad apremiante.

7. *Prepárese para la obra de avivamiento de Dios mediante el llamado a la oración.* A veces ciertos grupos en una iglesia local, en una ciudad, o en un país hacen un llamado a la oración con el fin de que Dios prepare los corazones y que visite al grupo o nación con arrepentimiento, avivamiento espiritual y con las bendiciones resultantes de un avivamiento. En ocasiones estos llamados se han hecho previos a reuniones especiales diseñadas para la profundización de la vida espiritual. En otros casos han sido llamados en general a la oración, para que se produzca una visita poderosa del Espíritu de Dios, en el momento que Dios determine. Todos los que han respondido se han dedicado diariamente, entonces, a esta clase de oración. Han orado tan frecuentemente como les ha sido posible y, además, se han congregado para orar intensamente.

Todo lo antes dicho nos ilustra las diversas formas en que los hijos de Dios se pueden unir en oración, aun cuando no pueden asistir a un culto unido para la oración.

19

Dios premia la oración unida

HEMOS TRATADO acerca de la unión en la oración por la misma petición. Ahora consideremos la oración unida. Esta puede tener lugar en los cultos regulares de la iglesia, en momentos en que todos se unen en la intercesión. Sin embargo, se le concede muy poco tiempo a la intercesión durante los cultos de adoración. No existe otra parte del culto que presente tantas posibilidades de bendiciones como el tiempo que se aparta para prevalecer en la intercesión, en favor de necesidades concretas.

Conducir al pueblo de Dios hasta el trono de Dios y hasta su presencia, en la oración pública, es una enorme responsabilidad. Dios es capaz de ungir tan potentemente al que dirige en oración, que a todos los que están congregados se les lleva hasta el punto de tener conciencia de la presencia de Dios, de modo que se olvida al que dirige en oración, y la gente, como uno solo en corazón y espíritu, se unen y concuerdan en la oración.

Se pueden convocar reuniones especiales de oración. Se han celebrado reuniones de oración desde los primeros días de la iglesia. Los diez días que transcurrieron entre la ascensión de Cristo y Pentecostés se emplearon mayormente en la oración unida. Los creyentes en aquel entonces se reunían diariamente para orar (Hechos 2:42). Cuando a Pedro y a Juan los trajeron ante el Sanedrín y allí se les amenazó por causa de la sanidad del mendigo paralítico, regresaron al grupo de creyentes, quienes se habían entregado de tal forma a la oración unida, que el sitio en el que estaban congregados se estremeció, y nuevamente todos los creyentes "fueron llenos del Espíritu Santo" (4:31). Desde aquel momento en adelante la iglesia se distinguió porque apartaba tiempo para la oración. Cristo determinó que la iglesia se edificaría y se extendería por medio de las reuniones de oración.

Muchas iglesias han celebrado tradicionalmente un culto de oración a mediados de la semana. Pero en demasiados cultos de esta índole se emplea la mayor parte del tiempo en el canto, el testimonio y en el estudio o la exposición de la Biblia; y se utiliza muy poco tiempo para la intercesión. Numerosas iglesias desarrollan como opciones, diversas actividades. Se enseñan diversos asuntos provechosos, y quizás a sólo uno de éstos se le designa como grupo de oración. Aun en este caso se corre el peligro de pasar tanto tiempo dialogando sobre las necesidades que aparecen en la lista que, desafortunadamente, se utiliza muy poco tiempo en concreto para la intercesión.

La oración unida puede extenderse mucho más en ocasiones dedicadas especialmente para la oración. Se han celebrado cultos de oración especiales con el fin de prevalecer en oración. Casi siempre, a Dios gracias, tales cultos se dedican casi en su totalidad a la oración. Una persona sigue a la otra dirigiendo en oración; y si se trata de un grupo más numeroso puede dividirse en grupos pequeños, de modo que mayor número de personas oran activamente, durante todo el tiempo que se ha apartado para la oración.

BENDICIONES DE LA ORACION UNIDA

Ha habido respuestas magníficas a la oración, como resultado de la oración unida. Además de las respuestas concretas que se reciben, siempre hay un enorme progreso espiritual, puesto que todos los que se han dedicado a la oración aprenden a prevalecer de manera más eficaz.

1. *Se profundiza el espíritu de oración.* Cuando un creyente ora en el Espíritu, el fuego santo de Dios y la pasión en la oración obran de manera más profunda en los demás que se les unen en oración. Al escuchar las oraciones de los demás nos es posible

llegar a tener mayor convencimiento de que estamos orando según la voluntad de Dios. Finney dijo: "No hay nada que engendre un espíritu de oración como lo hace el unirse socialmente en oración con una persona que posee el Espíritu".[1]

Las dos formas más efectivas de aprender a prevalecer en oración, consisten en pasar uno mismo mucho tiempo prevaleciendo en oración y orar con otra persona, quien de veras prevalece en oración.

2. *El amor hacia los hermanos y la unidad aumentan.* Mientras más se ore con otros, más se conoce el latir del corazón de esas personas, sus cargas, su gozo en el Señor y su experiencia cristiana. Citemos nuevamente a Finney: "Nada conduce a fundir los corazones de los cristianos como lo hace el orar juntos. Nunca se aman tan bien uno al otro como cuando son testigos de la efusión procedente del corazón cuando se ora".[2]

Con la excepción del pecado personal, no hay nada que obstaculice más a la oración prevaleciente que la falta de unidad. La falta de unidad en un hogar estorba la oración de sus miembros (1 Pedro 3:7). La falta de unidad en la iglesia estorba las oraciones de la iglesia. En la Biblia se nos exhorta a menudo a que mantengamos la unidad en la iglesia (Romanos 12:16, 18; 14:19; 15:5-7; 1 Corintios 1:10; 7:15; 2 Corintios 2:11; Hebreos 11:14).

Muchas iglesias han tenido un avivamiento cuando Dios ha producido unidad entre sus mienbros. Hace muchos años, en la zona central de la India, un misionero pedía a Dios que se produjera un avivamiento en la obra en la que él ministraba. A medida que oraba con ahínco día tras día, el Espíritu Santo le hizo recordar a otro misionero en su propia organización, con quien él había tenido serias diferencias. Cada vez que se arrodillaba a orar, la cara de ese misionero le venía a la mente. Por último, se subió al tren y se fue al pueblo donde vivía el otro misionero. Emprendió a pie el camino desde el tren hasta la casa del misionero, y al llegar a la misma tocó a la puerta. El otro misionero se sorprendió al verlo.

El primer misionero cayó de rodillas a la entrada y le pidió perdón al otro. "Entra", le contestó el otro misionero. "Yo soy el que necesito pedirte perdón a ti". Oraron juntos, lloraron juntos, y se reconciliaron. Luego, cada uno oró a Dios que enviara un avivamiento a la obra del otro. Al separarse, cada quien oraba diariamente para que Dios enviara un avivamiento a su obra y la del otro. En un espacio de un año ambas iglesias tuvieron un poderoso avivamiento.

Dios no puede ser burlado. No es posible prevalecer en oración mientras que reina la falta de unidad. Hasta donde esté a nuestro alcance, debemos procurar humillarnos, asumir la culpa, y restaurar la unidad (Mateo 5:23-24; Romanos 12:18).

3. *La fe se fortalece.* Mientras más escuchemos a los demás unirse en oración en favor de las mismas necesidades, más se va fortaleciendo la fe. Usted se anima por la forma en que Dios le concede fe a los demás. Usted se vuelve más perseverante y más constante en la oración, en favor de una necesidad, cuando ve a otros que perseveran por el mismo asunto. El corazón calienta al corazón. La oración revive a la oración. La fe fortalece a la fe. El valor y la expectación aumentan, y usted es capaz de plantar sus pies sobre las promesas de Dios, con nueva firmeza y determinación. Otros pronunciarán el "amén" a sus oraciones, y usted le dará el suyo a las oraciones de ellos; y paso a paso usted y los demás crecen en seguridad, se aferran del trono de Dios y pueden ponerse de acuerdo en la oración (Mateo 18:19).

4. *El poder espiritual se multiplica.* A medida que usted ora, la oración de cada uno coopera para que aumente el hambre por la respuesta de Dios, y tiene parte en el avivamiento de la llama del espíritu de oración. El amor y la unidad se intensifican, se purifican y se hacen de mayor bendición. La fe en la respuesta de Dios se hace más fuerte. Todos los que se unen en oración comienzan a sentir el poder de Dios que viene sobre ellos y que unge sus oraciones en forma nueva.

Mientras que los demás se extienden hacia Dios, usted recibe más ayuda para extenderse de manera más efectiva. A medida que usted se da cuenta de lo afligidos que están los demás por esa necesidad, su compasión se despierta, y aumenta su deseo de ver a Dios proveer esa necesidad. A medida que usted se da cuenta de la forma en que prevalecen los demás, recibe tanta bendición que también prevalece de manera más efectiva. Con frecuencia, el poder y la bendición refrescante de Dios, nos llegan de una forma nueva, colectiva, como la experiencia que tuvieron los creyentes en Pentecostés, en Hechos 4.

En la Biblia se insinúa la dinámica espiritual de que cuando más de dos personas prevalecen en la fe, orando en el Espíritu, el poder de sus oraciones no sólo se une, sino que se multiplica. Moisés nos dice que un israelita, con la ayuda de Dios, perseguía a mil soldados enemigos, y que dos perseguían a dos mil (Deuteronomio 32:30). También promete que cinco perseguirían a cien, y que cien perseguirían a diez mil (Levítico 26:8).

Los gritos en fe unida de los trescientos hombres de Gedeón, a pesar de que sólo estaban armados con antorchas encendidas, arrasaron completamente con el enorme ejército de Madián. Por este mismo principio, la fe unida, el canto y la alabanza confundieron de tal manera a Satanás y los ejércitos unidos de Amón, Moab y Monte Seir, que fueron totalmente aniquilados sin que se librara ninguna batalla física por parte de Israel (2 Crónicas 20).

El apoyo unido en oración era lo que tanto deseaba Pablo. En sus cartas ruega que los creyentes se unan con él en oración en favor de su vida y de su ministerio. A los romanos dijo: "Pero os ruego, hermanos, por nuestro Señor Jesucristo y por el amor del Espíritu, que me ayudéis orando por mí a Dios" (Romanos 15:30). A los corintios les manifestó su confianza, al decir: "... En quien esperamos que aún nos librará, de tan gran muerte; cooperando también vosotros a favor nuestro con la oración, para que por muchas personas sean dadas gracias a favor nuestro por el don concedido a nosotros por medio de muchos" (2 Corintios 1:10-11).

A los filipenses Pablo les escribió lo siguiente: "Porque sé que por vuestra oración y la suministración del Espíritu de Jesucristo, esto resultará en mi liberación" (Filipenses 1:19). A los colosenses les dice: "Perseverad en la oración... orando también al mismo tiempo por nosotros, para que el Señor nos abra puerta para la palabra" (Colosenses 4:2-3). Y a los tesalonicenses dice: "Por lo demás, hermanos, orad por nosotros, para que la palabra del Señor corra y sea glorificada" (2 Tesalonicenses 3:1).

EJEMPLOS PROCEDENTES DE LA HISTORIA DEL CRISTIANISMO

Guillermo Carey y un pequeño grupo de oración en Kettering, Inglaterra, oraron mensualmente durante cerca de ocho años, antes de que llegara un poderoso avivamiento. Dios utilizó a Guillermo Wilberforce para un avivamiento moral y espiritual en Inglaterra.

El tenía el apoyo de un grupo en su iglesia que pactaron juntos para orar diariamente durante tres horas.³

Juan Livingstone y un grupo de su iglesia en Shotts, Escocia, pasaron todo el sábado en la noche en oración, y al día siguiente quinientas personas recibieron a Cristo como Salvador, como resultado del sermón que predicó.⁴

Jonatán Edwards tenía un grupo de los miembros de su iglesia, en Enfield, Massachusetts, quienes estaban hondamente cargados para que Dios no los pasara por alto mientras El enviaba avivamientos a otros lugares. Esta carga los agobiaba tanto que se reunieron un sábado en la noche y pasaron toda la noche orando.⁵ Esa misma noche Jonatán Edwards tenía tanta carga que se pasó toda la noche orando. Al día siguiente, el sermón que predicó, titulado "Pecadores en las manos de un Dios enojado", fue grandemente ungido por el Espíritu Santo. Dios se apoderó de algunos de tal manera, que se agarraron de las columnas de la iglesia, puesto que sentían que sus pies se deslizaban hacia el infierno. Después Edwards hizo un llamado a lo ancho de Nueva Inglaterra, para que se unieran en oración hasta que Dios los visitara con un avivamiento. Y Dios así lo hizo.

Jorge Whitefield, quien fue poderosamente usado por Dios al principio del siglo XVIII, hizo un llamado para que la gente se congregara en reuniones unidas, con el fin de prevalecer en la oración. Spurgeon dirigía una reunión de oración todos los lunes por la noche. Asistían a estas reuniones entre 1.000 a 1.200 personas.⁶ Carlos Finney a cada rato pasaba un día y a veces más en ayuno y oración. Dios lo usó poderosamente en Boston en 1856, y en diversas ciudades de Nueva Inglaterra, entre 1857-58. En Boston se iniciaron reuniones unidas de oración al mediodía, por lo general sin predicación, y se esparcieron por todo el país hasta llegar a casi todas las ciudades principales y hasta muchas ciudades más pequeñas. Se ganó para Cristo, y se hicieron miembros de las iglesias, a más de un millón de personas en un espacio de dos años.

Durante las campañas de D.L. Moody celebradas en Oxford y en Cambrige, los alumnos se le opusieron mediante tal descontrolado alboroto, que no fue posible escuchar a Sankey cantar y a Moody en la predicación. Moody reunió a trescientas mujeres piadosas de Cambridge, en el Alexander Hall, sólo para prevalecer en oración. Una tras otra suplicó con lágrimas por el hijo de otra. Esa noche el panorama cambió, puesto que Dios envió silencio sobre el culto. Muchos estudiantes se humillaron ante Dios, confesaron sus pecados y alcanzaron salvación. Moody consideró que esta había sido la victoria más grande de su vida.[7]

Hace varios años parecía que el comunismo se iba a apoderar de México. La educación estaba fundamentada en el ateísmo. Noche tras noche las estaciones radiales proferían blasfemias por todo el país. La tensión se apoderaba de los corazones. Entonces un grupo de líderes cristianos se reunió con el fin de buscar la solución de Dios. Acordaron reunirse cada mañana a las 6:30, con el fin de orar y para persistir hasta que llegara la liberación. Durante varios meses este grupo de guerreros de oración oraba cada mañana.

"Se hallaron en un colosal conflicto con los poderes de las tinieblas. No batallaban contra carne y sangre, sino contra principados y potestades". Provenían de diversas denominaciones, mas todos estaban unidos buscando a Dios. Durante seis meses oraron con fuerte llanto y con lágrimas. Y una mañana, mientras oraban, un pastor entró en el salón con un periódico. Los tribunales anunciaban que el presidente del país había destituido del gabinete a los comunistas: Dios había alterado el rumbo de una nación por medio de la oración unida.[8]

El "Grupo de amigos misioneros de oración", en la India, se informa que tiene quinientos grupos de oración que se reúnen semanalmente. La mayoría de éstos ayunan y oran durante una noche semanalmente, con el fin de que Dios obre en la India. Hay más de veinte mil creyentes laicos participando en este movimiento de oración.[9]

David Bryant informa que el pastor coreano, Yonggi Cho, pasa hora y media en oración privada cada mañana, y que desde las 10:30 p.m. hasta las 6:00 p.m., los sábados, por lo menos quince mil de sus miembros se congregan para la oración unida. Los demás miembros se reúnen, a través de todo Seúl, en veinte mil células de oración.[10]

J. Edwin Orr, historiador del avivamiento a nivel mundial, afirmó: "No ha habido ningún gran avivamiento espiritual que se haya iniciado prescindiendo de la oración unida, es decir, por medio de los cristianos que oran con persistencia por el avivamiento".[11]

20

La oración del acuerdo

JESUS LE DIO una enorme importancia al ponerse de acuerdo en la oración. Mateo cita las palabras de Cristo respecto al acuerdo en la oración, en relación con la forma en que se debe reaccionar cuando un hermano peca contra usted, y sobre cualquier medida disciplinaria que la iglesia deba tomar. Dentro de este contexto, Cristo declara tres principios generales, que son de amplia aplicación e impacto. Todos tienen correlación en esta enseñanza referente a la oración (Mateo 18:18-20).

1. Al pueblo de Dios se le ha otorgado poder para atar y desatar (v. 18).
2. El pueblo de Dios tiene especial poder cuando se pone de acuerdo en oración (v. 19).
3. Al pueblo de Dios se le garantiza la presencia de Cristo cuando se reúnen para orar (v. 20).

Estos principios son leyes del reino y de la oración que van más allá de lidiar con un hermano que ha pecado. Son verdades para todos los aspectos de la oración, en su relación con los intereses absolutos del reino de Cristo.

La oración unida es probablemente la expresión más poderosa de unidad cristiana; y el ponerse de acuerdo en oración es la forma más concreta y poderosa de la oración unida. Constituye la actividad cimera de la oración en grupo. Esta no reemplaza a la oración privada, sino que le sirve de punto de partida. La oración unida no conduce obligatoriamente a la oración privada, mas esto siempre es posible.

En la oración unida el poder se va acumulando, como lo demuestran la Biblia y la experiencia cristiana. La oración llega a su clímax cuando se convierte en oración de concordia, en acuerdo de oración. Esta clase de oración puede ser o bien escogida y utilizada bajo la dirección del Espíritu Santo, o se puede llegar a la misma mediante un proceso en el que un grupo de hijos de Dios, más pequeño o mayor, prevalezca en la oración.

Jesús hizo un solemne hincapié en esta enseñanza, al decir: "Amén" (o "De cierto os digo"). "De cierto os digo que todo lo que atéis en la tierra, será atado en el cielo" (Mateo 18:18). "Otra vez os digo (implica un segundo amén), que si dos de vosotros se pusieren de acuerdo en la tierra acerca de cualquiera cosa que pidieren..." (v. 19).

Jesús acentúa la importancia de varias verdades maravillosas en el corto espacio de tres versículos:

1. *Esta verdad es trascendental.* El dice, en efecto, "Amén, amén", lo que se ha traducido como "de cierto, de cierto os digo", u "os digo la verdad".

2. *Es para la vida práctica y para las actividades del reino de Dios.* "En la tierra" se repite dos veces. Es para usted y para mí, que vivimos día a día para la gloria de Dios y que nos preocupamos porque Su reino se extienda.

3. *Es para los creyentes como parte de Su Cuerpo, que es la iglesia.* Es tan sencillo que está disponible dondequiera que se encuentre el pueblo de Dios. Y se hace realidad aun cuando sólo dos creyentes lo practican juntos.

4. *Se hace realidad mediante la oración.* Sea atar o desatar, o cualquier otra preocupación cristiana, constituye un método que garantiza los resultados de Dios en la oración.

5. *Es para todo asunto práctico de los negocios del reino.* Jesús empleó el término "pragma", del que procede el vocablo "pragmático". La frase "pantos pragmatos" podemos traducirla como "cada asunto práctico".

6. *Se realiza especialmente mediante la unión en la oración.* Entre dos a diez mil personas pueden participar. Se vale del efecto acumulativo de la oración unida.

7. *Requiere completa unidad, armonía acuerdo en la oración.* El término griego es "symphoneo" (literalmente sonar a la vez), del que viene nuestro vocablo *sinfonía*. Cuando los diversos y numerosos instrumentos de una gran orquesta suenan a la vez en perfecta armonía, le damos el nombre de sinfonía. Debemos orar hasta que exista un completo acuerdo sinfónico entre aquellos que oran.

8. *Jesús mismo está presente.* El no sólo está presente por ser omnipotente, sino que está presente en forma muy personal como Cabeza de la iglesia. El no promete venir y unirse a sus creyentes, puesto que ya está ahí esperando por ellos ("yo estoy con vosotros", v. 20). El está presente de una manera especial, significativa e intencional, y de forma más maravillosa aún entre su pueblo, cada vez que éste se reúne para ponerse de acuerdo en la oración.

9. *Esta es una oración especial de preciosa armonía, completo acuerdo y dulce sinfonía.* Se hace posible y se garantiza su efectividad por la misma presencia de Cristo. El es el grande, eterno y continuo Intercesor. El vive para interceder (Hebreos 7:25). El está encantado de que nosotros nos unamos para orar, y desea que nos pongamos completamente en la oración. El se une a nosotros, cada momento, cuando estamos de acuerdo, en nuestra sinfonía de oración. ¿Podrían dejar de ser efectivas tales oraciones? Cada vez que dos se reúnen, en realidad hay tres reunidos. Cuando se reúnen tres, hay de veras cuatro. Cuando se reúnen veinticinco, hay veintiséis. Cristo mismo siempre está presente, agregándose a la oración unida y, en particular, en el acuerdo en la oración.

EL PODER DEL ACUERDO EN LA ORACION

Si todo el que pide recibe, y todo el que busca encuentra, y si a todo el que llama se le abre (Mateo 7:7); ¿cuánto más se puede esperar cuando dos, cinco o diez piden, buscan y llaman? Spurgeon predicó así: "Si un Jacob puede prevalecer luchando contra un ángel, ¿qué no harían dos? ¡Qué victoria no resultaría de dos que se unen en la misma lucha! Uno perseguirá a mil y dos harán huir a diez mil. Esto es poder acumulado en intercesión unida. Dos no sólo duplican la fortaleza, sino que la multiplican". Y luego agregó: "Que Dios nos conceda a cada uno un compañero de oración".[1]

Si Jesús está presente con cada creyente, pronunciando su amén a cada oración hecha según la voluntad de Dios (Apocalipsis 3:14), ¿cuánto más presente estará Jesús para pronunciar su amén, cuando sus hijos se unen en oración?

Para Jesús la oración del acuerdo es la de mayor significado entre todas. La oración hecha por dos o tres en auténtica sinfonía es de muchísimo mayor peso que la oración que se realiza de manera normal, tocante al mismo asunto, en la que participan miles de personas quienes no tienen verdadera unidad cuando claman de corazón, ni auténtica determinación de que se efectúe la voluntad de Dios, ni verdadera intercesión prevaleciente. Jesús habló acerca de dos que se reúnen "en su nombre" (Mateo 18:20). En el griego quiere decir literalmente "dentro de mi nombre". Este texto nos habla de penetrar dentro de todo lo que el nombre de Jesús significa. No sólo creemos en Cristo, también oramos juntos en consagración a él, compartiendo su amor, percibiendo su sentir y las prioridades de su voluntad.

El nombre de Jesús, cuando estamos seguros de que oramos según la santa voluntad de Dios, nos brinda confianza y autoridad en la oración, y especial denuedo en la batalla espiritual. El nombre de Jesús debe facilitar la unidad necesaria para la oración del acuerdo; y debe ser el misil espiritual que nos permita atravesar por los impedimentos y las barricadas de Satanás. Hay poder y autoridad en el nombre de Jesús.

El Espíritu anhela obrar de manera poderosa, pero salvo el pecado premeditado, no hay nada que lo contriste más que la falta de unidad, ni existe nada como la unidad para darle la libertad que le hace falta para obrar en nosotros y por medio de nuestras vidas. Mientras más fuerte sea nuestra unidad, más a plenitud se manifiesta su presencia y más podemos valernos de su poder. Cuando el Espíritu ve a los hijos de Dios unidos en la portentosa unidad de la oración del acuerdo, con corazones que laten al unísono, con anhelos, lágrimas, esperanzas, y fe mezclados en santa unidad, El se introduce en nuestro orar. El es poder: todopoderoso. El pone en práctica la autoridad de Jesús. El se gloría en proporcionar victorias en el nombre de Jesús.

COMO CONVENIR
EN LA ORACION

Cuando dos o más cristianos están dispuestos a ponerse de acuerdo en oración en cuanto a una necesidad, ¿qué pasos pueden dar para lograr que su unidad en la oración se convierta en verdadero acuerdo de corazón y alma, la clase de acuerdo que cumple con las condiciones que dio a conocer Jesús en Mateo 18:19? Le ruego que no se convierta en legalista en lo que a seguir la secuencia sugerida se refiere. Más bien, estos son aspectos que el Espíritu ha de emplear y en los que usted puede buscar la ayuda del Espíritu, con el fin de ponerse de acuerdo en una oración que prevalezca.

1. *Ponerse de acuerdo en determinar la necesidad.* Procuren que haya unidad al ver la necesidad por la que se ora, los porqués de la necesidad y cuán urgente es la misma. Mientras más se entienda y se sienta la necesidad, más clamarán sus espíritus a Dios en unidad, a medida que se dan a la tarea de interceder. Procure ver las cosas desde el punto de vista divino y trate de comprender por qué es importante para Dios. Procure ser completamente imparcial, para que pueda ver las cosas como las ve Dios.

2. *Ponerse de acuerdo con ansias profundas en relación a la contestación de Dios.* Quizá ya Dios le ha concedido a cada uno de ustedes el ansia de verlo a El actuar para contestar esta oración. Mas al hacerle frente juntos ante el trono de Dios, cada quien contribuye a aumentar el deseo del otro, a medida que se aprueban entre sí. No vacile en orar con lágrimas si el Espíritu le concede ansias tan profundas. Las lágrimas pueden ser de mucho valor a los ojos de Dios (Salmo 56:8). Jesús oró con tales ansias que ofreció "ruegos y súplicas con gran clamor y lágrimas" (Hebreos 5:7).

3. *Ponerse de acuerdo en concederle a Dios plena libertad para actuar.* Pónganse de acuerdo acerca de que en realidad los caminos de Dios son más elevados que los de ustedes, y que puede ser que Dios tenga una respuesta muchísimo mejor de lo que ustedes aun pudieron imaginarse (Isaías 55:8-9). Pónganse de acuerdo acerca de que el tiempo señalado por Dios es insuperable: es el tiempo perfecto. Pónganse de acuerdo acerca del hecho de que Dios no tiene la obligación de mostrarles por adelantado la forma en que se propone dar respuesta a las oraciones de ustedes.

4. *Llegue a un acuerdo en cuanto a lo que es la voluntad de Dios en el asunto.* Para orar con efectividad es muy útil percibir lo que Dios desea hacer en cuanto a una necesidad. Usted puede estar de acuerdo en el sentido más profundo y de manera más completa y poderosa, cuando cada uno de sus compañeros de oración está seguro de la voluntad de Dios en el asunto. Como ya he dicho, hay cosas que siempre constituyen la voluntad de Dios. Otras peticiones de oración se formulan por asuntos acerca de los cuales no sabremos la voluntad de Dios hasta que Él nos la revele.

Siempre es la voluntad de Dios salvar a los perdidos, bendecir a su pueblo, reavivar a la iglesia y extender su reino. Puede o no ser la voluntad de Dios concederle un empleo a una persona en el preciso momento en que usted se lo pide. La persona por la que usted ora puede estar fuera de la voluntad de Dios en algún aspecto, y puede ser que Dios le esté enseñando una lección en particular que demora algún tiempo en aprenderla. Puede ser que a Dios le haga falta enseñarle una lección de fe. Puede ser que Dios provea una mejor oportunidad más adelante y que existan una serie de posibilidades. El éxito en un asunto en particular, tal como la sanidad, la elección de una persona en particular o el solucionar una disputa en la iglesia, puede ser que tengan que ver con numerosas posibilidades entre las que Dios tiene un plan que usted desconoce.

Pero a medida que usted participa en la oración unida, le es posible llegar a una conciencia cada vez más clara de la voluntad de Dios o de los pasos que debe dar. Mientras que siguen orando juntos, el Espíritu Santo puede ser que comience a darle testimonio de lo que es la voluntad de Dios en este asunto, y que le dé así profunda paz y gozosa anticipación. Usted puede llegar a tener la certeza de lograr un acuerdo verdaderamente espiritual.

5. *Ponerse de acuerdo en reclamar y apropiarse de las promesas.* Unirse en hacer suya propia la promesa concreta para la necesidad específica. Hace falta más que asentimiento intelectual de que la promesa es, realmente, la palabra de Dios. Pedro, el día de Pentecostés, dijo lo siguiente: "Porque para vosotros es la promesa" (Hechos 2:39). Busque llegar a una convicción profunda y unida de que la promesa es en verdad para usted y del inequívoco consejo de Dios acerca del asunto por el que usted ora. No basta con estar de acuerdo mentalmente. Ore hasta llegar a un acuerdo de corazón.

Es necesario estar unidos, no sólo en que la promesa está disponible para usted, sino también de que usted está parado ahora sobre la misma. Usted se ha apropiado de la promesa. Regocíjense de que Dios tiene al mundo entero en sus manos, de que Dios ha tenido conocimiento de esta necesidad aun antes que usted se percatara de ello, y que El ha estado obrando aun antes que usted comenzara a orar por el asunto.

6. *Ponerse de acuerdo en santa determinación de que la respuesta de Dios se hará realidad.* ¿Es lo suficientemente importante para usted y para la causa de Dios esta petición, que una vez que se unen en oración por la misma, no se dará por vencido hasta obtener el testimonio de la respuesta de Dios? A veces Dios concede la seguridad de que la respuesta ha sido concedida, antes de que la veamos hacerse realidad ante nuestros ojos. Pónganse de acuerdo en que se unirán en oración por la contestación, hasta recibirla, hasta recibir una respuesta aun mejor, o hasta haber obtenido la inequívoca seguridad de que la respuesta de Dios está en camino.

7. *Ponerse de acuerdo en los pasos de obediencia.* Frecuentemente, al orar, Dios le guía a dar ciertos pasos. Puede que sea para que se unan más personas en la oración, o para apartar tiempos especiales de oración o aumentar los períodos de oración en favor de la petición. Quizás Dios le muestre algo que obstaculiza su oración. Tal vez le muestre cosas que usted deba hacer o que la persona o grupo por los que se ora deban realizar. Cada acto de obediencia al que Dios lo dirija habrá de aumentar su fe. A menudo hay que preparar el camino del Señor mediante la obediencia.

8. *Ponerse de acuerdo en darle a Dios toda la gloria.* Puede que no sea esencial que los demás se enteren de que usted ha estado orando. Pero a veces ese conocimiento es importante para la persona por quien se ora, mas a menudo es preferible no decir nada. La respuesta es de Dios. No toque la gloria que sólo le pertenece a Dios. Manténgase en un plano secundario. No busque la gloria para su iglesia, su organización o su familia, ni tenga motivos egoístas. Es fácil que se cuele nuestro yo en las oraciones, de tal modo que ni nos demos cuenta. Existe mucha oración en favor del éxito que está más preocupada por el yo que por Dios. Pónganse de acuerdo en que Dios habrá de recibir toda la gloria.

21

Poderosas respuestas mediante el acuerdo en la oración

EXISTEN EMOCIONANTES ejemplos bíblicos relacionados con el acuerdo en la oración. Cuando Moisés tuvo que hacerle frente a la desobediencia y a la incredulidad de Israel, Aarón y él en repetidas ocasiones se pusieron de acuerdo en la oración. Lo vemos por primera vez cuando los amalecitas atacaron a Israel en Refidín. Moisés, Aarón y Hur subieron una colina, y luego Aarón y Hur sostuvieron en alto los brazos de Moisés, mientras que éste oraba. Este acto simbolizaba su acuerdo en la oración (Exodo 17:8-16). Las manos de Moisés fueron las que principalmente se levantaron, mas junto con las de Moisés se levantaron las de Aarón y las de Hur.

En Cades Barnea, cuando Israel quería regresar a Egipto, "Moisés y Aarón se postraron" en oración delante del Señor (Números 14:5). Cuando Dios estaba a punto de destruir a todos los israelitas que se habían rebelado junto con Coré, Moisés y Aarón nuevamente se postraron delante del Señor (16:22). Al día siguiente (v. 45), cuando Israel murmuró porque tenía sed (20:6), los vemos de nuevo postrados, en acuerdo, ante el Señor.

A lo largo del ministerio de Jesús en la tierra, no tenemos prueba de que sus discípulos alguna vez se pusieran de acuerdo con

El en oración. No cabe duda de que Cristo a menudo anhelara tales oraciones, muy en particular en Getsemaní (Mateo 26:38-45). Lo más probable es que la mayor parte de los diez días que estuvieron en el aposento alto los hayan pasado en oración unida. Pero a medida que se prolongaba el tiempo que pasaban en oración, lo más probable es que llegaran al punto de la unión y el acuerdo en la oración en favor de la promesa del Espíritu Santo. Puede ser también que el Espíritu haya retrasado su venida hasta que los 120 se hubieron puesto de acuerdo en oración (Hechos 1;14; 2:1). Sin duda que en Hechos 4:24-31, el grupo lleno del Espíritu, reunido en el aposento alto, oraban en acuerdo.

Pedro y Juan hicieron la oración del acuerdo en Samaria (Hechos 8:5-17), y muchos de la iglesia también la hicieron cuando Pedro estaba en la cárcel (12:5, 12). Todo parece indicar que el movimiento misionero de Pablo y Bernabé se inició mediante una reunión de oración de este tipo (13:2-3). Aunque ausente en el cuerpo de la iglesia en Corinto, Pablo puede haber estado haciendo la oración del acuerdo junto con ellos (1 Corintios 5:4).

El Pentecostés metodista en Londres fue, obviamente, un tiempo de acuerdo en la oración. En el diario de Juan Wesley, con fecha 1 de enero de 1739, se registra cómo él, su hermano Carlos, Jorge Whitefield y más de sesenta hermanos se encontraban orando. "Cerca de las tres de la madrugada, mientras que continuábamos orando, el poder de Dios vino en abundancia sobre nosotros, de tal manera que muchos clamaron con gozo y muchos cayeron al suelo. Tan pronto como nos hubimos recuperado de aquella sorpresa y perplejidad a causa de la palpable majestad de Dios, irrumpimos a una voz, diciendo: "Te alabamos, oh Dios, y reconocemos que tú eres el Señor".[1]

AVIVAMIENTO EN LA INDIA

Pandita Ramabai, quien falleció en 1922, nació en un hogar hindú extremadamente religioso. A los doce años de edad ya podía recitar de memoria dieciocho mil versos de las escrituras hindúes. Se convirtió al Señor Jesucristo en forma maravillosa, y abrió un internado en 1899. Más tarde la escuela se amplió para incluir un hogar para mujeres. Su instalación, ubicada en Kedgaon, cerca de Pune, India, creció hasta convertirse en una comunidad de más de

1.300 personas. En 1901 Dios envió numerosas bendiciones, pues se convirtieron y se bautizaron 1.200 personas. En 1904, cuando Dios envió un formidable avivamiento a Wales, un misionero en Welsh en la India, escribió a su tierra, implorándole a su gente que le pidiera a Dios que enviara un avivamiento a la India. Un numeroso grupo de mineros de carbón comenzaron a reunirse a la entrada de la mina por espacio de media hora, antes de la puesta del sol, y se ponían de acuerdo en la oración, pidiendo que se produjera un avivamiento en la India. Al cabo de varias semanas de oración recibieron la siguiente noticia: "El avivamiento ha llegado a la India".

Mientras tanto, las noticias del avivamiento en Wales llegaron a Ramabai, y ella comenzó a orar diariamente para que hubiera un avivamiento en la India. Para junio de 1905 habían 550 personas que se reunían dos veces al día para ponerse de acuerdo en oración. Un día, una de las muchachas estaba llena del Espíritu Santo, y estaba tan cambiada que pronto otras jóvenes en todo el plantel estaban de rodillas, llorando y confesando sus pecados.

La noche siguiente, durante la oración nocturna, el Espíritu Santo vino con poder sobre las muchachas con espíritu de arrepentimiento y de intercesión. Niños pequeños, muchachas adolescentes y mujeres jóvenes lloraban y hacían confesión. Dos niñitas oraron durante largas horas para que hubiera un avivamiento. Un día varias de las niñas le preguntaron a un miembro del cuerpo docente lo que significaba Lucas 12:49, donde Jesús dice: "Fuego vine a echar en la tierra". Se hicieron el propósito de orar por este fuego. Mientras se ponían de acuerdo en oración, el avivamiento se intensificaba: "la obra continuó y el espíritu de oración y de súplica en favor de un avivamiento en la India, se derramó como un diluvio.... Olas de oración bañaron las reuniones, como estruendosos truenos; cientos de personas oraban simultáneamente de forma audible". Setecientas jovencitas y mujeres se entregaron a la oración.[2]

Cada día un grupo de sesenta se turnaba para colaborar en el evangelismo. Uno de estos grupos de muchachas llegó a un pueblo en el que había un misionero, a quien le pidieron que les permitiera quedarse y orar por su obra. Le pidieron también que les condujera a cualquier lugar donde pudieran orar. Y él les concedió el permiso.

Esa noche un pastor hindú llegó hasta su puerta, irrumpió en llanto y le dijo que Dios le había convencido de pecado y que él debía venir y confesar sus faltas. Después de haber recibido la seguridad del perdón de Dios, otro cristiano llegó con honda convicción de pecado. Le siguió uno tras otro, quienes venían con honda convicción de pecado. No se había anunciado ninguna reunión, sino que se trataba del Espíritu Santo obrando en respuesta a la oración del acuerdo de esos niños y jovencitas. "Hubo un tiempo maravilloso de bendición. Los que se habían deslizado fueron restaurados, los creyentes fueron santificados, y los paganos fueron traídos al rebaño".

Un grupo de niñas de Ramabai fueron al noroeste de la India, a Rawalpindi, que forma parte en la actualidad de Pakistan. De inmediato comenzaron a tener reuniones unidas de oración. Una de las reuniones de oración duró seis horas. Una misionera miró hacia afuera como a eso de la medianoche, y se sorprendió de que hubiera una luz encendida en una de las tiendas de las jovencitas. Esto era una violación de los reglamentos. Se dirigió con el fin de corregir a las mismas, pero se encontró a una de ellas, de quince años, de rodillas en la esquina más alejada, con una vela encendida en una mano y en la otra una lista de quinientas chicas. Estaba intercediendo por ellas, una por una, ante el Señor. Y nuevamente Dios derramó sus bendiciones.

El Espíritu Santo, mediante el acuerdo en la oración de un grupo de mineros en Wales, en coordinación con la oración unida de las jovencitas de Ramabai, envió avivamientos de un lugar a otro, y condujo a muchos a Cristo. Mientras tanto, se encendieron los fuegos del avivamiento en otras partes de la India, en las montañas de Khasi, en el nordeste de la India, donde laboraban y oraban misioneros de Welsh.

OTROS EJEMPLOS

A principios del presente siglo hubo un miembro del congreso del estado de Nueva Inglaterra, que se había criado en una familia piadosa, pero que luego abandonó la fe y disertó en contra de Dios y de la Biblia.

Su esposa había sido una cristiana nominal, mas luego se rindió totalmente a Cristo. Entonces Dios le dio un profundo anhelo por la salvación de su esposo. Ella y otros cristianos acordaron interceder cada día por su esposo, hasta que éste se hiciera cristiano.

Una noche, mientras que ella estaba de rodillas junto a su cama, orando por la salvación de su esposo, Dios le preguntó: "¿Estás dispuesta a hacerle frente a las consecuencias que resultarán de la conversión de tu esposo? Tres veces se le hizo esta misma pregunta. Ella le respondió a Dios que estaba dispuesta a pagar el precio si sólo su esposo le recibía a El.

Esa misma noche su esposo se hallaba en el salón del congreso. Esto ocurrió durante las elecciones presidenciales, las que provocaron emotivos y acalorados discursos en el congreso. De repente, tuvo la sensación de que el Dios que él procuraba demostrar que no existía, estaba muy cerca sobre él, observándole y descontento con él. Pensó: "Esto es absurdo. Me imagino que he estado trabajando demasiado fuerte. Comeré bien, daré una larga caminata y me desperezaré, para ver si se me quita esta sensación". Hizo lo que se había propuesto, mas al regresar a su puesto en el congreso, sintió como que Dios estaba muy cerca sobre él, observándole y descontento con él. Esta sensación persistió durante varios días, por lo que repitió el mismo procedimiento con el fin de que se disipara.

El se volvió a reunir con su grupo de votantes, porque deseaba convertirse en el próximo gobernador de su estado, y parecía ser el candidato preferido para ocupar ese puesto dentro del partido dominante. No acababa de entrar en su casa cuando su esposa le hizo saber que ella y un grupo de señoras habían hecho un pacto de oración de que él se convertiría en cristiano. El le preguntó indiferentemente: "¿Cuándo comenzaron este asunto de la oración? Ella le dio a conocer la fecha, por lo que él se dio cuenta de que había sido el mismo día en que comenzó a sentir que Dios lo estaba observando. Esto le produjo una enorme conmoción. Esa misma noche se fue a una pequeña iglesia metodista, donde se celebraban reuniones especiales. La segunda noche regresó a las reuniones y se convirtió. Dios lo llamó al ministerio, por lo que dejó su carrera política para entrar así en el ministerio.[3]

Una iglesia anglicana en Inglaterra, hace muchos años, celebraba una reunión de oración cada domingo en la mañana, antes del servicio de comunión de las ocho. Un domingo, mientras la congregación se levantaba de sus rodillas, un hombre le preguntó lo siguiente al pastor: "Me gustaría que orasen por mi hijo. Tiene veintidós años de edad y hace muchos años que no asiste a la iglesia". El pastor propuso que se detuvieran al instante y que orasen por cinco minutos. Se unieron intensamente en oración. No se le dijo nada al joven, mas esa misma noche él vino a la iglesia, fue profundamente conmovido por medio del mensaje, se quedó, acongojado, hasta que todos se hubieron ido, y recibió a Cristo como su Salvador.

A la mañana siguiente, uno de los miembros de la directiva de la iglesia le dijo al pastor: "La conversión de anoche es un desafío para la oración, un reto prodecedente de Dios. ¿Lo aceptamos?" "¿Qué quieres decir?", le preguntó el pastor. "Pues bien", dijo él, "¿debemos señalar al peor de los hombres en la parroquia y orar por él?" Después de haber hablado acerca del asunto, concluyeron que el pecador más empedernido que conocían era el señor K. Todos se pusieron de acuerdo en oración para orar por su salvación, y así lo hicieron diariamente. Al final de la semana, durante un culto de oración celebrado un sábado en la noche, mientras que alguien oraba por este hombre y mencionaba su nombre, la puerta se abrió, y el hombre avanzó tambaleante, en estado de embriaguez. Nunca había entrado al templo. Sin quitarse la gorra, se sentó en una silla y ocultó su rostro entre las manos. Antes de acabarse el culto, Dios le había devuelto la sobriedad al hombre y lo había salvado. Más tarde se convirtió en un obrero cristiano.[4]

¿Hay alguien quien usted anhela que acuda a Cristo y que en el presente rechaza a Dios? ¿Lo anhela usted de tal forma que esté dispuesto a orar, no importa el precio que tenga que pagar, con el fin de que Dios conteste la oración? ¿Tiene usted una o dos personas, o tal vez más, tan unidas en espíritu con usted, que compartan a tal grado la carga, que a usted le sea posible estar de acuerdo en la oración? Cerciórese de que ningún asunto que tenga que ver con la obediencia sea un impedimento. Cerciórese de que lo que lo motiva es la gloria de Dios y no el que se le conozca como aquel que oró y su oración fue contestada. Luego ponga a prueba la promesa de Dios. Allí está, esperando que usted la reclame.

22

La dinámica de la perseverancia

"TAMBIEN LES REFIRIO JESUS una parábola sobre la necesidad de orar siempre, y no desmayar" (Lucas 18:1). Les contó la parábola del juez injusto a quien no le importaba la justicia, pero que estaba tan cansado de que la viuda siguiera acudiendo a él pidiéndole justicia, que finalmente le dijo: "Le haré justicia, no sea que viniendo de continuo, me agote la paciencia" (v. 5). Jesús no enseñó que Dios era como el juez. De ningún modo. Nos enseñó que debíamos ser como la viuda, quien no se dio por vencida hasta que recibió la respuesta que buscaba. Jesús enseña el compromiso y la fe perseverantes.

La dinámica de la perseverancia es esencial en la mayoría de las oraciones prevalecientes. En la autobiografía de Jorge Muller leemos su fórmula para la oración perseverante. "No basta con empezar a orar, ni con orar correctamente; no es suficiente con orar por un tiempo; mas debemos orar con fe y pacientemente, hasta obtener la respuesta".[1]

Cuando usted está seguro de que conoce la voluntad de Dios tocante a un asunto que Dios ha puesto en su corazón, no se dé por vencido hasta que tenga la seguridad de que usted ha prevalecido y de que Dios le ha quitado la carga de oración. Bengel escribió: "Un creyente no debe darse por vencido en la oración hasta que su Padre celestial se lo permita, por darle la respuesta".[2]

Las emociones son útiles en la oración. Oramos óptimamente cuando sentimos profundamente, mas nuestras emociones no deben dirigir nuestro ruego. El desaliento en la oración es por lo general un estado emocional. No indica la voluntad de Dios. Una vez que usted ha discernido las metas espirituales de Dios en las circunstancias suyas y en la vida de aquellos que le rodean, persevere hasta recibir la respuesta de Dios.

DELE TIEMPO A DIOS PARA QUE RESPONDA

Numerosas oraciones Dios las contestó, pero los que las hicieron las abandonaron porque cesaron de orar antes que llegara la respuesta. La oración no contestada no ayuda a nadie. Sin la dinámica de la perseverancia muchas oraciones se quedan sin contestar.

Daniel oró con ayuno hasta que, al cabo de veintiún días, el ángel Gabriel le otorgó la respuesta. El dijo: "Desde el primer día en que te propusiste ... humillarte delante de tu Dios, fueron oídas tus palabras; y a causa de tus palabras he venido" (Daniel 10:12). Mas el ángel le reveló que un príncipe demoníaco se le había opuesto "durante veintiún días" (v. 13). Entonces la respuesta, concedida hacía tres semanas, fue concedida. ¿Qué hubiera sucedido si Daniel hubiese dejado de orar el día veinte? Se hubiera perdido la respuesta que Dios le tenía preparada.

Existen motivos importantes por los que uno debe darle tiempo a Dios:

1. *A veces la resistencia demoníaca demora la respuesta de Dios, hasta que el cielo y usted hayan prevalecido.*

2. *A veces toma tiempo para que las partes complejas de una situación encajen bien.* Dios conoce cuál es el tiempo perfecto para conceder resultados óptimos.

3. *A veces toma tiempo para que Dios coordine las circunstancias, de tal modo que él puede ejercer presión en una persona,* hasta que esa persona esté dispuesta a hacer lo que Dios quiere.

Jorge Muller comenzó a orar por cinco amigos que no eran salvos. Al cabo de cinco años, uno recibió a Cristo. Después de orar por diez años más, otros dos se convirtieron. Una vez Muller afirmó en Chicago: "He orado por dos hombres citando sus nombres, por espacio de treinta y cinco años; en tierra o por mar, enfermo o saludable, los he recordado por nombre ante Dios... Seguiré orando por ellos, por nombre, diariamente, hasta que sean salvos o me muera yo". Al cabo de treinta y cinco años de oración, el cuarto amigo fue salvo. Mueller oró por casi cincuenta y dos años y el último de sus amigos fue salvo poco después de la muerte de Muller.[3]

La madre de Juan Newton fue una mujer muy piadosa. Debido a que padecía de tuberculosis, ella sabía que pronto iba a morir. Diariamente oraba con Juan y por él, y le enseñaba las Escrituras. Cuando él contaba siete años, ella falleció. Ni a su padre ni a su madrastra le interesaban las cosas espirituales. Juan navegó por primera vez a la edad de once años en el barco de su padre. Se convirtió en un malvado, blasfemando de continuo el nombre de Dios. En repetidas ocasiones se escapó de la muerte por un margen muy estrecho.

Newton intentó alejarse todo lo que le fuera posible de cualquier influencia sagrada. Participó en la trata de esclavos y fue empleado de un portugués casado con una africana. En ausencia de su esposo, la malvada mujer encadenó a Juan, lo hizo su esclavo, y lo dejó casi sin alimento y sin ropa. Al cabo de quince meses logró escapar, mas para continuar hundiéndose cada vez más en la borrachera, los pleitos y la blasfemia. A los veintiocho años una seria enfermedad le impidió navegar de nuevo.

Más tarde fue ganado para Cristo y tuvo amistad con Whitefield, Wesley y otros. Comenzó a estudiar griego y hebreo y al cabo de seis años se había convertido en predicador del evangelio. Después se convirtió en el ministro más famoso de Londres. Entre los que él condujo a Cristo, se encuentran Tomás Scott, el comentarista, y Guillermo Wilberforce, quien estuvo a la cabeza de la erradicación de la esclavitud del imperio británico. Sus numerosos himnos siguen siendo una bendición para la iglesia, entre los que se encuentra "Maravillosa Gracia", su himno autobiográfico.

Juan Newton ganó a miles para Cristo, y al morir, cerró el parlamento, cerraron los establecimientos comerciales de Londres, y varios miles siguieron su cadáver hasta el cementerio. Las oraciones de su madre habían prevalecido, a pesar de todos los esfuerzos realizados por Satanás, con el fin de destruir a su hijo e impedir que se convirtiera en instrumento de Dios. Al cabo de veintidós años, durante los cuales estuvo a punto de morir en numerosas ocasiones, las circunstancias individualizadas y providenciales de Dios finalmente le llevaron a Cristo, en respuesta a las oraciones perseverantes de su madre.

Guillermo Carey trabajó y oró durante siete años, antes de poder bautizar al primer creyente en la India. Judson oró, prevaleció y sufrió durante siete años en Birmania, antes de poder ganar a su primer discípulo. Morrison oró y trabajó durante siete años, antes de llevar a Cristo al primer chino. Moffat oró, perseveró y prevaleció durante siete años, antes de que el Espíritu Santo se moviera sobre los bechunanas en Africa. Y Richards laboró y oró durante siete años en el Congo, antes que hallara al primer convertido. Sus oraciones fueron oídas durante todos esos años. Mas tuvieron que perseverar hasta que Dios las contestó.[4]

4. *A veces lleva tiempo para que Dios pode de su vida aquellas cosas que obstaculizan la oración.* Cuando se construye una presa en el valle de una montaña, la construcción puede durar largos meses. Luego el agua empieza a acumularse detrás de la presa, lo cual puede demorarse largos meses y aún años. Mas cuando el nivel del agua llega a la medida esperada, se abren las compuertas, el agua comienza a activar los generadores, y se produce increíble poder.

Quizá lo mismo suceda a veces en el ámbito espiritual. A medida que mayor número de personas se unen en oración, o mientras que la persona que persevera continúa orando, tal parece que una gran masa de oración se acumula, hasta que de pronto hay una respuesta y la voluntad de Dios se cumple. En Apocalipsis 5:8 y 8:3-5, se nos asegura que las oraciones hechas según la voluntad de Dios, nunca se pierden, sino que se almacenan hasta que Dios les da la respuesta. J. Oswald Sanders afirmó: "En la oración existe un efecto acumulativo. La concentración de muchas oraciones en una vida o en una situación pueden convertir la derrota en victoria". Y añade: "Tanto las Escrituras como la experiencia concuerdan para indicar que existe un poder acumulativo en la unión en la oración".[5]

Frank Laubach ha dicho: "La oración es el mayor poder que existe en la tierra. Si suficientes de nosotros orásemos lo bastante, podríamos salvar al mundo: ¡si sólo orásemos lo suficiente!"[6] Dios no ha prometido que el mundo entero habrá de ser salvo mediante la oración, pero no cabe duda de que existen innumerables situaciones que se podrían cambiar mediante la acumulación de oraciones por parte de los perseverantes hijos de Dios.

Una jovencita cristiana era muy amorosa, fiel y también perseverante maestra de escuela dominical. Al enseñar su clase durante cierto tiempo, uno por uno todos los niños le entregaron el corazón a Jesús. Se le pidió que le entregara esa clase a otra persona y que se hiciera cargo de otra. De nuevo, uno por uno, todos los alumnos de su clase consagraron su vida a Cristo. Después de transcurrido un tiempo la persuadieron para que entregara esta clase y se hiciera cargo de una tercera clase de niños. Nuevamente tuvo los mismos resultados, puesto que uno por uno todos los niños se convirtieron.

Ella fue fiel en mantener un diario, y después de su muerte sus amigos descubrieron tres notas en el diario. En primer lugar: "Me he hecho el propósito de orar una vez al día, por cada integrante de mi clase, señalando sus nombres". Una nota posterior agregaba lo siguiente: "Y de agonizar en oración". Más adelante en el diario, decía: "Me he hecho el propósito de orar una vez al día, citando sus nombres, por cada integrante de mi clase, y de agonizar en oración en espera de una bendición".[7]

Fraser, quien fue testigo de las victorias obtenidas en la China como resultado de la oración prevaleciente y perseverante, escribió: "Mientras más prolongada es la preparación, más profunda es la labor.... Yo creo que ninguna labor profunda de Dios echa raíces sin que antes haya habido, en alguna parte, un largo período de preparación".[8]

Siempre hay un misterio en lo relacionado al tiempo en que Dios da sus respuestas. Para nosotros es un misterio por el hecho de que no podemos ver como ve Dios. Si pudiéramos ver de la forma tan abarcante que ve Dios, comprenderíamos lo que Dios quiere decir con "el tiempo adecuado". "No nos cansemos, pues, de hacer bien; porque a su tiempo segaremos, si no desmayamos" (Gálatas 6:9).

Mónica, la madre de Agustín, oró fervientemente día tras día, prevaleciendo en favor de su hijo rebelde y pecador. Le parecía que Agustín era como un hombre dormido, en un bote que se acercaba al borde de una catarata, y que en cualquier momento podía ser lanzado a la muerte. El estaba desperdiciando su mente y su cuerpo, sin mostrar ninguna preocupación espiritual. Mas ella lo seguía con sus oraciones a dondequiera que él iba. Se nos dice que ella "perdía el sueño". Al cabo de veinte años prevaleciendo en la intercesión, Dios salvó a Agustín en forma maravillosa y lo convirtió en uno de los grandes líderes de la iglesia primitiva.

El padre de Juan G. Paton, el renombrado misionero de los Hébridas, era poderoso prevaleciendo en la oración, puesto que noche tras noche en su pequeño hogar en Escocia, intercedía en voz alta por los no creyentes de su aldea y del mundo. La mujer más inmoral y pecadora de la aldea dijo en varias ocasiones que lo único que le impidió suicidarse e ir al infierno fue que a veces, durante las noches de invierno, ella se acercaba cautelosamente hasta la ventana de la casa de Paton, donde podía escuchar al señor Paton intercediendo en oración. Ella le oyó pedirle a Dios que convirtiera "al pecador del error de su conducta impía y que lo puliera como una joya para la corona del Redentor". Ella se dio cuenta de que era una carga en el corazón del señor Paton, y estaba convencida de que Dios no lo iba a decepcionar. Ese pensamiento, afirmó ella, fue lo que la libró del infierno y lo que finalmente la condujo al arrepentimiento y al perdón de sus pecados.[9]

6. *A veces la respuesta se demora en llegar porque Satanás está muy atrincherado.* Jesús enseñó que en algunos casos de posesión demoníaca era necesario orar y ayunar más que en otros. En una ocasión él dijo: "Este género con nada puede salir, sino con oración y ayuno" (Marcos 9:29, muchos manuscritos antiguos añaden "y constantemente"). Si la expresión "este género" se refiere a una clase especial de demonio o a un demonio en un nivel especial de autoridad, o si se refiere a una situación especial, se trata, no obstante, de un llamado a incrementar la oración.

Algunas personas están poseídas por más de un demonio (Mateo 12:43-45). Lucas, el médico, nos habla de un hombre poseído por una legión de demonios (Lucas 8:30). En el ejército romano una legión estaba formada por una cantidad que oscilaba entre los tres mil y los seis mil soldados. No cabe duda de que esta expresión simbolizaba un número muy elevado.

Hay personas espiritualmente sensibles que a veces han estado conscientes de la existencia de mayor oscuridad espiritual y resistencia en determinadas zonas geográficas. Satanás parece estar más atrincherado particularmente en zonas donde ha habido mucha adoración satánica en sus diversas formas, prácticas ocultas o idolatría. A menudo es necesaria la oración prolongada o la acumulación de la oración prevaleciente, antes de que se abra una brecha espiritual en tales lugares.

De igual manera, los misioneros pioneros en diversos países del mundo, han tenido que orar y ministrar sacrificatoriamente durante varios años, antes de ver a la primera persona acudir a Cristo. Satanás no quiere que Cristo se establezca en ningún lugar que él con testarudez reclama para sí.

23

¿Por cuánto tiempo debe usted perseverar?

1. *PERSEVERE EN LA ORACION PREVALECIENTE mientras que Cristo prevalezca.* Usted ha sido escogido para que sea el compañero de oración de Cristo. El le ha sentado a usted en los lugares celestiales a su lado, en su trono. Usted debe unir su reino de gracia intercesora mediante la unión de sus oraciones con las de él. El sigue amando. El continúa anhelando. El sigue intercediendo. No se atreva usted a darse por vencido mientras que El continúa orando. No le falle por cesar de orar mientras que El sigue intercediendo. Hasta donde lo revelan las escrituras, la oración es la obra principal de Cristo en la actualidad. "Si hemos, entonces, de tener comunión con Jesucristo en su obra actual, es necesario que pasemos mucho tiempo en oración; debemos darnos a la tarea de orar de manera intensa, constante, persistente, vencedora y alerta".[1]

2. *Persevere en prevalecer mientras que el Espíritu Santo le conceda el deseo.* Carlos Finney enseñó que mientras uno tenga un deseo que redunde en beneficio de los demás: "es casi seguro que el Espíritu de Dios es el que mantiene despiertos estos deseos, y motivándole a orar con ese objetivo en mente".[2] Una preocupación santa, deseo, o apetito en su corazón, por el bien de otra persona, en particular por la salvación de otros, o un deseo parecido de ver a Dios obrar en una situación particular, es prueba siempre de que

el Espíritu Santo le está transmitiendo el mismo palpitar del corazón de Dios. Usted puede estar convencido de que la voluntad de Dios el Padre es concederle esa petición de acuerdo con la intercesión de Dios el Hijo y con el deseo infinito de Dios el Espíritu Santo. No se desaliente. Siga orando.

3. *Persevere en oración prevaleciente mientras que Satanás siga haciendo resistencia y obstaculizando.* Si el asunto por el que usted ora tiene poca importancia para Satanás, él se dará por vencido con mayor facilidad, con el fin de concentrarse en aquello que para él es de mayor importancia. Pero mientras más estratégica sea para el reino de Dios la contestación a una oración, más luchará Satanás para impedir que usted reciba la respuesta.

Satanás le teme a la oración más que a cualquier otra cosa que usted pueda hacer. La oración prevaleciente es virtualmente la mayor amenaza que ha habido para Satanás desde el calvario. No hay nada que le complazca más que lograr que usted deje de orar o que se dé por vencido en una petición estratégica de oración. No se dé por vencido. Si Satanás está peleando, su perseverancia en la oración vale todo lo que cuesta.

Pablo instó así: "Perseverad en la oración, velando en ella con acción de gracias" (Colosenses 4:2). Martín Lutero dijo: "Orar diligentemente es más de la mitad de la labor".[3] Mas la mitad de una respuesta no constituye una respuesta. Debemos orar hasta obtenerla.

PERSEVERAR HASTA OBTENER RESPUESTA

No se dé por vencido en el mismo momento en que la respuesta de Dios se aproxima, en el mismo instante en que los ángeles están a punto de concederle la respuesta por la que usted ha orado. Por el contrario, en este momento su oración debe ser más intensa aún. ¿Cuál es la diferencia entre Lutero, Knox, Wesley, Finney, Edwards, Brainerd, Praying Hyde, y un sinnúmero de creyentes que prevalecieron, y tantos que en la actualidad oran indiferentemente? Estos hijos de Dios se negaron a darse por vencidos hasta que llegara la respuesta de Dios. Spurgeon dijo: "Nos guste o no nos guste, la petición es la ley del reino".[4]

¿Por cuánto tiempo iban a quedarse los discípulos en Jerusalén? "Hasta que seáis investidos de poder desde lo alto" (Lucas 24:49). ¿Por cuánto tiempo mantuvo Moisés sus manos en alto? Hasta que Amelec fue totalmente derrotado (Exodo 17:13). ¿Por cuánto tiempo mantuvo en alto Josué su lanza en dirección de Hai, mientras que el ejército atacaba? Hasta que Jericó fue destruida (Josué 8:26). ¿Por cuánto tiempo permaneció Elías prevaleciendo en oración, al cabo de los tres años de sequía? Hasta que se formaron nubes de lluvia en el cielo (1 Reyes 18:44). ¿Por cuánto tiempo oró Jesús en Getsemaní? Hasta que Satanás fue derrotado. ¿Por cuánto tiempo continuaron en oración en el Aposento Alto? Hasta que el Espíritu Santo hubo venido sobre ellos. No importa cuál sea nuestra petición de oración, si Dios nos ha guiado a que oremos por una necesidad que creemos que es la voluntad de Dios, ¿por cuánto tiempo debemos orar? ¡Hasta que llegue la respuesta!

PREVALECER EN ORACION REQUIERE TIEMPO

El prevalecer en oración hasta que Dios conteste requiere la inversión de tiempo. Cualquier respuesta por la que valga la pena prevalecer en oración, vale la pena que invierta todo el tiempo que se pueda invertir en la obtención de la misma. Puede requerir tiempo dedicado a la oración en repetidas ocasiones, en tanto que esto sea un asunto prioritario en su corazón, de tal manera que usted repita esta petición especial cada vez que tenga tiempo libre.

La oración perseverante toma tiempo. Alexander Whyte dijo: "La oración que merece el nombre de oración, la oración a la que Dios llama verdadera oración y que trata como tal, toma mucho más tiempo medido por el reloj que lo que uno de cada mil se puede imaginar".[5]

Bounds agrega: "La oración que se siente como una poderosa fuerza es el resultado mediato o inmediato del cuantioso tiempo que se ha pasado con Dios. Nuestras oraciones cortas le deben su agudeza y su eficiencia a las oraciones largas que le han precedido. La oración prevaleciente de corta duración no puede provenir de aquel que no ha prevalecido largamente en una lucha más poderosa.[6]

Samuel Chadwick enfatizó lo siguiente: "Orar como Dios quisiera que orásemos es el mayor logro del mundo. Una vida así cuesta. Toma tiempo".[7]

Cuando Jesús dijo: "Dad ... a Dios lo que es de Dios" (Mateo 22:21), no cabe duda de que incluyó una parte considerable de nuestro tiempo que debíamos dedicarle a Dios. El día del Señor le pertenece a Dios, y se trata de un día magnífico para pasarlo prevaleciendo en la oración en favor de la iglesia, de la comunidad, de nuestros seres queridos, de nuestros amigos incrédulos, y de la obra de Dios en el campo misionero. ¿Cuánto tiempo promedia usted a solas con Jesús en su día?

A menudo permitimos que lo bueno nos prive de lo mejor. Nuestros días están tan repletos de actividades que no tenemos tiempo de abarcarlas todas adecuadamente con oración. Es probable que si celebráramos la mitad de las actividades que celebramos, pero nos preparásemos para cada una de ellas mediante horas de oración por nuestra gente, veríamos muchos mayores resultados. Hasta permitimos que la televisión, el periódico, y las conversaciones sociales y casi insignificantes, nos quiten tiempo en el día del Señor. No lo convertimos en un día de oración. Es probable que resulte de mayor provecho espiritual para usted en el presente —y también para aquellos por quienes usted ora, en la eternidad— si viera uno o dos programas menos de televisión cristiana el domingo o cualquier otro día, y empleara ese tiempo para la intercesión.

Permítame instarle a que aparte un período de horas durante el día del Señor, con el fin de prevalecer en favor de sus prioridades en la oración. Quizá Dios le guíe con frecuencia a ayunar durante una comida o más, con el fin de tener más tiempo y prevalecer con mayor intensidad. Si de veras queremos tomar en serio el prevalecer, hay manera de hallar tiempo. Mas la persona que no está dispuesta a sacrificar algunas cosas buenas con tal de tener tiempo para prevalecer en oración con Dios, no debe esperar grandes respuestas de El.

E. M. Bounds enseñó: "Dios no otorga sus dones a los que acuden a El ocasionalmente o de prisa. Pasar mucho tiempo con Dios es el secreto para conocerle y para tener en El influencia".[8]

Jacob oró toda la noche cuando prevaleció en oración. Elías oró siete veces consecutivas antes de haber prevalecido en favor de la lluvia, en presencia de un cielo completamente despejado. Daniel, un ocupado ministro de estado en la capital del imperio persa, se vio obligado a planificar su tiempo con el fin de irse a su casa y orar tres veces al día. David, aunque era el rey, oraba mañana, tarde y noche.

No sabemos por cuánto tiempo prevalecían en oración estos santos de la Biblia. Desconocemos por cuánto tiempo oró nuestro Señor cuando se levantó temprano en la mañana con el fin de estar a solas con el Padre. Tal parece que pasó unas tres horas en Getsemaní el día en que lo arrestaron. Mas se piensa que él había acudido a este lugar noche tras noche, a pasar tiempo en oración (Lucas 22:39). El oró por nuestro mundo, porque lo amaba. El continúa orando hoy porque todavía nos ama a nosotros y también a nuestro mundo.

No podemos amar de veras a nuestros amigos incrédulos si no estamos dispuestos a pagar el precio de prevalecer en oración en favor de ellos. El "Cristiano Desconocido", quien fue de bendición para muchos durante las primeras décadas del presente siglo, escribió: "Lo increíble es que...nos podamos siquiera levantar de nuestras rodillas si nos damos cuenta de nuestra propia necesidad, de las necesidades de nuestro hogar y de nuestros seres queridos; de las necesidades de nuestro pastor y de la iglesia, de las necesidades de nuestra ciudad —de nuestro país—, de los paganos y del mundo musulmán".[9]

PROGRAME EL TIEMPO DE ORACION

Jamás tendremos suficiente tiempo para prevalecer en oración si a propósito no lo programamos. Nuestros días se abarrotarán tanto como nosotros lo permitamos. El tiempo que le concedamos a la oración programándola deliberadamente demostrará el valor que le asignamos a la oración. Esta es la forma de medir el amor que le tenemos a aquellos por quienes oramos. Es esta la forma de medir —quizás por excelencia— el amor que le tenemos a Jesús. Es fácil cantar acerca del amor de Jesús para luego no apartar tiempo para tener comunión con él y compartir la carga, con lágrimas, en la intercesión.

Claro está que uno no se enfrasca en la oración prevaleciente por un número considerable de peticiones a la vez. Por lo general, usted buscará prevalecer por una petición principal, o como máximo por dos o tres. Usted puede tener diversos asuntos en su lista de oración y puede ser que lleve una carga permanente en su corazón por diversos asuntos. Mas la auténtica oración prevaleciente se concentra en una o dos prioridades a la vez, orando por las mismas hasta obtener la victoria. No es necesario que usted descuide las peticiones que hace de continuo para poder prevalecer de manera especial, por una o varias necesidades urgentes.

Así como la oración debiera ser una prioridad importante en su vida, también en la oración prevaleciente usted debe buscar la dirección del Espíritu en cuanto a lo que deben ser sus prioridades en el tiempo que se emplea en prevalecer. Por lo general, cuando el Espíritu le encamina hacia una prioridad, usted debe concentrarse principalmente en la misma, hasta estar convencido de que se ha prevalecido y que se tiene la seguridad del Espíritu de que Dios le ha concedido lo que ha pedido en oración. Muchos hablan de este experiencia como "orar hasta la saciedad".

PERSEVERE HASTA "COMPLETAR LA ORACION PLENAMENTE"

Durante los años que asistí a la universidad uno de mis compañeros de estudio se hallaba testificando en una zona baja, en una noche fría. Mientras que le testificaba a un borracho afuera de una taberna, el hombre dijo: "Claro que sí, es muy fácil que tú te pares ahí, con tu cálido abrigo, a hablarme acerca de Jesús. ¿Qué ha hecho Jesús por mí jamás?" Al instante el estudiante se quitó el cálido sobretodo y se lo puso al tiritante y desabrigado borracho.

Cuando regresó a la universidad oró hasta la saciedad por otro abrigo. El dio testimonio a los demás estudiantes de que Dios le había dado otro abrigo. Durante varios días, sin embargo, estuvo sin un sobretodo, mas siempre estaba alegre. Entonces Dios le concedió un nuevo abrigo, por lo que alabó a Dios delante de todos nosotros. Mas agregó: "Yo estaba ya usando el abrigo (por fe) hacía varios días, antes que, en efecto, lo recibiera".

Algunos padres han orado hasta la saciedad por un hijo descarriado, y se han gozado en la contestación de Dios a la oración por algún tiempo, antes de que su hijo o hija, realmente, entregara su vida al Señor. Pudieron regocijarse en la seguridad de la oración contestada antes de tener ninguna prueba visible de la misma. Es más, a menudo el hijo parecía ser más rebelde todavía y estar más descarriado, antes de que llegara la respuesta visible a la oración.

Carlos Blanchard, quien fuera presidente de Wheaton College durante cuarenta y tres años, compartió el siguiente testimonio, el cual oyó personalmente y más tarde pudo comprobar.

"Amigos, hace alrededor de dos años y medio o tres, me encontraba en el hospital en Filadelfia. Yo era ingeniero del ferrocarril de Pensilvania, y a pesar de que tenía una esposa que oraba, había sido un hombre pecador durante toda mi vida. En esta ocasión estaba muy enfermo. Bajé tanto de peso que llegué a pesar menos de cien libras.

"Finalmente, el médico que me atendía le dijo a mi esposa que yo estaba muerto, mas ella afirmó: 'No, él no está muerto. No lo puede estar. Yo he orado por él durante veintisiete años y Dios me ha prometido que lo salvaría. ¿Cree usted que Dios lo dejaría morir ahora, después que yo he orado durante veintisiete años, y de lo que Dios me ha prometido si aún él no es salvo?' 'Bueno', respondió el médico, 'yo de eso no sé nada, pero sí sé que él está muerto'. Y le cerraron la cortina, la cual se utiliza en el hospital para separar a los vivos de los muertos.

"Para satisfacer a mi esposa, trajeron a otros médicos. Y uno tras otro, hasta que hubo siete alrededor de la cama, confirmaron, al terminar de examinarme, las palabras del que les precedió. Los siete médicos afirmaron que yo estaba muerto. Mientras tanto, mi esposa estaba de rodillas junto a mi cama, negando que yo estuviera muerto, que si lo estaba, Dios me devolvería la vida, porque él había prometido que habría de ser salvo, y ese instante no lo era. Las rodillas empezaron a dolerle, producto de la dureza del piso del hospital. Ella le pidió una almohada a la enfermera. La enfermera se la trajo y ella se arrodilló sobre la misma.

"Pasaron una, dos, tres horas. La cortina seguía corrida alrededor del lecho. Yo yacía inmóvil, supuestamente muerto. Pasaron cuatro, cinco, seis, siete, trece horas, y todo este tiempo mi esposa seguía arrodillada junto a la cama. Y cuando la gente la requería y deseaba que saliera de allí, ella respondía: 'No, él tiene que ser salvo. Dios lo levantará si es que está muerto. El no está muerto. No puede morir hasta que sea salvo'.

"Al cabo de trece horas yo abrí los ojos, y ella dijo: '¿Qué deseabas, querido?', y yo le contesté: 'Quiero irme a casa'. Ella me dijo: 'Irás a casa'. Mas cuando ella se lo propuso a los médicos, levantaron las manos horrorizados. Dijeron: 'Eso lo mataría. Sería un suicidio'. Ella respondió: 'Ustedes han tenido su oportunidad, y dijeron que estaba muerto. Me lo voy a llevar a casa'.

Ahora peso unos 120 kilos. Todavía soy conductor de un tren rápido en el Ferrocarril de Pensilvania. He visitado Minneapolis en un corto viaje de vacaciones, para decirle a los hombres lo que Jesús puede hacer. Y me siento complacido de poderles decir lo que Jesús puede hacer".[10]

24

La voluntad de Dios y la oración prevaleciente

UNO DE LOS SECRETOS DE la oración prevaleciente es la seguridad interior de que estamos orando según la voluntad de Dios. El Espíritu Santo es nuestro Consejero, enviado por el Padre y dado por Cristo. El vocablo griego *parakletos*, utilizado repetidas veces por Jesús para referirse al Espíritu Santo (Juan 14:15, 26; 16:7), está repleto de significado. Se le traduce como Consolador, Ayudador o Consejero.

El es nuestro consejero en todos los aspectos de la vida. El es de manera especial nuestro Consejero-Ayudador en la oración (Romanos 8:26-27). El Espíritu siempre ora según la voluntad de Dios. El jamás le guiará a usted ni le concederá el poder para orar, en contra de la voluntad del Padre.

Cuando conocemos la voluntad de Dios respecto al asunto por el cual oramos, nos da una confianza y una fortaleza formidables para prevalecer en oración. Dios se regocija cuando unimos nuestra voluntad con la suya en oración prevaleciente. Esto es lo que de hecho pedimos cuando oramos empleando el Padre Nuestro: "Hágase tu voluntad... en la tierra".

¿Qué pasos nos dan seguridad de que estamos orando en armonía con la voluntad de Dios?

La voluntad de Dios y la oración prevaleciente

1. *Ríndase totalmente, por el resto de su vida, a la voluntad de Dios.* Esta postura implica un acto concreto de entrega absoluta de todo el ser: su condición de persona, sus ambiciones, sus deseos; sus posesiones, su presente y su futuro. Haga que el compromiso sea tan completo y permanente, que de ahora en adelante sólo tenga que reafirmar la completa consagración que ya ha hecho.

¿Puede Dios hacer con usted lo que a El le plazca? ¿Puede El cambiar sus planes, sus metas y sus ambiciones? ¿Puede El anular sus planes sin darle a usted explicaciones? ¿Puede El trasladarlo de una situación a la otra sin que usted pueda protestar? ¿Está la voluntad suya tan rendida a Dios que El le puede pedir lo que El quiera? Si usted puede responder afirmativamente a todas las preguntas anteriores, entonces usted, empleando las palabras de Bengel: "Es propiedad del Señor". Esto es lo que Bengel se denominaba a él mismo.[1]

McConkey dice lo siguiente: "Para conocer la voluntad de Dios es necesario querer la voluntad de Dios. La voluntad propia es la más densa y segura cortina que hace separación entre nosotros y el conocimiento de la voluntad de Dios... Nos sorprenderemos... al descubrir cuánto de nuestra vida de oración es un esfuerzo por lograr que Dios apruebe y lleve a cabo nuestra propia voluntad, en vez de ser una petición que armonice con su voluntad".[2]

Algunas personas no recibirán lo mejor de Dios a lo largo de gran parte de sus vidas, por haber fallado en hacer y mantener una entrega completa. Dios prefiere que nosotros nos rijamos por su primer plan. Mas si persistimos en que se haga nuestra propia voluntad, se presentará una situación tras otra en las que Dios habrá de darnos bendiciones secundarias. Mientras menos entregados estemos, menos capaces seremos de prevalecer en oración.

2. *Manténgase activo en su entrega diaria.* Una vez que usted se ha entregado completamente, no se resigne pasivamente a lo que Dios pueda hacer que ocurra. Trate activamente de descubrir su voluntad y de aprobarla en cada situación. Cuando usted pide: "Hágase tu voluntad... en la tierra" (Mateo 6:10), se compromete a procurar que se haga la voluntad de Dios, de tal forma que la voluntad de usted se una a la de él. Después de habernos consagrado completamente no nos convertimos en seres débiles e indiferentes. Participamos activamente en el cumplimiento en la tierra de la voluntad de Dios. Aférrese ansiosamente de la voluntad de Dios. Entréguese deseoso a la voluntad de Dios en usted, y de igual

manera ríndase al cumplimiento de su voluntad por medio de usted. La voluntad de Dios no se cumple automáticamente mediante una persona consagrada. El cumplimiento y la ratificación de la voluntad de Dios debe convertirse en la pasión de su alma.

3. *Manténgase a la expectativa en cuanto a la voluntad manifiesta de Dios para su vida de oración.* Cuando usted vive dentro de la esfera de la voluntad de Dios, puede esperar que el Espíritu le revele paso a paso los actos de obediencia que El desea de usted y las peticiones que desea hacer por mediación suya. Harry Jessop dice: "La voluntad de Dios es una esfera que tiene límites claros entre los que habitan conscientemente las almas".[3] Dios quiere que entendamos cuál es esa voluntad (Efesios 5:17). "Para que comprobéis cuál sea la buena voluntad de Dios, agradable y perfecta" (Romanos 12:2).

Samuel Chadwick escribió: "Los más humildes seguidores de Jesús puede que conozcan la Divina Voluntad de primera mano. El privilegio de cada hombre es tener completa seguridad en la voluntad de Dios.... Acuda directamente a Dios. No moleste a otra gente. Traiga ante El toda pregunta y El le aclarará cuál es su voluntad. Cuando Dios habla sus palabras se entienden con facilidad".[4]

4. *Convierta las prioridades de Dios en sus prioridades de oración.* Día tras día Dios tiene la mejor opción para cada situación y para cada vida. A medida que Dios le muestre las oraciones que El quiere que usted haga, confíe en la dirección del Espíritu para que éste le conduzca a las prioridades urgentes y especiales en momentos de necesidad. Usted no sabe quién necesita su oración o por cuál necesidad quiere Dios que usted ore con mayor premura en un momento determinado.

Viva en una comunión ininterrumpida con el Señor. Hágase el hábito de prestarle atención. Cada vez que El le muestre a una persona, una situación o una necesidad en forma vívida, conviértala en prioridad de oración mientras que Dios mantenga esa preocupación en su corazón. Si es posible, busque momentos libres y un lugar apartado donde pueda orar por esta prioridad. A usted le hace falta conocer los pormenores: sólo obedezca la dirección del Espíritu para orar en el momento en que El le haga ver la necesidad en su mente de manera vívida.

S. D. Gordon escribió: "El Espíritu... es el Maestro de la oración. El conoce la voluntad de Dios a la perfección. El sabe por qué cosas debemos orar ante todo en cada circunstancia. Y El habita en usted y en mí. El está presente como el Espíritu de la oración. El nos insta a orar. El nos llama a que nos apartemos a un sitio tranquilo para que nos pongamos de rodillas... Dios, que nos escucha desde lo alto, se da cuenta de que sus propósitos y sus planes se repiten, por medio del Espíritu, en el hombre que se encuentra aquí en la tierra".[5]

5. *Por medio de la oración cumpla deliberadamente la voluntad de Dios.* Ahora que usted conoce la voluntad de Dios sobre sus motivos de oración, debe dedicar, a propósito, todo su ser, incluso su voluntad, a insistir en la oración. Atrévase a orar combativamente respecto a la situación: "¡Hágase tu voluntad!"

No se someta mansamente a las demoras de Satanás, ni a sus diabólicas maquinaciones en contra de la voluntad de Dios. Aférrese al poder de Dios con valor y hágale resistencia a Satanás (Santiago 4:7). Asiente sus pies sobre las promesas de Dios y párese firme sobre las mismas. Decida mantenerse firme de parte de Dios. Avance con Dios en contra de Satanás. Póngase a la ofensiva con Cristo en la oración.

"El espera que en nuestro ministerio haya el deseo de hacer la voluntad de Dios, con el fin de que le concedamos la libertad de obrar conforme a esa voluntad. Y aunque sabemos que todo aspecto de la oración depende de Dios, El quiere hacernos ver que todo depende también de nosotros".[6]

El pastor Johann Blumhardt, utilizado poderosamente en la oración para la sanidad de los enfermos y en echar fuera demonios, hace ya más de un siglo en Alemania, sabía que el poder que tenía para realizar este ministerio estaba relacionado con el orar según la voluntad de Dios. En sus primeros años, a menudo pasaba horas enteras orando, antes de saber si era o no la voluntad de Dios que fuera sanada una persona en particular, por quien se había pedido oración. Mas él testificó que "al cabo de dos años aproximadamente había llegado a familiarizarse tanto con la voz interior de Dios, que a menudo apenas había alzado su corazón al Señor en comunión, el parecer de Dios acerca de ese asunto se le revelaba claramente".[7]

Nunca insista en salirse con las suyas o con lo que otros desean. Una madre insistió en que Dios sanara a su niño moribundo. Parecía que Dios le decía: "¿Estás segura de que lo mejor para tu hijo es que viva?" Ella respondió: "¡Yo quiero que viva, sea o no lo mejor para él". El niño vivió, pero la madre llegó a verlo ahorcado por ser un criminal.[8]

Un obispo anglicano le pidió al doctor Goodell, por medio de un telegrama, que orara por la sanidad de su hijo, quien se estaba muriendo. Al cabo de unos días llegó un segundo telegrama, en el que se pedía que se orara con más ahínco. El doctor Goodell oró intensamente, mas no oyó noticias de los resultados. Después de varios años se encontró con el obispo y le preguntó que cómo estaba su hijo. "Me temo que cometí un error al insistir. Hubiera sido mejor que el Señor se lo hubiera llevado en aquel momento. Ahora ya es un hombre, y qué angustia me causa verlo vivir en pecado y maldad".[9]

25

La dinámica de la alabanza

DIOS HA PREDESTINADO que nuestra vida cristiana le traiga alabanza y gloria a él (Efesios 1:5-6). Debemos ser para alabanza suya ahora y por la eternidad (v.14). Por lo tanto, nuestros labios y nuestro estilo de vida deben alabar a Dios constantemente. Dios se goza en nuestra alabanza. Debemos iniciar nuestra adoración con alabanza (Salmo 100:4; Isaías 60:18). Debemos alabarle con nuestras voces (Salmo 34:1), con cántico (147:1), y con música (150:3). Debemos estar revestidos de alabanza (Isaías 61:3), y nuestras vidas mismas deben ser una alabanza a Dios (1 Pedro 2:9).

¿Qué tiene que ver la alabanza con la oración prevaleciente? La alabanza nos prepara para poder prevalecer en oración y es en sí un medio santo de prevalecer durante el tiempo de oración.

1. *La alabanza hace que el corazón se concentre en Dios.* La alabanza alza nuestros corazones a Dios en adoración, culto y amor. El hecho más importante de prevalecer en oración es que ésta se dirige a Dios. Para que nuestras oraciones valgan la pena debemos tener suprema conciencia de Dios. El problema o la necesidad por la que oramos puede ser abrumadora, mas debemos ver a Dios más grande que nuestros propios problemas, capaz de satisfacer todas nuestras necesidades. La alabanza hace que todo nuestro ser se concentre en Dios.

Hallesby escribe: "Cuando doy gracias, mis pensamientos aún giran alrededor de mi persona, mas en la alabanza mi alma asciende a la adoración que hace que uno se olvide de uno mismo, de tal forma que sólo se ve y se alaba la majestad y el poder de Dios, su gracia y su redención".[1]

2. *La alabanza limpia nuestro corazón de preocupaciones, de temores y de pensamientos puramente terrenales.* Es necesario que entremos en la presencia de Dios y que le cerremos la puerta al mundo exterior. Para poder prevalecer con efectividad es necesario que nos olvidemos de nuestros deberes, de nuestras actividades, de las cosas en que estamos envueltos y de las que nos importan. La alabanza cierra la cortina ante todas las cosas externas. La oración cierra la puerta a las ideas impertinentes, a nuestro pensar cotidiano y a las sugerencias satánicas. Lo encierra a usted con Dios y sus ángeles.

3. *La alabanza engendra fe y la aumenta.* Mientras más alabe usted a Dios, más consciente de Dios se hará y más absorto estará en su sabiduría, su fidelidad y su amor. La alabanza le hace recordar todo lo que Dios puede hacer y lo que ya ha hecho. La fe viene mediante la palabra de Dios y por medio de la alabanza. La fe aumenta a medida que usted alaba al Señor.

La alabanza le proporciona el espíritu del triunfo y la conquista. La alabanza lo enciende con celo santo. Lo alza por encima de las batallas para ver según la perspectiva del trono de Dios. La alabanza reduce las filas del enemigo. "Si Dios es por nosotros, ¿quién contra nosotros?" (Romanos 8:31). ¿Qué podrá hacer el hombre cuando Dios está de su parte? (Salmo 118:6; Hebreos 13:6). Las huestes angélicas de Dios que nos acompañan son más numerosas que todos los que nos hacen resistencia (2 Reyes 6:16).

Augusto H. Francke, ministro luterano que vivió alrededor del siglo dieciocho, quien fue fundador de los orfelinatos de Halle, Alemania, cuenta de una ocasión en que le hacía falta una suma considerable de dinero. El tesorero acudió a él a pedirle el dinero. Francke le dijo que viniera después de almuerzo, mientras que él oraba intensamente. Después de almuerzo el tesorero volvió en busca del dinero y Francke le pidió que regresara en la noche. Mientras tanto, un amigo de Francke vino a verlo. Los dos oraron juntos. Cuando Francke comenzó a orar, Dios le hizo recordar todas sus bondades en favor de la humanidad, hasta remontarse a la misma creación. Francke alabó a Dios repetidas veces por sus bondades y por su fidelidad a lo largo de los siglos, mas no se sintió con libertad de mencionar su imperiosa necesidad. Cuando el amigo se marchaba, Francke le acompañó hasta la puerta. Y allí se encontró con el tesorero, que esperaba recibir el dinero, y a su lado estaba un hombre que luego le entregó una cuantiosa suma de dinero a Francke, con la que pudo satisfacer plenamente la necesidad.[2]

4. *La alabanza invoca la presencia, el poder y los ejércitos de Dios.* Dios manifiesta su presencia en medio de su alabanza. Dios está entronizado entre sus criaturas que le alaban. La alabanza parece llamar a Dios de manera especial a que obre en medio de su pueblo, puesto que invoca la manifestación y el uso de su omnipotente poder. No hay nada que nos una más con los ángeles de Dios que alabarle a El, y quizá nuestra adoración y alabanza militante los une a ellos en nuestro esfuerzo y en la contestación de nuestras oraciones. Los ángeles nos ministran constantemente (Hebreos 1:14), pero seguramente jamás lo hacen como cuando prevalecemos en oración, como lo hicieron en el caso de Jesús en Getsemaní.

Huegel cuenta de un pastor que anhelaba que se produjera un nuevo avivamiento en su iglesia. El convocó a que se tuviera una semana de reuniones solamente. Al principio la gente no comprendía y le seguía pidiendo cosas a Dios. Mas el pastor les explicó que lo único que quería era que alabaran a Dios. El miércoles el culto comenzó a cambiar. El jueves hubo mucha alabanza, y el viernes hubo más todavía. El domingo "había llegado el amanecer de un nuevo día. Fue un domingo como la iglesia jamás había presenciado. Se produjo un genuino avivamiento. La gloria de Dios inundó el templo. Los creyentes volvieron a su primer amor. Los corazones se derritieron.... Fue algo maravilloso. La alabanza era lo que lo había logrado".[3]

5. *La alabanza confunde, aterroriza, cohibe y disminuye a Satanás.* La alabanza derrota los poderes de las tinieblas, dispersa a los demonios que se oponen y frustra las estrategias de Satanás. La alabanza le arrebata de las manos la iniciativa a Satanás. Constituye un medio formidable para hacerle resistencia a Satanás y para lograr que huya. Un creyente lleno del Espíritu, ungido y lleno de poder, puede tomar por asalto, mediante la alabanza, las fortalezas

de Satanás. Ezequías, Isaías y el Israel de sus días no son los únicos que han derrotado al enemigo por medio de la oración.

Durante mi labor misionera en la India, los estudiantes y los miembros del cuerpo docente de la escuela de señoritas de otra sociedad estaban orando y ayunando por la liberación de una estudiante poseída por un demonio. Me pidieron que hiciera algo, pero me sentí muy impotente. Mientras oraba, sentí que debía acercarme a la muchacha, que estaba semiinconsciente, y a quien varios adultos tenían sujeta para poder controlar sus sacudidas y tirones.

Le dije al oído: "Jai Masih Ki" (victoria a Cristo), la forma idiomática de decir "Gloria a Dios" en su idioma. Al decirle lo anterior al oído, comenzó a responder, como si pudiera oír lo que yo le decía. Luego luchó por controlar su boca trabada. Mas cuando pudo abrirla, repitió: "Jai Masih Ki". Y fue liberada al instante. La oración y el ayuno casi seguro que ayudaron a preparar el camino, mas fue la alabanza el arma que empleó el Espíritu para liberarla.

Huegel, un misionero en México de mucha experiencia, ha dicho que a menudo, cuando la oración no consigue la respuesta, el añadirle la alabanza resulta en victoria. El afirma: "Hay un poder en la alabanza que no tiene la oración. Por supuesto, la distinción que se hace entre las dos es artificial... La mayor expresión de la fe no es la oración en su forma habitual de petición, sino la oración en su expresión más sublime de alabanza".[4]

26

Niveles de intensidad en la oración que prevalece

LAS ESCRITURAS NOS MUESTRAN VARIOS NIVELES de intensidad en la oración que prevalece. Con el fin de ayudarle a prevalecer, el Espíritu Santo puede guiarle a emplear cualquiera de estos niveles de intensidad. Algunas oraciones prevalecientes son muy breves. Gracias a Dios que a menudo prevalecemos en sólo unos momentos de intercesión. Estos momentos no se pueden predecir necesariamente. En muchas emergencias, cuando hemos estado viviendo la vida de un intercesor, podremos hacer la oración de fe en un momento de necesidad o en un corto espacio de tiempo que tengamos disponible.

También debemos dar gracias a Dios que cuando existen necesidades que requieren la oración unida de compañeros en la oración, de la iglesia o aun de grupos mayores, el Espíritu Santo le puede conducir a dar los pasos necesarios. De igual manera, cuando una necesidad no es satisfecha sólo por pedir, el Espíritu puede dirigirle, paso a paso, a adentrarse en formas muy intensas de oración.

PRIMER NIVEL: PEDIR

La petición es la forma más sencilla y fundamental de oración. Un nuevo creyente, un niño pequeño, una persona gravemente enferma; cualquiera puede pedir. La intercesión y la oración que prevalece comienza con la petición. Dios siempre escucha cuando nosotros pedimos. El mismo Jesús nos ordenó que pidiéramos y nos aseguró que nuestras peticiones serían oídas. "Y todo lo que pidiereis en oración, creyendo, lo recibiréis" (Mateo 21:22). Dios le da el Espíritu Santo a los que se lo piden (Lucas 11:13). "Y todo lo que pidiereis al Padre en mi nombre, lo haré, ... Si algo pidiereis en mi nombre, yo lo haré" (Juan 14:13-14). "Si permanecéis en mí, y mis palabras permanecen en vosotros, pedid todo lo que queréis, y os será hecho" (15:7).

Esta confianza no nos sorprende, por el hecho de que Jesús nos aseguró que Dios, nuestro Padre, sabe lo que necesitamos, aun antes de que se lo pidamos (Mateo 6:8). Mucho más de lo que cualquier padre humano pueda hacer en favor de sus hijos, nuestro Padre celestial puede dar y dará buenas dádivas si se lo pedimos (7:9-11).

La petición es el primer nivel donde comienzan la mayoría de las intercesiones. Pedimos cuando buscamos y cuando llamamos. Pedimos cuando nos ponemos de acuerdo en la oración (Mateo 18:19). Pedimos cuando intensificamos nuestra intercesión por medio del ayuno. Pedimos cuando llevamos una carga de oración, cuando luchamos en oración, y cuando nos enfrascamos en la batalla de la oración. Siempre es el momento propicio para pedirle a Dios, pues a él le encanta que le pidan.

Abraham le pidió un hijo a Dios, un heredero (Génesis 15:2). Moisés le pidió a Dios que sanara a María de la lepra (Números 12:13). Nehemías hizo breves y repetidas peticiones y Dios le contestó (Nehemías 1:4; 4:9). Elías, en el Monte Carmelo, sólo acababa de pedirle a Dios que enviara fuego, y Dios lo hizo al momento (1 Reyes 18:36-38). Ezequías le pidió a Dios que sanara a su pueblo, y Dios lo hizo (2 Crónicas 30:18-20). Pedro y Juan pidieron que los creyentes samaritanos fueran llenos del Espíritu Santo, y Dios contestó (Hechos 8:15-17).

Dios puede guiarle a pedir cosas que a usted no se le han ocurrido. Amy Carmichael fue una misionera en la India a quien Dios usó grandemente en la oración y en la fe. Dios a veces la guiaba a pedir cosas que no eran necesidades urgentes. Mas cuando ella pedía, Dios contestaba, y estas cosas llegaron a ser de gran valor en su ministerio. Dios sabe qué cosas necesitamos, aun antes de que se las pidamos (Mateo 6:8).

Gracias a Dios, a menudo podemos prevalecer sólo con pedir. Siempre podemos reclamar las promesas dadas a aquellos que piden. La petición es el fundamento de toda oración que prevalece.

SEGUNDO NIVEL: BUSCAR

Buscar es una forma más intensa de oración que la petición. Buscar significa mayor intensidad, perseverancia y a menudo hambre y deseo intensos. Muchas oraciones se hacen según la voluntad de Dios, mas no reciben contestación inmediata. Quizá si se pide varias veces podemos hacer que la necesidad se convierta en una prioridad. Nos convencemos de tal forma de que la respuesta es importante para el reino de Dios, que estamos dispuestos a entregarnos con mayor ahínco a la intercesión. Al estar convencidos de que pedimos según la voluntad de Dios, nuestras peticiones ahora se intensifican hacia la búsqueda.

Buscar es la oración que está dispuesta a perseverar en la intercesión, hasta que se reciba la respuesta. Investiga todos los posibles motivos por los cuales la respuesta a la oración puede haber sido impedida. ¿Hay algún impedimento en mi vida que obstaculiza la respuesta? ¿He entendido cuál es la voluntad de Dios en el asunto? ¿Es mi fe lo que debe ser? ¿Hay algún paso de obediencia que debía dar para acelerar la llegada de la respuesta? Buscar, a menudo, incluye el examen del corazón.

Buscar puede incluir intenso deseo del corazón, deseos que arden en el alma como una llama, un corazón que clama a Dios en llanto. Dios dijo por medio de Jeremías: "Y me buscaréis y me hallaréis, porque me buscaréis de todo vuestro corazón" (Jeremías 29:13). Moisés le había dado a Israel la misma seguridad: "Lo hallarás, si lo buscares de todo tu corazón y de toda tu alma" (Deuteronomio 4:29). Y el salmista agrega: "Bienaventurados los que... con todo el corazón le buscan" (Salmo 119:2).

Los que toman en serio la intercesión con gusto intensificarán las peticiones y las convertirán en búsqueda, cuando esto sea necesario. Ellos saben que como resultado de su búsqueda de la respuesta de Dios, mientras esperan en él, sus propias fuerzas se renovará y andarán más cerca de Dios. Sus corazones concuerdan con David, que dijo: "Cuando dijiste: Buscad mi rostro, mi corazón te respondió: Tu rostro, Señor, buscaré" (Salmo 27:8) (BLA). Sus corazones hacen lo que mencionó David en el versículo 14: "Espera al Señor, esfuérzate y aliéntese tu corazón. Sí, espera al Señor". David se daba cuenta de que a veces era necesario prolongar la oración, por eso dijo: "Confía callado en el Señor y espérale con paciencia" (37:7) (BLA).

La búsqueda de David en oración se menciona de continuo en los Salmos. ¿Puede usted sentir el clamor de su corazón, al decir: "Dios, Dios mío eres tú; de madrugada te buscaré; mi alma tiene sed de ti, mi carne te anhela... Porque has sido mi socorro.... Está mi alma apegada a ti" (Salmo 63:1, 7-8). El autor desconocido del Salmo 123, escribió: "A ti levanto mis ojos, ¡oh tú que reinas en los cielos! He aquí, como los ojos de los siervos miran a la mano de su señor, como los ojos de la sierva a la mano de su señora, así nuestros ojos miran al Señor nuestro Dios, hasta que se apiade de nosotros" (vv. 1-2) (BLA).

¿Puede usted ver a este implorante intercesor del Salmo 130, mientras que persevera, como siervo fiel, y espera que Dios responda a su pueblo? "Espero en el Señor; en El espera mi alma; y en su palabra tengo mi esperanza. Mi alma espera al Señor más que los centinelas a la mañana" (vv. 5-6).

Moisés hizo una oración de búsqueda mientras perseveraba hasta que Dios le prometió que acompañaría a Israel (Exodo 33:12-23). Ezequías e Isaías prevalecieron en intercesión de búsqueda, por la liberación de la nación (2 Crónicas 32:20-21). Nehemías buscó y prevaleció en oración por Jerusalén hasta que Dios lo envió y lo utilizó para reconstruir la ciudad (Nehemías 1:4-11). Luego, al llegar a Jerusalén, condujo a toda la nación en intercesión de búsqueda, hasta que Dios envió un avivamiento nacional (cap. 9).

Daniel también prevaleció mientras buscaba la respuesta de Dios, con el fin de que los exiliados pudieran regresar a su tierra. Israel fue restaurada como nación de Dios mediante la búsqueda intercesora en la oración por parte de Daniel y Nehemías (Daniel 9:1-23; 10:2-14).

La iglesia primitiva empleó la oración de búsqueda, que prevalece para el derramamiento del Espíritu el día de Pentecostés. Cualquier intercesor que ha aprendido a prevalecer ante Dios, ha utilizado la oración de intensa búsqueda una y otra vez. Dios escucha y contesta con gusto tales oraciones en la actualidad.

R. A. Torrey creía que muy poca gente se convertía a Cristo sin que alguien orase por ellos y buscase su salvación. El pone el ejemplo de su propia conversión en medio de la noche. El no se convirtió en la iglesia, ni en la escuela dominical, ni en conversación con alguna persona. Se acostó sin pensamiento alguno de salvación en su mente. Se despertó en medio de la noche, Dios le habló directamente al corazón, y él entregó su vida a Jesucristo tal vez en cinco minutos. El escribe: "Unos minutos antes yo estaba lo más cerca de la perdición a que uno puede llegar. Tenía un pie del otro lado y procuraba pasar el otro... Pensaba que ningún ser humano tenía que ver nada con esto, mas me había olvidado de las oraciones de mi madre. Y más tarde me enteré de que uno de mis compañeros universitarios me había escogido para orar por mí hasta que fuera salvo". Torrey agrega: "Oh, el poder que tiene la oración para llegar a lo más bajo, hasta donde la misma esperanza parece vana, y levantar a hombres y mujeres hasta ponerlos en comunión con Dios y hacerlos a su imagen".[1]

El general Charles Gordon, el brillante líder militar británico desde 1855 hasta 1885, siempre tenía una lista de personas en su corazón, por las que oraba. No sólo las mantenía en la lista hasta que eran salvas, sino que oraba por ellas intensamente, y luego, amorosa y sabiamente, buscaba sin descanso la forma de dirigirlas a Cristo. El fue famoso por su vida de oración y ganó a muchos para Cristo.

Hace muchos años, un laico celoso formó, en Springfield, Illinois, un grupo de oración. Una noche les sugirió que escribieran el nombre de todos aquellos a quienes deseaban ver salvos en Springfield. Luego les sugirió que oraran por cada uno de ellos tres veces al día. Además, debían hacer lo que les fuera posible con el fin de ganarles para el Señor.

A una cristiana casi inválida que había estado postrada durante diecisiete años, se le dio a conocer este reto. Ella había orado en forma general por la salvación de la gente durante años. Cuando su familia le informó acerca de este grupo de oración, ella se hizo el propósito de hacer lo mismo. Hizo una lista de cincuenta y siete conocidos en Springfield, y luego comenzó a orar tres veces al día por la salvación de cada uno de ellos. También instó a sus amigos cristianos a que orasen por estas personas y a que hicieran lo mejor que pudieran para lograr que se arrepintieran y que creyeran. Con espíritu humilde pero con una fe incondicional, intercedió día tras día. Con el tiempo, los cincuenta y siete recibieron a Cristo como Salvador. Ella buscó y encontró.[2]

TERCER NIVEL: LLAMAR

Jesús nos dirige las siguientes palabras: "Pedid, y se os dará; buscad, y hallaréis; llamad, y se os abrirá. Porque todo aquel que pide, recibe; y el que busca, halla; y al que llama, se le abrirá" (Mateo 7:7-8). Jesús le añadió a este reto una de sus promesas de "cuánto más" (v. 11).

En ocasiones su búsqueda se vuelve tan urgente, su alma está tan desesperada, que en verdad usted comienza a llamar a la puerta del cielo. Cuando la necesidad es clamar por la respuesta de Dios, mas esa respuesta aún no ha llegado, y su alma clama también a Dios en santa desesperación, no constituye una irreverencia tocar a la entrada de la puerta del cielo.

El mismo Jesús fue más allá de la petición y de la búsqueda en Getsemaní. El clamó con audible llanto y con lágrimas, como había hecho, sin duda, con anterioridad (Hebreos 5:7). El tocó hasta ser oído. El nos enseñó a llamar en la parábola del amigo a la media noche (Lucas 11:5-8). Cuando el inesperado viajero llegó, el dueño de la casa tenía una necesidad imperiosa, por lo que fue a media noche a la casa de otro amigo y le pidió, sin obtener resultado, que le diera pan para el inesperado visitante. No era para él, sino para un hombre necesitado.

Jesús demostró que cuando una amistad no es suficiente para lograr que se supla nuestra necesidad, mediante una petición común, llamar con insistencia logrará la respuesta deseada. Cristo no nos enseña que Dios es como ese hombre soñoliento, quien no quería incomodarse. No, Dios siempre nos da la bienvenida. El nos está enseñando que algunas respuestas de oraciones requieren una osadía santa. Nosotros debemos ser como el hombre que persistió hasta conseguir lo que pedía.

Veamos el cuadro de la forma en que Alexander Whyte se imagina la noche de oración de Cristo. "El prosiguió toda la noche. ¿No puedes verlo? ¿Lo puedes oír? ¿Entiendes lo que pide? Se pone de pie. Se arrodilla. Se postra sobre su rostro. Llama en la densa oscuridad. Toda esa noche El ora, y se niega a desmayar hasta la salida del sol; y luego vuelve a sus discípulos como un hombre fuerte que se dispone a correr una carrera.... No: no tenemos un sumo sacerdote que no puede compadecerse de nuestras debilidades".[3]

A. B. Simpson escribió:

Esto es más que buscar.... No es tanto que la oración llame a las puertas del cielo y le arrebate una respuesta a un Dios renuente, como la oración que habiendo recibido la respuesta y la promesa, la lleva hasta las puertas del enemigo y las derriba, como cayeron los muros de Jericó ante el sonido de las trompetas y los gritos de huestes creyentes de Israel.... Se trata de la fe colocando su mano sobre la omnipotencia de Dios y empleando ésta en la comunión con nuestra propia Cabeza omnipotente, hasta que veamos prevalecer su nombre en contra de todos los que se oponen a Su voluntad, y que las cosas torcidas sean enderezadas, los portones de bronce se abran, y las cadenas de hierro sean rotas en pedazos.[4]

¿Puede usted ver a Moisés sobre el Monte Sinaí? Dios está tan enojado con el idólatra Israel, que está listo a hacerlos desaparecer. Moisés pide, implora, y llama; se coloca en la brecha como mediador: "Que perdones ahora su pecado, y si no, tráeme ahora de tu libro que has escrito" (Exodo 32:32). ¿Ve usted a Moisés en el instante de echarse cara en tierra ante Dios, una y otra vez, en los años subsiguientes, a medida que prevalece hasta que Israel es librado de la ira de Dios, mientras Israel continuamente insulta a Dios en su misma cara?

¿Ve usted a Eliseo en el Jordán? Elías se ha ido al cielo en un carro de fuego triunfal. Eliseo tiene el manto de Elías. Se acerca al Jordán y clama a la vez que golpea el Jordán y dice: "¿Dónde está el Señor, el Dios de Elías?" (2 Reyes 2:14). Eliseo estaba llamando. El golpeó una vez el Jordán, mas nada ocurrió. El clamó, preguntando dónde estaba Dios, y nada sucedió. De modo que golpeó las aguas del Jordán por segunda vez, y las aguas se dividieron ante sus ojos. Yo opino que, si hubiera sido necesario, él hubiera golpeado las aguas otra vez. El prevaleció porque supo llamar.

Observemos a la iglesia prevaleciendo en favor de la libertad de Pedro. El término griego que se emplea en Hechos 12:5 para describir su forma de orar es "*ektenos*" (extendido, estirado). Ellos debieron haber estado tomando por asalto las puertas del cielo, llamando.

Tomás Payne relata la historia de una madre piadosa que prevaleció durante años por su esposo incrédulo y por sus nueve hijos. Finalmente fue guiada a concentrarse en sus hijos uno por uno, con más intensa oración. Dios comenzó a contestar sus suplicantes oraciones. Primero se convirtió su hija mayor, luego sus dos hijos mayores. Con el tiempo todos sus hijos fueron ganados para Cristo. Pero a pesar de su intensa intercesión y de sus lágrimas, su esposo continuaba impasible.

Ella se hizo el propósito de poner todo su empeño en un esfuerzo final. Pasó toda una noche en intensa oración y súplica, más allá de lo que jamás había experimentado. Su corazón estaba a punto de estallar. En la mañana, ella le dijo: "Dios me ha dado a mis nueve hijos, mas tú continúas sin Dios y sin esperanza. Sólo te lo pediré una vez más, y luego te dejaré en manos de Dios. ¿Buscarás en este momento la salvación de tu alma?"

Ella había pedido, había buscado y había llamado durante toda la noche en agonía de espíritu. Su esposo estaba en pie, sin poder pronunciar palabra, como si estuviera paralizado. De repente comenzó a sollozar, y dijo: "Lo haré". En esa mañana fue salvo. Y en su vida se produjo un cambio tan formidable que todo el distrito en los alrededores quedó grandemente impresionado.[5]

Así fue la oración de Martín Lutero por su gran amigo y compañero de la Reforma, Philip Melanchthon. Lutero se enteró de que Melanchthon se estaba muriendo, por lo que sin demora se fue a verlo. Todas las señales acostumbradas de la muerte se manifestaban: el sudor frío y pegajoso; la vista fija; el estado semicomatoso. No podía comer ni beber, ni siquiera ser levantado. Lutero quedó hondamente conmovido, por lo que le dio la espalda a la cama, se puso de rodillas con su rostro hacia la ventana, y así agonizó en oración por espacio de una hora. Oró intensamente y con santo denuedo, y llamó a las puertas celestiales.

Escuchemos las palabras de Lutero: "Esta vez le imploré al Todopoderoso con grande vigor.... Lo ataqué con sus propias armas, citando todas las promesas de las Escrituras que pude recordar y le dije que él debía concederme la petición si de ahí en adelante yo habría de confiar en sus promesas. Dije: "Ten ánimo, Philip. No morirás... ¡No des lugar al dolor y no te conviertas en tu propio verdugo; mas confía en el Señor, quien puede destruir y devolver la vida, quien puede golpear y volver a sanar!"

Después Lutero se puso de pie y se acercó a la cama sin hacer ruido. Tomó de la mano a Melanchthon. El enfermo se levantó, reconoció a Lutero y le dijo: "Oh, querido Lutero, ¿por qué no me dejas irme en paz?" "No, no, Philip, ¡no podemos de ninguna manera librarte del campo de trabajo todavía!" Entonces Lutero le pidió a la enfermera que trajera algún alimento. Cuando se lo trajeron Melanchthon no tenía deseos de comer, y pidió otra vez que le permitieran marcharse para así poder descansar.

Nuevamente Lutero le respondió: "Philip, no podemos prescindir de ti todavía". Por la insistencia de Lutero, por tercera vez, Melanchthon accedió, probó un poquito de comida, se empezó a mejorar, fue restaurado completamente, y durante muchos años continuó trabajando, haciendo guerra contra los poderes de las tinieblas en favor de la Reforma que Dios había enviado a través de Europa. La Reforma llegó a Europa debido a los hombres que supieron cómo prevalecer en oración, aun cuando ésta demandaba que se tocara en las mismas puertas del cielo.

27

Jesús dijo que ayunaríamos

CUARTO NIVEL: EL AYUNO

JESUS, REFIRIENDOSE A usted y a mí, dijo: "Entonces ayunarán" (Mateo 9:15). El se refería a sus seguidores durante la época comprendida entre su ascensión y su regreso. Jesús espera que todos sus hijos ayunen. ¿Por qué? Este es un nivel incluso más elevado de oración, el cuarto nivel. Pedid, buscad, llamad, ayunad. Juan Wesley predicó muchos sermones sobre el ayuno y la oración. El dijo:

"Aquel que nunca ayuna está tan lejos del camino al cielo como aquel que nunca ora".[1]

Cuando se prevalece en oración por alguna necesidad imperiosa y difícil, el Espíritu Santo utiliza el ayuno para el poder adicional con el fin de propiciar la derrota a Satanás y presenciar la victoria de Cristo. Puesto que Jesús espera que ayunemos, él nos da el ejemplo, al igual que nos dio el ejemplo en la oración. Los cuarenta días que pasó orando, después de su bautismo, fueron días de ayuno y oración.

La iglesia primitiva, siguiendo el ejemplo de Cristo, le dio mucha importancia al ayuno. Sabemos que por lo menos durante cuatrocientos años, después de Cristo, los fieles cristianos en todas partes ayunaban dos veces a la semana. Epífanes, el escritor de quizá la primera enciclopedia cristiana acerca de la Biblia, preguntó en forma retórica: "¿Quién no sabe que el ayuno del cuarto y el sexto día de la semana (miércoles y viernes) no es observado por los cristianos a través del mundo?"

Desde que el ayuno formó parte de la devoción cristiana normal, constitiyó naturalmente el próximo paso después de pedir, buscar y llamar.

Los grandes líderes de la Reforma, en su guerra espiritual para restaurar la pureza en la iglesia, naturalmente hicieron uso del medio bíblico del ayuno. Martín Lutero no sólo mantuvo la disciplina espiritual de ayunar una vez a la semana, sino que lo hacía con tanta frecuencia, además de sus tres horas diarias de oración, que a menudo lo criticaban porque ayunaba demasiado. Mas él fue de bendición para toda la iglesia evangélica y causó impacto en todo el mundo para bien de la causa de Dios, mediante sus oraciones, sus ayunos y su santo denuedo.

A Juan Calvino se le llamó ayunador empedernido y vivió para ver el poder de Dios que recorrió toda Ginebra. Los moravos ayunaron, como también lo hicieron los husitas, los valdenses, los hugonotes y la alianza escocesa. Si no hubiera sido por la oración que prevalece junto con el ayuno, no hubiéramos tenido Reforma ni ningún gran avivamiento a lo largo de los siglos.

Juan Knox conmovió a toda la Gran Bretaña y condujo al mundo hacia Dios, mediante sus batallas en oración, día y noche, y mediante el ayuno regular. El heroico arzobispo Cranmer y los igualmente heroicos obispos Ridley y Latimer, eran conocidos por sus ayunos regulares, así como por la predicación denodada de la verdad. Edwards era un ayunador habitual. Carlos G. Finney, probablemente el más grande y más ungido ganador de almas desde el apóstol Pablo, ayunaba semanalmente. Cada vez que percibía que la obra de Dios se rezagaba o que disminuía el poder de Dios en su ministerio, se pasaba dos o tres días más en ayuno y oración. El dio testimonio de que así el poder de Dios siempre era restituido.

Desde los días de Moisés hasta el presente siglo, los grandes guerreros de la oración han aumentado notablemente y le han dado poder a su oración prevaleciente por medio del ayuno. Nadie hace alarde de su vida de oración, y todo el mundo vacila antes de descubrir los detalles de su andar personal con Dios. Los registros del cielo revelarán cómo de continuo las grandes batallas de la iglesia han sido ganadas mediante la oración prevaleciente que se hace más intensa con el ayuno.

El reverendo Seth C. Rees, padre del doctor Paul Rees, fue usado grandemente durante las primeras décadas del presente siglo. El jamás celebró una campaña evangelística sin antes apartar uno o dos días para la oración. El pastor C. Hsi, conocido pastor y santo erudito chino, ayunaba constantemente. A menudo, cuando se presentaba algún asunto difícil, él se consagraba a un día de oración y ayuno. Aun cuando viajaba, se enfrascaba en poderosa batalla espiritual con las fuerzas de las tinieblas, y confrontaba a Satanás casi mano a mano en combate. En tales momentos él se entregaba a "días de ayuno y oración".[2]

EL AYUNO COMO NEGACION DE UNO MISMO

El ayuno es una forma de negación de uno mismo ordenada por Dios. La misma naturaleza de la intercesión requiere más negación de uno mismo que cualquier otra clase de actividad espiritual. La mayor parte de la labor de la oración y el ayuno se realiza en secreto. Pensamos que el ayuno es primordialmente abstención del alimento. Sin embargo, el ayuno puede incluir abstinencia de tales actividades comunes como el sueño, la recreación y otras diversiones especiales. Hasta donde es posible, debe incluir la abstinencia de las relaciones sociales con los demás, mientras que dura el ayuno. Puede ser que a usted le sea necesario ayunar, mientras que desempeña sus responsabilidades familiares o su trabajo habitual; o puede ser que le sea posible apartarse completamente durante todo el período del ayuno (1 Corintios 7:5).

Andrés Bonar definió el ayuno como la abstención de todo aquello que obstaculiza la oración. Aunque era un ávido lector, a veces se veía obligado a ayunar de su excesivo amor a la lectura, para poder tener comunión con Dios. Phillips Brooks definió el ayuno como la abstención de cualquier cosa que fuera inocente en sí misma, con el fin de crecer más espiritualmente o servir a Dios de manera más efectiva. Quizá en nuestra generación el ayuno debe ser, con frecuencia, de la radio o la TV, con el fin de entregarnos de forma más completa e intensa a la oración.

El propósito del ayuno es (1) sujetar lo físico a lo espiritual y darle prioridad a las metas espirituales; (2) desentenderse por un tiempo del ambiente en que uno se desenvuelve, de las cosas materiales, de las responsabilidades cotidianas y de las preocupaciones; y (3) dedicar toda la atención espiritual a Dios y a la oración. No queremos dar a entender que las obligaciones diarias y las necesidades de la vida no sean santas y espirituales; lo que hacemos es supeditar las cosas permitidas, aun las que dan ganancia, a las mayores prioridades espirituales. Andrés Murray enseñó así: "La oración es la mano con la que nos aferramos a lo invisible; el ayuno es la otra, con la que soltamos y desechamos lo visible". El ayuno junto con la oración hacen que nuestra comunión sea más especial para el Señor, y que nuestra intercesión sea más poderosa en el ministerio que rinde al Señor (Hechos 13:2), a medida que Él intercede como rey desde el trono celestial (Romanos 8:34). ¿Cuál es, entonces, el papel del ayuno?

El ayuno es una parte integral para la vida que tiene profunda devoción e intercesión. Ana, la profetisa, es un hermoso ejemplo de un estilo de vida como éste (Lucas 2:37). El ayuno es esencial para la vida de disciplina personal del individuo, y tal disciplina le da realce y poder a la oración prevaleciente.

Cuando usted anhela fortalecer y disciplinar sus hábitos de oración, y añadirle una nueva dimensión a su prevalecer en oración, agregue el ayuno. Cuando usted busca humillarse completamente ante Dios, en completa sumisión a su voluntad y en total dependencia de su infinito poder, añada el ayuno. Cuando usted se enfrenta a una necesidad muy grande, una imposibilidad humana, y su alma anhela ver a Dios interviniendo mediante su poder sobrenatural, agregue el ayuno.

En tales situaciones, usted puede sentir una atracción tan poderosa hacia el ayuno, que esté convencido de que le fallará al Señor si no aparta tiempo para orar y ayunar. Las Escrituras son claras en este asunto: Dios llama a su pueblo al ayuno (Isaías 22:12-13). Pero lo trágico es que muchos no están caminando lo suficientemente cerca del Señor como para poder sentir su santa atracción, y para oír su apacible voz. ¡Qué sorpresa se llevarán muchos cristianos en el cielo, cuando vean las bendiciones que se perdieron y cuán a menudo no lograron todo lo que Dios deseaba realizar a través de ellos, sólo por el hecho de que no combinaron el ayuno con la oración!

Pero es más probable que usted oiga la voz de Dios llamándole al ayuno si ya tiene el hábito de ayunar, como parte habitual de su disciplina espiritual. Jesús dice lo siguiente de nosotros: "Entonces ayunarán" (Mateo 9:15). Usted y yo no tenemos derecho de omitir el ayuno, por no tener motivación emocional, de igual modo que no tenemos derecho de omitir la oración, la lectura de la Biblia o el congregarse con los hijos de Dios, por falta de algún impulso emocional especial. El ayuno es tan bíblico y normal en el andar espiritual de obediencia a Dios, como lo son estas otras disciplinas.

¿Por qué no ayunamos más? Por el mismo motivo que vacilamos en negarnos a nosotros mismos y tomar nuestra cruz en otros aspectos. Sin embargo, Jesús dijo de manera enfática: "Si alguno quiere venir en pos de mí, niéguese a sí mismo, y tome su cruz, y sígame" (Mateo 16:24). Usted es un discípulo incompleto a menos que haga lo anterior. Pero la negación de uno mismo se predica muy poco y en escasas ocasiones se practica. ¿Qué forma más bíblica existe de negarse a uno mismo que ayunar cuando oramos?

¿Cómo toma usted su cruz? Tomar la cruz no es que alguien le ponga una cruz a usted sobre la espalda. La enfermedad, la persecución y el antagonismo de los demás no es su cruz verdadera. Tomar la cruz es una decisión deliberada. Debemos, a propósito, humillarnos, doblarnos y recoger la cruz por Jesús. El ayuno es una de las formas más bíblicas de hacer esto.

Usted puede, en efecto, negarse a sí mismo algún gasto y dar el dinero para las misiones o para algún otro aspecto de la obra de Dios. Tal acción puede llevar el nombre de tomar su cruz. Usted podría identificarse con una causa no popular y hacerlo por Jesús, y así tomar su cruz. Pero no existe forma que agrade más a Dios y que esté más a su alcance que la de añadir el ayuno a la oración. ¿En qué forma de negación de sí mismo ha hallado usted mayor bendición? ¿O es que usted no practica la negación de sí mismo?

Puede que haya ocasiones en que usted no pueda ayunar más de una o dos comidas al día, en vez de un día completo o más. Tal vez sus responsabilidades exigen que usted coma, solo o con otras personas. Pero aun así usted puede ayunar. Haga como hizo Daniel. El hizo ayuno parcial durante tres semanas, y Dios en forma maravillosa honró su ayuno. Como primer ministro él tenía ciertas funciones que desempeñar. Le era necesario mantenerse fuerte y no podía pasarse tres semanas invernando. Así que Daniel se privaba de ciertos alimentos (comía sólo lo esencial) y del uso de ungüentos (Daniel 10:3).

Dios no es un jefe despótico. El entiende su salud y su situación. El desea mantenerle con buena salud y eficiente. Pídale al Espíritu que le guíe y él le mostrará cuándo ayunar. Mas hasta donde le sea posible, pase las horas de ayuno en oración. Separe unas horas para la oración, especialmente si usted se encuentra en una batalla de oración.

Satanás no quiere que usted ayune. El no quería que Jesús ayunara. El procurará tentarle haciéndole pensar en la comida. El tratará de hacerle olvidar su compromiso de ayunar, de la misma forma en que procura mantenerlo alejado de la oración. Satanás trata de hacerle vacilar en cuanto al ayuno y que así lo postergue. ¿Por qué sorprendernos? El tiene un temor enorme de que sus oraciones se fortalezcan por el ayuno. El puede aun hacer el intento, por un tiempo, de luchar contra usted con mayor intensidad si usted ayuna. El puede llegar a desesperarse. Usted pone en grave peligro su labor cuando ayuna y ora.

VIGILE SUS MOTIVOS

Recuerde que el motivo por el cual usted ayuna es de suprema importancia. Recuerde también lo que el ayuno no es:

1. *No es una forma de alcanzar la bendición de Dios y la respuesta a sus oraciones.* Usted nunca merece su ayuda ni su bendición. Usted le implora que le conceda su amor y su misericordia. Usted no se gana ningún aspecto de su gracia.

2. *No es una obra que nos permite pasar por alto la obediencia.* La oración y el ayuno no hacen que varíe la necesidad que usted tiene de serle obediente a Dios y a su voluntad claramente revelada. Dios no escuchará su oración, aunque ayune, si usted está fuera de su voluntad en algún aspecto. Dé el paso de la obediencia y luego comience a ayunar y a orar.

3. *No es un medio que conduce automáticamente a un milagro.* El ayuno no es una forma de magia espiritualizada. Por sí solo no funciona. El ayuno puede beneficiarle físicamente, no importa en qué estado espiritual se encuentre usted. Pero el ayuno no es un poder secreto que está al alcance de cualquier persona. El ayuno tiene poder sólo cuando se añade a su búsqueda del rostro de Dios

en humildad. Mientras más cerca camine usted de Dios, mayores podrán ser los valores espirituales de su ayuno.

Puede ser que a usted no le sea posible interrumpir todas las demás actividades, mientras que ayuna durante doce horas o por un día entero. Mas si su alma está de continuo clamándole a Dios, mientras usted realiza su trabajo, si a cada momento usted le está buscando, a medida que trata de cumplir con sus deberes, entonces cualquier tipo de ayuno que haga le añade mucho poder a su búsqueda de la respuesta de Dios.

4. *No acumule poder en beneficio suyo, de modo que pueda ser manifestado por voluntad suya.* Usted no utiliza al Espíritu, el Espíritu le utiliza a usted. Usted pierde su poder en el mismo instante en que lo exhiba. En el mismo instante en que haga alarde de su ayuno, deja de ser útil: esto Cristo lo advirtió con claridad meridiana. Si desea que Dios le recompense por sus oraciones, por su ayuno y por sus buenas obras, manténgalas en secreto tanto como sea posible.

Jesús dio por sentado que usted se daría a la tarea de poner en práctica estas tres cosas. De modo que El no dice: "Ora", sino, "cuando ores". El no dice: "Ayuna", sino, "mas cuando ayunéis" (Mateo 6:2, 5, 16). Cristo le dice a usted que su ayuno, hasta donde sea posible, sólo debe conocerlo Dios, y El le recompensará (v. 18).

28

El ayuno fortalece la oración

EL AYUNO ESTA TAN ÍNTIMAMENTE relacionado con la oración que le añade su bendición en muchas maneras. Gran parte de sus oraciones se harán sin ayuno, así como gran parte de sus oraciones no incluyen la lucha en la oración y la guerra. Pero el ayuno siempre tiene esta doble capacidad:

En primer lugar, puede bendecir y fortalecer su oración regular. Constituye un componente bendecido de una vida devocional profunda, de un andar cercano a Dios. Mi padre imploraba a menudo cuando exhortaba a sus congregaciones y les pedía que ayunaran: "¡Hagan la prueba! ¡Hagan la prueba!"

En segundo lugar, puede intensificar su poder para prevalecer en oración. Para las ocasiones en que Satanás lleva mucho tiempo atrincherado y es necesario sacarlo y hacerle retroceder, el ayuno junto con la oración puede llegar a ser de imperativa importancia. Para las batallas en las que Satanás ha resistido más allá de la intercesión militante, agréguele ayuno a su oración. Si es posible, incluya el ayuno colectivo y la oración.

Hagamos una lista de las maravillosas formas en que el ayuno beneficia la oración.

1. *El ayuno aumenta la humildad.* Esdras se humilló mediante el ayuno (Esdras 8:21). David se humilló mediante el ayuno,

cuando su "oración se volvía a su seno" (Salmo 35:13). La búsqueda intensa de Dios siempre incluye el humillarse ante Dios. "Humillaos... bajo la poderosa mano de Dios, para que él os exalte cuando fuere tiempo" (1 Pedro 5:6; ver 2 Crónicas 7:14; Santiago 4:10; 1 Pedro 5:5). El menor indicio de orgullo o de ambición egoísta puede obstruir la oración prevaleciente. El ayuno es un medio bíblico que conduce a mayor humildad.

2. *El ayuno puede aumentar el deseo de que Dios obre.* El hambre espiritual y el ayuno tienen poderes recíprocos. Cada uno profundiza y fortalece al otro. El uno hace que el otro sea más efectivo. Cuando su apetito espiritual se haga muy profundo, puede ser que usted aun pierda el deseo de comer. Todas las formas más intensas de prevalecer en oración: carga de oración, lucha en la oración, y la guerra en la oración, se pueden intensificar, esclarecer y fortalecer mediante el ayuno.

El ayuno es natural cuando usted tiene suficiente carga, está luchando y prevaleciendo poderosamente, y guerreando en combate personal con Satanás y sus poderes de las tinieblas. El ayuno se convierte en algo dulce y bendito a medida que su deseo se expande hacia Dios. Su deseo adquiere un tremendo poder cuando usted ayuna y ora: particularmente cuando usted aparta tiempo de todo lo demás para entregarse al ayuno y la oración. El ayuno puede convertirse en un gozo.

3. *El ayuno intensifica la concentración en la oración.* El ayuno fortalece sus prioridades en la oración, concentra su prevalecimiento, y le permite concentrarse con menor número de interrupciones en intercesión prevaleciente. Satanás quiere introducir cien distracciones en su oración prevaleciente. El ayuno le facilita a su naturaleza espiritual manejar las distracciones y le ayuda a triunfar sobre los sentidos.

El ayuno le ayuda a despejar y a descargar su mente de las actividades, los problemas, las responsabilidades y las amistades. Le permite al viento del Espíritu despejar su neblina mental y espiritual, dándole así libertad y limpiándole de gran parte del mundo externo. Entonces se hace más fácil estar a solas con Dios, cara a cara, en comunión e intercesión.

El ayuno puede conducir a gran calma y paz del alma. Sin embargo, puede despejar el camino para la lucha dinámica y la poderosa guerra en la oración. La noche que pasó Jacob en oración fue un ayuno de sueño y de la familia, mientras que luchaba solo con Dios (Génesis 32:22-30). Los cuarenta días que Jesús pasó en el desierto incluyeron la abstención de alimentos, del trabajo regular, de los contactos sociales y, probablemente, en algunos casos, del mismo sueño.

R. A. Torrey dijo lo siguiente acerca del ayuno y la oración: "Existe un poder peculiar en tal oración. Cada crisis grande en la vida y en el trabajo debe enfrentarse de esta forma". Andrés Murray dijo: "El ayuno es necesario para que la oración puede desarrollarse completa y perfectamente".[1]

4. *El ayuno solidifica la determinación.* Satanás siempre quiere convencernos de que debemos darnos por vencidos y dejar de interceder. El ataca de diversas formas: letargo, cansancio de la batalla, y desaliento. El quiere desviarle del prevalecer hasta que llegue la respuesta. El ayuno es como una inyección de hierro en su alma, alimenta su naturaleza interior con nuevo denuedo y determinación, y le da santa determinación. El ayuno fortalece su importunidad y le ayuda a expresarla.

Andrés Murray escribe: "Somos criaturas de los sentidos: el ayuno nos ayuda a expresar, a profundizar y a confirmar el propósito de que estamos listos para hacer cualquier sacrificio, aun el de nuestra persona, con tal de obtener lo que buscamos para el reino de Dios".

5. *El ayuno alimenta la fe.* Cuando a la oración se le añade el ayuno, usted sabe que está siguiendo el ejemplo de la oración prevaleciente del Antiguo y el Nuevo Testamentos. Su confianza comienza a profundizarse. Su esperanza empieza a aumentar, porque usted sabe que está haciendo lo que agrada a Dios. Su disposición de negarse a sí mismo y de tomar esta otra cruz enciende el gozo interior. La fe suya comienza a arraigarse, de manera más simple y con mayor firmeza, a las promesas de Dios.

6. *El ayuno le hace más accesible a la obra del Espíritu Santo.* El ayuno es soltar nuestros deseos naturales, negarse a estar atado a lo visible y lo palpable, y facilita el apropiarse de los recursos celestiales. Ayuda a ir más allá de lo natural y a ser el amo de nuestro cuerpo (1 Corintios 9:27), cuando negamos nuestra naturaleza física. Tal vez hace que su naturaleza sea más accesible al contacto de Espíritu. Es más fácil escuchar la voz del Espíritu, por el hecho

de que el ayuno nos ayuda a olvidarnos del mundo a nuestro alrededor.

Nosotros no manipulamos ni le damos órdenes al Espíritu, pero nos ponemos cada vez a mayor disposición de El a medida que ayunamos y oramos. El nos puede comunicar nuevas cosas y puede tener nuevo acceso a nosotros. Jamás podré agradecerle lo suficiente a Dios por lo que El ha dicho en tales momentos. El puede vestirnos de manera más completa y prepararnos para ser usados más libremente. Parece hacernos nuevamente accesibles a la presencia del Espíritu y a su poder. Jesús volvió "en el poder del Espíritu" cuando hubo ganado su batalla de cuarenta días de oración y ayuno (Lucas 4:14).

7. *El ayuno enciende la intensidad y el celo.* A medida que el ayuno alimenta nuestra fe, solidifica nuestra determinación, y abre a la obra interna del Espíritu, nos enciende con creciente intensidad y celo. Poco después del ayuno de cuarenta días, vemos a Jesús, ardiendo de celo por la voluntad de Dios en la casa de Dios (Juan 2:17). El ayuno enciende toda clase de intensidad y de celo: para darse completamente a Dios y para él, para orar hasta haber prevalecido, para ver a Satanás derrotado y realizada la voluntad de Dios, y para hacer todo lo que esté a nuestro alcance para la gloria del nombre de Cristo. Tal intensidad y celo santo aumentan tremendamente el poder de la oración prevaleciente. Enciende el fuego del alma con el fin de que Cristo prevalezca en cada vida y en cada situación.

Para resumir, el ayuno prepara el camino del Señor. Le concede poder a la oración para hacer que Santanás retroceda y para rechazar sus tinieblas, para quitar las barricadas que él pone en el camino, y para derrotar sus fuerzas de combate. La oración combinada con el ayuno le prepara el corazón para prevalecer más poderosamente, aumentar su fe, y para seguir perseverando hasta que la voluntad de Cristo triunfe de manera visible. El ayuno le da un poder dinámico tremendo y efectividad a toda clase de oración prevaleciente.

Isaías reprendió a Israel por suponer que el ayuno sin obediencia tenía algún valor. El dijo: "No ayunéis como hoy, para que vuestra voz sea oída en lo alto" (Isaías 58:4). El no estaba condenando al ayuno en sí mismo, sino al ayuno hipócrita. Lo que esto implica es evidente: el ayuno bíblico ayuda a que su voz sea escuchada en lo alto y a que su oración prevalezca para Dios aquí en la tierra.

EL AYUNO UNIDO

Así como existen situaciones en las que es necesaria la oración unida, también hay necesidades que pueden ser satisfechas sólo por sumarle el ayuno unido a la oración unida. La unidad al buscar a Dios por medio del ayuno, le confiere las mismas dimensiones múltiples de efectividad que la unidad en buscar a Dios mediante la oración solamente, sólo que así las aumenta.

Cuando un enemigo multinacional se reunió para atacar a Israel, Josafat proclamó un ayuno para todo Judá. La gente vino a Jerusalén de todas las aldeas y pueblos, con el fin de unirse en oración y ayuno. Mientras que estaban delante del Señor, el Espíritu Santo vino sobre uno de los levitas, quien profetizó que no les haría falta pelear esta batalla. La gente cayó postrada sobre sus rostros y adoraron y alabaron a Dios.

La mañana siguiente enviaron un coro para que dirigiera al ejército, cantándole alabanzas a Jehová. Cuando comenzaron a cantar y a alabar, los ejércitos de las tres naciones comenzaron a atacarse y a destruirse entre ellos mismos. Judá se demoró tres días recogiendo el botín. El cuarto día tuvieron una asamblea de alabanza en el campo de batalla, en el que no habían tenido que lanzar ni una sola flecha. Luego marcharon triunfantes hacia Jerusalén, dirigidos por el rey, tocando trompetas, flautas y arpas, y cantando y alabando hasta que llegaron al templo —esta fue la guerra más sorprendente de la historia (2 Crónicas 20).

Cuando Nínive se unió en arrepentimiento, oración y ayuno, Dios los libró (Jonás 3). Cuando Ester convocó a los judíos de Susa a tres días de oración y de ayuno unidos, los planes de Amán se deshicieron y así la nación judía fue librada.

El movimiento misionero del Nuevo Testamento comenzó por medio de la oración y el ayuno unidos de la iglesia en Antioquía (Hechos 13:2). Pablo y Bernabé convocaron a reuniones de ayuno y oración en cada iglesia que establecieron (Hechos 14:23). De ahí en adelante, el nombramiento de ancianos era siempre precedido por el ayuno. La historia de la iglesia nos dice que cada vez que alguien quería bautizarse, el que bautizaba, el que iba a ser bautizado y todos los miembros de la iglesia como fueran posible, se unían en oración y ayuno.²

La historia de la iglesia en siglos recientes proporciona muchos relatos brillantes de cómo Dios honró la oración unida y el ayuno, acabando con sequías, protegiendo naciones, y enviando avivamiento al pueblo de Dios. En este siglo, la iglesia coreana se ha hecho famosa especialmente, tanto por el ayuno personal como por el unido.

SUGERENCIAS PRACTICAS

Comience a incorporar el ayuno en su vida de oración. Si usted nunca ha practicado el ayuno bíblico, comience a hacerlo al menos ocasionalmente, dedíquele algunas horas, medio día, o más tiempo durante un retiro personal.

1. *Ocasionalmente ayune durante una comida y utilice el tiempo de la comida (y más tiempo si es posible) para orar.* A veces Dios carga su corazón de tal manera que pierde hasta el apetito y el sueño. Otras veces El desea que usted ayune por fe, en vez de hacerlo por lo que sienta.

2. *Ore acerca del ayuno como parte regular de su vida devocional:* una vez al mes o tal vez un día específico del mes. Puede ser que usted quiera ayunar durante una o dos comidas a la semana. No se olvide de estar a solas con Dios durante el tiempo que usted pasa ayunando, con el fin de recibir el beneficio espiritual completo.

3. *Emplee la primera parte del ayuno alimentándose de la palabra de Dios, adorando y alabando al Señor.* Luego concéntrese en uno o quizá dos asuntos durante su tiempo de oración y ayuno.

4. *Sea flexible en el asunto del ayuno.* Evita los yugos legalistas y no haga votos en cuanto al ayuno. En lugar de esto, trácese una meta en cuanto al ayuno que usted fielmente procure cumplir con la ayuda de Dios. Si las circunstancias hacen que sea imposible apartar un tiempo para el ayuno, escoja otro momento lo más pronto posible. Si por razones médicas no es aconsejable que usted haga un ayuno total, entonces haga como Daniel, quien se abstuvo de ciertas comidas.

5. *No procure hacer ayunos prolongados* (de veinte a cuarenta y ocho días), a no ser que usted se haya informado de cómo hacerlo y de cómo terminar el ayuno. Nuestras iglesias en Corea saben de más de veinte mil coreanos que han completado un ayuno de cuarenta días, casi siempre en una de sus casas de oración en las montañas. Tal vez la mayoría de los pastores han practicado esta clase de ayuno en beneficio de su iglesia y de su ministerio. Pero ellos están bien informados en cuanto a los asuntos de salud y las precauciones que deben tomar en el ayuno.

Asegúrese de que otra persona sabe de su paradero cuando usted está en un ayuno más prolongado. Tenga líquidos para beber, pues el cuerpo necesita agua. Los ayunos largos en la Biblia, sin agua y sin comida, fueron milagros especiales. Si usted se propone hacer un ayuno más largo o completo y es una persona mayor o que no disfruta de buena salud, asegúrese de consultar a su médico.

6. *Mantenga oídos atentos para la guía del Señor, cuando él le llame a hacer un ayuno especial por una necesidad en particular.*

7. *Que sólo el Señor y usted sepan acerca de su ayuno.* Si alguien le pregunta, puede contestarle con libertad. Si Dios concede una gran victoria mientras que usted ayuna a solas o en unidad con otros, puede ser que usted sienta que Dios desea que comparta el testimonio de la forma en que El respondió al ayuno de oración. Mas asegúrese de darle a Dios toda la gloria. Usted puede sentirse guiado a contarle a un buen amigo cristiano tocante al gozo que ha encontrado en el ayuno.

La completa búsqueda de Dios por parte de su alma, mediante el ayuno de oración, le permite a Dios hacer cosas en respuesta a la oración, que El no podría hacer sin el nivel de oración a que se llega cuando se añade el ayuno a la misma. Dios ha querido que el ayuno contribuya a desplegar su poder, con el fin de obrar de una manera más decisiva y a veces más rápida. Tenemos, por tanto, un deber muy sagrado de ayunar.

J. G. Morrison escribió: "Le debemos a Dios el ayuno, y para hacerlo con sinceridad, fielmente y en forma regular.... El pueblo de Dios tiene en sus manos la capacidad para desatar todo el poder divino mediante el ayuno ... por esta responsabilidad y por sus posibilidades dinámicas tendremos un día que dar cuenta personalmente a Jesús, nuestro Señor".[3]

Agreguemos las palabras de Juan Wesley: "¿Puede alguien descuidarlo y no ser culpable?" Wesley le exigía a todos los metodistas que ayunaran los miércoles y los viernes, hasta las cuatro de la tarde.

"Volved a mí de todo corazón, con ayuno y llanto y lamento... Tocad trompeta en Sion, promulgad ayuno, convocad asamblea, reunid al pueblo, santificad la asamblea, congregad a los ancianos, reunid a los niños... Entre el pórtico y el altar lloren los sacerdotes, ministros del Señor, y digan: Perdona oh Señor, a tu pueblo, y no entregues tu heredad al oprobio, a la burla entre las naciones. ¿Por qué han de decir entre los pueblos: Dónde está su Dios?" (Joel 2:12-17) (BLA).

Permítanme instarle a que descubra por sí mismo el gozo, la especial bendición y el poder especial que se recibe en la oración cuando a ésta se le agrega el ayuno. ¡Hágalo!

29

Llevando una carga de oración

QUINTO NIVEL: LA CARGA DE ORACION

HEMOS HABLADO acerca de pedir, buscar, llamar y ayunar. Ahora estudiaremos el quinto nivel de la oración prevaleciente: la intercesión con carga de oración. Este nivel de intensidad se caracteriza por la urgencia, la dedicación a la prioridad de la necesidad y la santa determinación de orar hasta que Dios conteste. No se trata sólo de tocar a las puertas del cielo, sino de prevalecer en el Espíritu.

Usted puede prevalecer llevando una carga de oración sólo por la capacitación del Espíritu Santo. El le llama a la oración por esa necesidad, le guía en la oración y le llena con deseo santo, tan intenso que se convierte no sólo en profundo interés, sino en pasión espiritual consumidora de prevalecer con Dios y en contra de Satanás.

La carga de oración comienza como una impresión interna de que usted debe orar por una necesidad conocida, o no. Se trata de una obra de gracia del Espíritu Santo, quien ejerce presión espiritual en su corazón. Se trata de la forma que Dios tiene de llamarle a la intercesión, en un momento en que Dios necesita su oración, pues ha determinado obrar por medio de la intercesión de sus hijos.

Lo necesita y, efectivamente, lo exige una situación que clama por la respuesta de Dios. La carga es el llamado personal del Espíritu para que usted interceda.

DIVERSIDAD DE CARGAS DE ORACION

Existen por lo menos cinco variedades de cargas de oración. Todas tienen que ver con el llamado del Espíritu Santo, con el fin de que usted ore y que responda como sacerdote de Dios (1 Pedro 2:5, 9; Apocalipsis 1:6), intercediendo en la tierra mientras que su Señor intercede en el trono celestial.

1. *Carga de oración de emergencia e instantánea.* Esta es un llamado repentino y fuerte del Espíritu, una compulsión repentina en su corazón. Usted siente una presión interna que le impulsa a orar, y presiente que su oración es necesaria. Puede que sea muy específico. Puede ser que usted presienta que alguien está en peligro o en una crisis decisiva; o de repente se acuerda de alguien y siente la necesidad de orar por el mismo. Tan pronto como comienza a orar se hace más pesada la carga y siente la ayuda del Espíritu en la oración.

Todo puede comenzar con un sentimiento general de peligro, de urgencia, o de necesidad, el presentimiento de que algo o alguien necesita la oración. A medida que ora, la carga aumentará probablemente, y alguna persona o situación habrá de venir a su mente.

Puede ser que usted no sepa hasta más adelante a ciencia cierta el motivo de su oración de emergencia. Tal vez nunca lo sepa. Eso no es lo importante. Lo importante es orar al instante. De una cosa puede estar seguro: Dios no anda jugando con usted. Cuando su Espíritu lo empuja a la oración, quizá inyectando por medio de un ángel el pensamiento en su mente, es porque su oración se necesita con urgencia. Las cargas de oración de emergencia son, por lo general, debido a una necesidad breve y urgente. Si usted no ora de inmediato, le falla a Dios y a la situación.

Si al principio no sabe cómo orar, siempre puede decir: "Señor, hágase tu voluntad. No importa cuál sea la necesidad, que se haga tu voluntad. Derrota a Satanás. Ayuda a aquel que te necesita. Obra con poder. Obra en este momento". Y puede hacerlo en el nombre de Jesús. Puede también pedir por la sangre de Cristo. Puede, además, reclamar la victoria de Cristo en el Calvario. Prevalezca, y al hacerlo, el Espíritu puede ser que le aclare cada vez más el motivo por el cual usted está orando. Persevere hasta que Dios le quite la carga de oración y le dé paz.

J. Oswald Sanders, respetado líder de la Fraternidad Misionera de Ultramar, estaba de viaje por la China central, en una zona infestada de ladrones. Más tarde recibió una carta de su esposa, quien le preguntaba si él había estado en algún peligro en una fecha y en un momento específicos. Ella se hallaba en cama a la media noche, cuando recibió una tremenda carga de orar por él. Posteriormente, él se dio cuenta de que esta carga de oración en la media noche ocurrió en el preciso momento en que él atravesaba por el sitio infestado de bandidos.

Durante la Segunda Guerra Mundial, un capellán inglés se hallaba a bordo de un buque que cruzaba el Canal de la Mancha. Se despertó en la noche con una fuerte carga de orar por el bienestar de todos los que venían a bordo. Se le había asegurado que no había ningún peligro en aquella zona, mas él clamó a Dios al instante para que los librara. Prevaleció hasta que vino la paz a su corazón. En aquel instante el oficial de buque vino a donde él estaba y le dijo: "¡Capellán, por poco tropezamos con una mina flotante, si no llegamos a verla a tiempo!" Esa misma semana dos buques que transportaban tropas, se hundieron en esas mismas aguas, y perecieron más de mil quinientos hombres. Dios le había dado una carga instantánea en el tiempo de necesidad.

2. *La carga de oración que se profundiza gradualmente.* A veces Dios dirige su interés hacia una persona o situación que requiere oración. Al principio puede ser que usted ore esporádicamente, cuando piensa en esto, pero a medida que el tiempo pasa, se dará cuenta de que la necesidad puede que ocupe un lugar habitual en sus ruegos, hasta que se convierte en una carga de oración en su corazón. Puede aun convertirse en uno de los asuntos más importantes por los que ore. Usted comienza a darse cuenta de que Dios le concede la responsabilidad de orar regularmente y con intensidad por esa persona o necesidad, hasta que llega su respuesta.

En las etapas iniciales de esta carga de oración que se va profundizando, puede ser que usted no se dé cuenta que el Espíritu está concretamente dirigiendo su oración. Mas al seguir orando, estará cada vez más seguro de que se trata de una auténtica tarea de oración procedente de Dios. Entonces, usted está en el deber de interceder disciplinadamente. Usted puede emplear sabiamente los momentos libres orando por esta necesidad. Las mismas fibras de su corazón se entretejen con la necesidad. Cada creyente debe llevar en su lista personal de oración, varias cargas de oración como la mencionada.

Mientras ministraba en Perth, Australia, me sentí guiado a apartar un día para la oración y el ayuno. Me fui solo a la playa, sin saber por qué Dios me había guiado allí. Mientras oraba, la carga se profundizó enormemente. No podía imaginarme por qué. Esa noche una mujer que padecía de opresión demoníaca, fue liberada. La mañana siguiente su esposo, poseído por los demonios, por quien los diáconos habían estado orando durante seis meses, fue salvo, y varias docenas de personas recibieron nueva bendición espiritual. Una pareja fue llamada a ir al campo misionero, y llegaron a éste en seis meses. A mí no me hacía falta saber por qué motivo tenía la carga; sólo me era necesario ser fiel.

3. *Interés en la oración que gradualmente se profundiza y se convierte en carga de oración.* A veces Dios coloca a una persona, una situación, o una necesidad especial en su corazón, y lo hace de una forma en que el interés se profundiza gradualmente. Puede ser que le venga a la memoria de continuo durante su tiempo de oración. Tal vez usted vea la necesidad de incluirla en su lista de peticiones. Quizás usted ore por esa persona intermitentemente durante semanas o meses. Luego se da cuenta de que su interés se ha convertido en una reponsabilidad espiritual, y que el amor que siente hacia la persona por quien ora se hace cada vez más profundo.

Puede ser que el interés en orar por este asunto se intensifique marcadamente durante un período de varias horas o aun de varios días. Dios le está llamando a cumplir con una reponsabilidad de oración especial. Y, de repente, un día usted puede llegar a sentir la profunda e instantánea carga de oración que acabo de describir.

Recuerdo una preocupación de oración que tuve por un período de varios meses, por un ser querido. Luego transcurrieron dos semanas en las que esta persona estaba a menudo en mi corazón, por lo que utilicé los momentos libres en repetidas ocasiones para orar. Una tarde quedé poderosamente atrapado por una carga de oración que vino instantáneamente. Prevalecí durante varias horas en honda intercesión prevaleciente, y entonces Dios me quitó la carga. Después me enteré de que a esa misma hora, a varios miles de millas de distancia, Dios había contestado aquella oración.

Existen miles de hijos de Dios que han tenido esa misma experiencia.

La señora Les Wait, misionera en Taiwan con "Overseas Crusades" (Las cruzadas de ultramar), experimentó una carga deprimente que pesaba sobre ella durante dos días. Ella no sabía por qué, mas presentía que algo estaba a punto de sucederle a un ser querido. Al tercer día la carga se hizo más pesada. El señor y la señora Wait oraron de manera especial a Dios, con el fin de controlar las circunstancias y derrotar a Satanás. Un tiempo después recibieron una carta de su hija Debbie, que vivía en California. Ella les informaba que a la hora precisa en que ellos prevalecían en oración, el automóvil de Debbie golpeó una barrera, se volcó y quedó totalmente destruido; mas las muchachas que iban en él, sólo recibieron lesiones de menor importancia.

La señora Hulda Andrus, madre de Jacob DeShazer, a quien derribaron cuando volaba sobre el Japón, durante la guerra, varias veces recibió cargas de oración por su hijo. Una noche se despertó con una inmensa carga, por lo que clamó a Dios al instante. De repente la carga se había ido y ella se volvió a dormir. Después se enteró de que esto ocurrió en el mismo instante en que el avión que piloteaba su hijo era derribado. Ella ni siquiera sabía que su hijo se encontraba en esa parte del mundo, pero luego se le informó que había sido capturado por los japoneses.

Ella, por supuesto, siguió orando por él. Y una tarde, cuando comenzaba a dar gracias por su almuerzo, de repente una carga de oración se apoderó de ella. Ella se paseaba de un lado a otro, clamando al Señor para que protegiera a su hijo y lo salvara. Mientras que prevalecía recibió la seguridad de que Dios había escuchado su oración.

Pero, un poco más tarde, una tercera carga de oración le llegó, y esta vez claramente por la salvación de Jacob. Ella estaba dispuesta, si era necesario, a enterarse de su muerte si sólo su alma se salvaba. De nuevo oró hasta tener la seguridad de que Dios había obrado. Dios no sólo salvó a su hijo en una cárcel en Japón, sino que lo llamó para que fuera misionero. Hasta donde se puede verificar, esta obra de Dios ocurrió mientras que ella oraba por él. Después de la guerra, DeShazer fue puesto en libertad y se preparó para la obra misionera. Luego regresó al Japón como misionero, donde fue usado para ganar a muchos para Cristo.

4. *Carga de oración a largo plazo.* Puede ser que Dios le dé una carga de oración a largo plazo a sus hijos. Por supuesto, que todos los cristianos deben llevar cargas de oración a largo plazo, que deben incluir en su lista diaria de oración, y en particular en sus momentos más prolongados de oración.

Estas cargas de oración a largo plazo pueden ser necesidades como una campaña evangelística, en la que se empieza a orar con meses de antelación; o puede ser para que otorguen una visa a un misionero, para la sanidad de una persona, o para la salvación de alguien.

Desde que he tenido uso de razón recuerdo que mi madre ha llevado una carga de oración por la China. Luego, cuando Dios me llamó de niño para ir a la India, mamá oraba por la India y por la China todos los días. Ella no sólo oraba, sino que daba sacrificatoriamente para sostener la obra misionera de la OMS Internacional en esos dos países. No puedo recordar ningún tiempo de oración familiar en que mamá no orara por esos dos países, largamente y con intensos anhelos. En efecto, durante los últimos veinte o treinta años de su vida, no recuerdo haberla escuchado orar, durante la oración familiar diaria, por estas dos naciones sin llorar, con motivo de la pesada carga que por la salvación de ellos tenía. Era una persona muy callada y poco emotiva, pero amaba tan profundamente que oraba con lágrimas, día tras día, por la carga que tenía por esta gente. ¡Imagínense la recompensa que Dios dará a tales intercesores, que prevalecieron llevando tales cargas!

La señorita Anna Nixon, misionera de Amigos Evangélicos a la India, contó la emocionante historia de una vez que visitó a la señora Ethol George, que durante setenta años, llevó una carga de oración por las misiones, especialmente por la India. Ella anhelaba ir de misionera a la India, pero cuando su amiga, Carrie Wood, se fue a la India, ella se convirtió en su compañera de oración. Llorando contaba lo decepcionada que se sentía de no haber podido ir. Mas las dos damas acordaron que cada vez que a Carrie le hiciera falta la oración, ella le pediría al Señor que se lo hiciera saber a Ethol George, con el fin de que se entregara a la oración.

Al cabo de varios años de tener este compañerismo de oración, Carrie escribió acerca de la necesidad de capacitar a cuatro hombres jóvenes para la obra. Ethol y su esposo escogieron a uno de ellos, Stuti Prakash, y comenzaron a apoyarlo. Día tras día a lo largo de los años, ella llevó la carga de oración en favor de Stuti. Sobre su tocador estaba puesta la foto de Stuti Prakash, por quien ella oraba, y la foto firmada por el propio primo de Anna, el presidente Nixon, por quien ella también oraba. Cuando Anna y Carrie se arrodillaban para orar, la presencia del Espíritu Santo las rodeaba de tal forma que la señorita Nixon comentó que jamás en su vida había sentido tal dimensión del Espíritu Santo orando por medio de dos personas, como la experimentada aquel día.

Usted puede llevar en su corazón un ministerio de oración por una o más personas, y conducir a su favor un interés de oración a largo plazo, el cual Dios puede convertir en una verdadera carga de súplicas. Usted se puede convertir en compañero de oración de esa persona, y puede penetrar en cualquier fase del ministerio de esa persona mediante la carga de oración que usted lleva.

Otras posibles cargas a largo plazo pueden ser por el ministerio de un equipo evangelístico (Billy Graham, Luis Palau, o de otros); el mundo musulmán, el mundo hindú; la gente no alcanzada, los refugiados, los que han sido encarcelados por su fe; por asuntos de crucial importancia, como el crimen, las drogas, la pornografía, el abuso de los niños; ministerios étnicos; avivamientos a nivel mundial, avivamiento en su propia nación o en su denominación; y por los líderes de su país. La lista de posibles cargas de oración a largo plazo es casi interminable. Cada creyente debe llevar cargas de oración constantemente por diversos asuntos importantes.

5. *Cargas de oración a largo plazo que exigen movimientos de oración.* Numerosos de los asuntos mencionados en la lista anterior son de tanta urgencia que requieren movimientos enteros de oración. Usted puede formar parte del movimiento de oración en favor del avivamiento mundial, por el mundo musulmán, por la cosecha mundial, o por los no evangelizados. Puede ser que le sea posible recibir un boletín de oración de diversas fuentes, que tengan que ver con tales movimientos de oración, en los que usted desea participar. Haga todo lo que esté a su alcance, no sólo para llevar una carga de oración continuamente, sino también para conseguir las oraciones de tantas personas o grupos como sea posible. Que Dios nos convierta a todos en movilizadores de oración.

Descripción de la carga de oración

Una carga de oración es una preocupación espiritual en el corazón de Dios, que es impartida por el Espíritu Santo a alguien cuya intercesión él desea utilizar. Jesús ha estado intercediendo por esta necesidad, y ahora el Espíritu necesita que usted se una a la intercesión de Jesús. Se trata de un nivel especial de intensidad y de responsabilidad en la oración. Consiste siempre en una encomienda especial para usted, de parte del Señor, de un llamado especial del Espíritu a la fiel intercesión. Es una señal de las prioridades que el Espíritu tiene para usted.

1. *La carga de oración es una preocupación espiritual.* Se trata de una preocupación no egoísta tocante a la voluntad de Dios, sobre una persona o situación. Es un deseo de que se manifieste la misericordia y la ayuda de Dios, y por lo más elevado y lo mejor. La preocupación pesa sobre la persona que está orando, provocándola a orar todo lo posible por esa necesidad. Comparte con la persona que ora la misma compasión y el mismo deseo que tiene Dios.

2. *La carga de oración la da Dios.* Su fuente no es la simpatía natural, la emoción, o la predilección. No es algo que se ha intensificado por medio de la oración prolongada o escandalosa. No es el producto de la manipulación psicológica o de la psicología en masa. Aunque esto puede transmitirse de una persona a otra, ocurre primordialmente entre aquellos que son espirituales, que están profundamente comprometidos, y hondamente involucrados en la intercesión. Una carga que es primordialmente emocional ha ser superficial y no producirá resultados espirituales duraderos. Se trata de una carga que se origina en el corazón de Dios, lo cual indica que es una parte válida de la intercesión de Cristo, y que se le comunica a usted por medio de la dirección y del contacto del Espíritu.

3. *La carga de oración es algo muy personal.* Puede ser que otras personas no compartan su visión, ni su carga, ni tampoco su preocupación. Mas si se trata de algo que Dios pone en su interior especialmente, usted es el que tiene la reponsabilidad de interceder. Es un compromiso entre usted y el Señor. Por tanto, debe llevar la carga por esta necesidad en el nombre del Señor o, para ser más precisos, en sociedad intercesora con el Señor.

Esto comienza de manera oculta y privada en su propio corazón. La carga de oración ha de ser llevada primordialmente delante del Señor en el lugar secreto. Nadie puede saber completamente la profundidad que tiene la preocupación que el Señor coloca sobre su corazón. La carga tal vez descanse con tanto peso sobre usted, que los demás se darán cuenta de que hay algo que pesa mucho sobre su persona. Nehemías llevó una carga semejante (Nehemías 2:2-3). Puede ser que los demás se den cuenta, como resultado de la profundidad de sus oraciones, si usted hace mención de esta necesidad en particular, mientras hace una oración en público. No hay nada malo en que los demás comiencen a darse cuenta, pero usted no debe andar compartiendo su preocupación ampliamente, a no ser que el Espíritu le guíe a hacerlo de esa forma (Mateo 6:16-18). Se trata de un secreto sagrado que usted ha recibido del Señor.

4. *La carga de oración puede llegar a conmoverle profundamente.* Cuando el Señor coloca pesadamente sobre usted la carga, literalmente ejerce un peso sobre su corazón. Mientras más completamente se identifique con la necesidad, más hondamente la sentirá. Puede ser que incluya un amor "ágape" dado por Dios, más profundo hacia aquellos que tienen la necesidad. Debe incluir una percepción de peligro real o de preocupación santa, por el peligro de que se pase por alto la voluntad de Dios o que no se cumpla.

Usted se dará cuenta de que mientras más hondamente le conmueva la carga, más poderosamente estará envuelto todo su ser. Cuando usted se encuentra casi totalmente inmerso y poseído por la carga, que sigue presente durante horas o días, puede ser que pierda el apetito y el sueño. Puede ser que llegue a derramar lágrimas sinceras (Salmo 42:3), lo cual puede ser una súplica poderosa delante de Dios (56:8). Dios se conmueve por la profundidad del deseo que se pone de manifiesto en el llanto sincero (2 Reyes 20:5; Salmo 126:5).

5. *La carga de oración lo hace ser responsable.* Una carga dada por el Espíritu constituye un mandato especial del Señor. Puede ser que usted sea la única persona a quien el Espíritu le asigna esta carga de oración. O quizá su oración intensa es necesaria para añadirla a la intercesión que hacen otros, a quienes Dios ha dado la misma carga de oración. Las biografías cristianas y la historia registran miles de ejemplos de la forma en que Dios ha obrado, salvado, bendecido, protegido, sanado, enviado avivamiento, y proporcionado otras magníficas contestaciones a la oración, cuando alguien fue fiel a tales cargas de oración, a tal llamado y mandato del Señor. A menudo, las evidencias demuestran que esa oración

era necesaria en el preciso momento en que el Espíritu hizo el llamado para que intercediera, otorgando la carga de oración.

Si Dios obra tan poderosamente a la hora exacta en que alguien responde fielmente a una carga de oración dada por Dios, ¿qué ocurre si esa persona no llega a orar? ¿Nos sorprenderemos en la eternidad por las victorias que no se ganaron, por las personas que no se rindieron a Dios, o por las grandes o posibles respuestas a la oración que nunca se recibieron, debido a que nosotros, u otra persona, no fuimos fieles en responder a la carga de oración que Dios procuró darnos?

30

Cómo llevar una carga de oración

1. CONCEDALE TAN INMEDIATA atención a la carga como le sea posible. Las cargas repentinas de oración son las señales de peligro mediante las cuales Dios solicita su ayuda. Si es posible, interrumpa su actividad presente y ore de inmediato por la necesidad que Dios coloca en su corazón.

2. *Concéntrese principalmente en esta carga.* Si es posible, procure estar a solas donde nadie pueda interrumpirlo, mientras que se dedica a la intercesión. Si la carga de oración persiste hasta la hora de comer, ayune además de orar. Si está orando durante varias horas, tenga a la mano papel y lápiz para que pueda tomar notas sobre los pasos a seguir que Dios le muestra, a fin de contribuir a la respuesta de la oración o para reclutar a otros intercesores.

Además, anote cualquier idea que viene a su mente o deberes relacionados con su vida cotidiana, para que no se les olviden. Los largos períodos de oración, a menudo liberan nuestra mente de tal forma que podemos pensar de manera en extremo creativa; mas no nos conviene desviarnos de la carga de oración que Dios nos ha dado. Debido a que usted libera su mente de otras cosas, puede ser que se acuerde de asuntos importantes. Anótelos para que pueda de inmediato regresar su intercesión primordial.

3. *Resista en oración hasta que Dios le quite la carga.* Si usted no le puede dedicar el tiempo necesario a la oración en ese momento, ore lo más que le sea posible y luego regrese a la oración tan pronto pueda para concentrarse en la intercesión. Si se trata de una carga de oración que Dios le ha ido poniendo poco a poco por un tiempo, aproveche cada oportunidad para orar por esta carga, ya sea durante algunos minutos o por espacio de varias horas.

Si la carga continúa por espacio de días o más, habrá momentos intermedios en que Dios le permitirá descansar de su carga y realizar sus otras tareas. Mas en la hora de la oración, en momentos libres, o cuando usted aparte una hora específica para este fin, El le devolverá la carga y le permitirá dar pasos de avance en la oración, o acumular más tiempo de la misma en su presencia, hasta que Dios abra una brecha y la oración sea contestada.

4. *En el caso de cargas de oración que se prolonguen, Dios puede conducirle a obtener las oraciones de otras personas.* No todas las cargas de oración se pueden compartir. Confíe en que Dios le guiará en este asunto. En el caso de cargas de oración más generales, tales como el avivamiento en la iglesia, la sanidad de una enfermedad que no es secreta, la liberación de alguien del poder demoníaco, las drogas, o necesidades arraigadas por el estilo, puede ser que a Dios le agrade que usted movilice las oraciones de intercesores perceptivos que usted sabe que se le van a unir en corazón y alma en esta intercesión. Puede ser que muchos cristianos no estén en condiciones espirituales para la intercesión y las batallas en la oración. Quizá se caractericen más por la falta de fe que por la fe. Permita que Dios le guíe en relación a cuántos hacerle saber la necesidad.

COMO ESTAR DISPONIBLE PARA LA CARGA DE ORACION

1. *Mantenga una vida de oración disciplinada.* Por lo general, Dios le da una carga de oración intercesora a aquellos que ya son fieles en la intercesión, o les otorga una carga de oración de emergencia. Sin embargo, en algunos casos, Dios le da tales cargas de oración a un nuevo creyente, porque él sabe que esa persona, en su nuevo amor y celo, obedecerá al instante; Dios quiere mostrar a este nuevo creyente lo que él puede hacer mediante la oración, o tal

vez porque ese creyente conoce a la persona por quien hace falta que se ore. Por lo general es más fácil que Dios nos haga conscientes de una carga de oración cuando conocemos a la persona por la que ya estamos orando.

Una mujer en Inglaterra, quien me había oído hablar, conocía mi papel en la OMS Internacional, por lo que probablemente fue más fácil para Dios alertarla cuando yo tenía una necesidad. Cuando nuestra hija menor yacía desangrándose en un patio en los Estados Unidos, Dios le habló a esta mujer. La sacó de la cama y la puso de rodillas, y ella prevaleció por la familia de Wesley Duewel. Ella no sabía a ciencia cierta cuál era la necesidad.

Por algún motivo Dios me dejó dormir feliz en Londres, donde estaba dando conferencias, mientras la alertaba a ella para que orara. Ella prevaleció en el tiempo exacto de la necesidad. Encontraron a nuestra hija, y mediante una serie de milagros fue revivida (aunque ya había parado de sangrar). En la actualidad ella es misionera en Indonesia. Esa querida mujer fue una fiel intercesora, de modo que estaba disponible para Dios.

2. *Viva en el Espíritu.* Las cargas de oración se las da el Espíritu Santo. Mientras más completamente el Espíritu controle su vida, más podrá guiarle y obrar a través de usted. El es el Espíritu de intercesión, así que está deseoso de ayudarle a interceder. A no ser que usted esté lleno del Espíritu Santo, El no le controla completamente, ni le es posible utilizarle de manera cabal. Asegúrese de que usted ha sido lleno del Espíritu. Asegúrese de que vive en la plenitud del Espíritu y de que ora en el Espíritu.

3. *Mantenga sus oídos alertas.* Usted puede aprender a desarrollar la vigilancia espiritual y la disponibilidad para Dios, a estar especialmente dispuesto a que El le guíe. Vea el capítulo 17: "El secreto de escuchar" en mi libro *Let God Guide You Daily* (Deje que Dios le guíe diariamente). Si usted de veras desea que Dios lo utilice, y en particular que use su vida de oración, puede aprender a percibir su dirección o su voz, y aprenderá cuán deseoso está Dios de guiarle en todos los aspectos de su vida diaria. Entonces descubrirá que continuamente Dios le dirige en la oración. Al estar alerta ante el Señor, usted estará más dispuesto a que el Espíritu le conceda una carga de oración.

4. *Practique una obediencia constante.* Cuando Dios le dé una tarea de oración, sea fiel de inmediato y regularmente a la misma.

No permita que nada en su vida contriste al sensible Espíritu Santo. Esté deseoso de caminar en la toda la luz que Dios le da. No permita que surja ninguna tensión entre usted y cualquier persona. Y si ocurre, hasta donde le sea posible, procure humildemente tomar la iniciativa y procure quitar esa tensión. Coloque la voluntad de Dios, su Palabra y la oración en constante prioridad en su vida.

5. *Póngase en contacto con la visión y la necesidad.* Lea escritos y periódicos que le pondrán en contacto con lo que es la visión de Dios para el mundo y las necesidades que lastiman a la gente. Asista a cultos en los que esté en contacto con la necesidad. Participe en actividades en las que verá con sus propios ojos las necesidades de oración. Visite a los enfermos. Gánese la confianza de una persona que no es salva a quien usted desea conducir al Señor. Escríbale a un preso en la cárcel local o de su distrito; visite y demuestre su amor cristiano. Involúcrese mediante la oración, el dinero o personalmente (en la forma que le sea posible) en el ministerio de las cárceles, en las zonas bajas de la ciudad o en cualquier otra labor misionera.

6. *Utilice una lista de oración.* Tenga una lista de oración en la iglesia, con el fin de recordar a su pastor o a sus pastores, a su líder juvenil, a los líderes laicos, a los nuevos miembros, y los posibles miembros.

Pídale a Dios que le muestre qué países poner en su lista diaria de oración; y ore por una o más personas que necesiten conocer el evangelio. Haga al menos una corta lista de personas a quienes usted desea conducir a Cristo. Mantenga una lista temporal de necesidades que están siempre cambiando: gente en el hospital, alguien enfermo, personas sin empleo o desalentadas; y otra de necesidades especiales que se aproximan, por las que usted desea orar. Emplee una lista corta de líderes gubernamentales, incluso el presidente de la nación, el vicepresidente, y otros líderes políticos y personas con cargos importantes en el gobierno. Cuando usted se encuentra intercediendo por la causa de Dios y por necesidades como las anteriores, a Dios le resulta fácil colocar una carga especial en su corazón, cuando sea necesario orar de inmediato.

No se preocupe del momento en que Dios le habrá de conceder una carga de oración. Ocúpese usted en ser fiel en la disciplina de la intercesión diaria. Ore con amor por aquellas necesidades que usted conoce. Planee estar suficiente tiempo con Dios. Planee tiempos especiales a solas con Dios. Aliméntese de su Palabra cada vez que pase tiempo en oración. Regocíjese en el Señor. Amelo a El y a los demás. Y a medida que vive en íntimo compañerismo con el Señor, El comenzará a profundizar su interés en las necesidades por las que desea que usted se responsabilice de manera especial. Y cuando usted sienta una especial atracción hacia la oración, por cualquier persona o situación, no demore en obedecer, pues Dios le utilizará cada vez más en intercesión especial y para llevar cargas.

31

Luchando por respuestas a la oración

SEXTO NIVEL: LUCHANDO EN LA ORACION

LA BIBLIA ENSEÑA que hay un sexto nivel en la oración prevaleciente: la lucha. Jesús luchó en oración en Getsemaní (Lucas 22:44). Epafras estaba "siempre rogando en sus oraciones" por la iglesia de Colosas (Colosenses 4:12). En ambos casos el término griego que se emplea tiene relación con la lucha agonizante de los juegos olímpicos de Grecia. De aquí proviene nuestro término castellano "agonizar".

Luchar en oración es agonizar en oración. La oración agonizante es siempre por un tiempo limitado. Cuando Jesús agonizó en el huerto, fue sólo por espacio de unas tres horas. Epafras agonizaba continuamente cuando oraba por sus amados cristianos en Colosas (Colosenses 4:12-13).

La carga en la oración puede ser de diversos grados de intensidad. Mas una agonizante carga de oración, una fuerte lucha en la misma, constituye quizá el más alto nivel de intensidad en la oración del que el ser humano es capaz. Nadie jamás ha luchado como Jesús en la oración, cuyas gotas de sudor eran como grandes gotas o coágulos (en griego) de sangre. Nuestra lucha no será hasta la sangre, pero bienaventurados son aquellos de sus seguidores que han seguido a su Señor en la poderosa lucha de oración. Estos esfuerzos son frecuentemente utilizados por Dios para lograr grandes victorias.

Existe una relación estrecha entre la carga de oración, la lucha y la batalla en oración. La carga de oración es un peso de preocupación, mas no incluye obligatoriamente la agonía en la oración. La lucha en la oración es una carga de oración muy intensa, una forma espiritual de atacar con todos los recursos las fortalezas de Satanás, o una costosa agonía de santo deseo dado por el Espíritu. La guerra en la oración es una tarea de más largo plazo, la cual puede incluir la carga en la oración y la lucha en la misma de vez en cuando. Continúa día tras día hasta que Satanás es desalojado de vidas o situaciones que se ha hecho el propósito de controlar. Esto lo describiremos en un capítulo posterior.

Bounds, escribiendo acerca de la lucha en la oración, "hasta que el fuego caiga y descienda la bendición", agregó: "Puede ser que esta lucha no sea vociferante o vehemente, sino callada, tenaz y urgente".[1]

Puede ser que la lucha en la oración se realice en silencio, aun en cama, sin que se enteren aquellos que nos rodean. O puede incluir fuertes gemidos y lágrimas. La lucha se realiza principalmente en el espíritu, aunque puede afectar su cuerpo.

Permítanme hacer hincapié en el hecho de que estos tres niveles de intensa intercesión no los produce uno mismo. Los otorga el Espíritu. Usted no excita sus emociones sino que se rinde al poderoso prevalecer del Espíritu en usted. Toda la obra que hace el Espíritu en usted está sujeta a su rendición a la dirección de El, a su profunda vida en el Espíritu, de manera que pueda impartirle sus santos anhelos y su pasión. Usted procura y lucha, mas lo hace porque en usted hay un clamor del corazón que refleja el clamor del corazón de nuestro Señor.

Dios conoce su cuerpo y las limitaciones de éste. Sería demasiada carga física y nerviosa que usted compartiera una carga a cada momento, que agonizara luchando en oración durante largos períodos de tiempo, y que estuviera de continuo involucrado en guerra de oración. Dios quiere que usted tenga momentos de comunión gozosa en la oración, profundo descanso en la fidelidad de Dios, y que se sumerja en su paz. El Espíritu Santo practica buena mayordomía de su cuerpo, puesto que es su templo. Uno no pierde el espíritu de la oración prevaleciente en momentos así. Cuando usted vive en el Espíritu, ora en el Espíritu, es dirigido por El, está disponible para las tareas de intenso prevalecer dadas por el Espíritu, cuando a El le hace falta que usted ore a ese nivel.

LA LUCHA EN LA ORACION ES TRABAJO ESPIRITUAL

Toda intercesión es comunicación verdadera e importante con Dios. No es algo impensado, aun cuando es sencillamente hermosa. Es tan sagrada e importante para Dios como para nosotros. Es actividad del reino, ministerio de éste. Mas la oración prevaleciente, en particular en su forma más intensa, incluye trabajo, esfuerzo y perseverancia.

La oración —prevaleciente, lucha en la oración— puede llegar a ser la labor más difícil que usted pueda realizar. Exige completa sinceridad, intenso deseo, completa concentración, determinación completa del alma. Exige autodisciplina el darle completa prioridad a la búsqueda de la respuesta de Dios. No lo convierte en un recluso, pero sí le obliga a escoger entre lo bueno y lo mejor. Su santo valor y su potencial pueden separarle de lo trivial, lo puramente secular, y de lo transitorio y momentáneo.

Coleridge decía que la oración era "la mayor energía que era capaz de generar el corazón humano".[2] La oración puede ser la forma más intensa de hacer guerra cristiana. La oración es tan sencilla, tan natural, que hasta un niño la puede practicar. Mas la oración prevaleciente puede valerse de la experiencia espiritual de uno, y de todos los recursos mentales, emocionales y espirituales.

Es probable que un motivo por el cual hay tan pocas personas que luchan en oración, es que son pocos los que están preparados para las exigencias tan fuertes de este tipo de oración. Puede llegar a ser espiritualmente agotadora y exigente en cuanto a lo físico. Usted se da cuenta que están en juego el éxito de una empresa apremiante, la vida de un enfermo, el destino eterno de un incrédulo, el honor del nombre de Dios, y el bienestar del reino de Dios.

La lucha en oración recluta todos los poderes de su alma, ordena sus más hondos deseos santos, y emplea toda la perseverancia de su santa determinación. Usted pasa a través de múltiples dificultades. Hace retroceder las densas y amenazantes nubes de las tinieblas. Se extiende más allá de lo visible hasta llegar al mismo trono de Dios. Con toda su fortaleza y su tenacidad usted se aferra de la gracia y del poder de Dios. Se convierte en pasión de su alma.

Samuel Chadwick escribió: "Siempre está presente el sudor de sangre en la intercesión prevaleciente".[3]

La lucha en la oración contiene una importunidad espiritual que se resiste a ser negada. Tiene un denuedo santo, humilde y sumiso, que se atreve a recordarle a Dios cuáles son sus deberes divinos, se atreve a mencionarle a Dios sus promesas inquebrantables, y se arriesga a hacerle responsable ante su Santa Palabra.

¿Era impertinencia la de Jacob, cuando se atrevió a luchar con el ser sobrenatural en su noche de oración (Génesis 32:22-31)? ¿Cómo se atrevió a decirle a Dios: "No te dejaré, si no me bendices" (v. 26)? Jacob ya había luchado durante toda la noche, y se había negado a detener la lucha hasta haber prevalecido. Dios estaba realizando una obra transformadora en su naturaleza. Lo estaban llevando hasta el límite de su persona, mas este estado lo hacía ser más osado en la fe. Un nuevo Jacob prevalece con Dios, porque Dios había prevalecido sobre él. No, Jacob no era impertinente. Ahora se encontraba en el terreno en que debía prevalecer.

E. M. Bounds escribe: "La cualidad de lucha de la oración importuna no brota de la vehemencia física o de la energía de la carne. No es un impulso de energía, ni una simple intensidad del alma; es una fuerza incrustada, una facultad implantada y despertada por el Espíritu Santo. En sí es la intercesión del Espíritu de Dios en nosotros".[4] Uno no lucha prescindiendo del Espíritu Santo. Sólo El puede darle el santo denuedo que a la vez se somete a Dios, pero que es valiente en reclamar la promesa de Dios, y esto ante el mismo rostro de Dios.

Jesús, como Hijo del Hombre, estaba lleno del Espíritu en su bautismo; regresó del Jordán "lleno del Espíritu Santo"; volvió a Galilea "en el poder del Espíritu"; anunció que el Espíritu del Señor reposaba sobre él, y sanaba porque "el poder del Señor estaba con él para sanar" (Lucas 5:17). El pronunció la palabra y la gente fue sanada, habló y los demonios fueron echados, el agua se convirtió en vino, el viento y las olas le obedecieron, habló y los muertos resucitaron. Mas cuando se trataba de la oración, oraba durante largas horas: en ocasiones toda la noche. El luchó, agonizó, y clamó con lágrimas. Puede ser que haga falta más poder de Dios para luchar en oración que para realizar un milagro.

Samuel Chadwick se lamentaba por la falta de lucha que había en la oración: "Existe una marcada ausencia de lucha. Hay mucha fraseología, pero poca súplica. La oración se ha convertido en un soliloquio, en vez de en una pasión. No existe otra explicación para la falta de poder de la iglesia... No orar significa no tener apasionamiento ni poder".

Martín Lutero fue un hombre que oró constantemente. Oraba en la mañana, en la noche y a menudo durante el día: aun durante las comidas. Repetía oraciones memorizadas de continuo, en particular el Padre Nuestro, y oraba con los Salmos. Pero cuando tenía una carga de oración, "su oración se convertía en una tormenta, una lucha con Dios, cuyo poder, grandeza, y santa sencillez es difícil comparar con otras emociones del hombre", según dice Freytag, su biógrafo. El derramó su alma en santa emoción y arrojada queja, y aun exhortó en serio a Dios.

Tal poderoso prevalecer en oración ha sido descrito como "azotando las puertas del cielo con las tormentas de la oración". David Brainerd, bajo la fecha 21 de julio de 1744, escribió en su diario lo siguiente: "Fui ensanchado grandemente en oración y mi alma se extendió tanto o tan cerca como nunca, que yo recuerde, lo ha estado en toda mi vida. Me encontraba en tal angustia y suplicaba en forma tan intensa y con tal importunidad, que cuando me levanté de mis rodillas me sentí sumamente débil y sobrecogido: a penas podía caminar bien. Mis coyunturas estaban endebles, me corría el sudor por la cara y por todo el cuerpo, y parecía que la naturaleza se iba a disolver... en mis fervientes súplicas en favor de los pobres indios. Yo sabía que ellos se reunían para adorar a los demonios y no a Dios. Esto me obligó a clamar intensamente para que Dios se manifestara y me socorriera... mi alma imploró largamente".[5] El día siguiente se despertó con la misma carga en su corazón. Día tras día luchó en lo que se convirtió en verdadera guerra de oración.

Cuando John Foster se paseó de un lado al otro del pasillo de su capilla, luchando en oración, dejó una huella a todo lo largo. Cannon Henry Liddon, un brillante profesor de Oxford, y además poderoso predicador, describe lo que es la oración prevaleciente: "Que aquellos que de verdad han orado proporcionen la respuesta. Ellos, a veces, describen la oración como lo hizo el patriarca Jacob, como una lucha con un Poder Invisible, que puede durar, con frecuencia en una vida intensa, hasta el amanecer... Al orar, han tenido sus ojos puestos en el Gran Intercesor en Getsemaní, en las gotas de sangre que cayeron al suelo en la agonía de la resignación y el sacrificio".[6]

Luchando por respuestas a la oración

En los juegos olímpicos en la antigua Grecia, cada luchador perseguía lanzar a su oponente al suelo y ponerle el pie sobre el cuello. Era una incesante y poderosa agonía hasta obtener la victoria. Este es el vocablo que Pablo empleó para referirse a este nivel de oración prevaleciente, al que llamó agonía (Colosenses 4:12) y lucha (Efesios 6:12). Se trata de un conflicto incesante. Las fuerzas tenebrosas de Satanás están siempre a la ofensiva contra la iglesia de Cristo, siempre procurando engañar, dominar, destruir y derrotar los ejércitos de Cristo. Muy pocos cristianos saben mucho, en su propia experiencia personal, acerca de la lucha en contra de tales ejércitos y de la guerra por medio de la oración.

¿Por qué luchamos?

¿Por qué ha determinado Dios que nosotros luchemos? El abarcante propósito de Dios incluye el desarrollarnos espiritualmente y convertirnos en socios y guerreros ahora, para que podamos participar en su victoria y de sus recompensas de victoria en la eternidad. Es de su gracia y de su amor que Dios ha querido que sus intercesoras más fieles participen en la lucha de oración.

1. *Para que nos demos cuenta de nuestra dependencia de Dios.* Mientras más hondamente sintamos nuestra incapacidad y nuestra debilidad, más completamente podemos echarnos sobre él. La humildad es el primer paso que conduce a la gracia y el poder de Dios.

2. *Para ayudarnos a tener un corazón como el de Cristo.* Cristo es el gran Luchador. El luchó en oración contra los poderes de las tinieblas mientras que estuvo aquí en la tierra. El día de la lucha no terminará hasta que Satanás no sea atado y echado fuera. Ahora Cristo debe luchar por medio de nosotros, el que está en el trono debe compartir con nosotros su sentir, para que podamos ver al mundo, a los perdidos, y a las fuerzas demoníacas que se nos oponen desde su punto de vista. La lucha nos ayuda a compartir su visión, su odio hacia el pecado y su santa determinación de derrocar a Satanás.

3. *Para enseñarnos a mantenernos alertas espiritualmente.* Pablo reconoció que Satanás siempre procura engañarnos y ser más astuto que nosotros. Debemos tener cuidado con sus estratagemas (2 Corintios 2:11). El trata de zarandearnos como si fuéramos trigo (Lucas 22:31). El se disfraza como ángel de luz (2 Corintios 11:14).

El anda al asecho como león rugiente (1 Pedro 5:8-9). La lucha en la oración nos enseña a velar y estar siempre orando (Efesios 6:18). Así como un luchador debe prestar especial atención a cada movimiento que hace su contrincante, la lucha nos enseña a mantenernos despiertos y alertas para Dios.

4. *Para enseñarnos pasión y vehemencia espirituales.* Mientras más luchamos espiritualmente, más hondamente puede el Espíritu Santo encendernos con su pasión y con su santa y vehemente oposición contra Satanás, y contra todas las fortalezas, engaños y estrategias del mismo.

5. *Para enseñarnos el secreto de la victoria triunfante.* Aprendemos a triunfar mediante la ayuda del Espíritu. Esto no es un manual de batalla ficticia. Aprendemos a conocer los engaños de Satanás confrontándolos. Aprendemos a utilizar el poder de nuestras armas espirituales utilizándolas. Aprendemos lo que es la guerra espiritual enfrentándonos en oración a los poderes de las tinieblas. Para la victoria son necesarias tanto el poder como la habilidad. El Espíritu nos enseña la habilidad espiritual mientras luchamos.

6. *Para que se fortalezca nuestra fe.* La fe se purifica y se fortalece cuando vencemos la resistencia a que nos enfrentamos en oración y franqueamos los obstáculos que impiden que nuestras oraciones sean contestadas. La fe se fortalece por el ejercicio. Es necesario que nos alimentemos de la Palabra y que vivamos en el Espíritu, mas sólo cuando ponemos en práctica la fe pasamos de la fe teórica a la fe como el medio de Dios para obtener la victoria. La fe parece ser más poderosa en la confianza del nuevo creyente y en la fe madura y militante del guerrero que ha sido probado en la batalla. La fe debe ir más allá de la confianza en Jesús. Debe convertirse en un fuerte escudo en la batalla y en una poderosa arma espiritual de ataque. Como un músculo espiritual, mientras más ejercitemos la fe, más fuerte y poderosa se hace.

7. *Para ser capaces de acumular recursos para la oración.* La oración intensa y, en particular, la lucha en la oración y la guerra en la misma se pueden acumular como si se tratara de un banco en el que guardamos un tesoro espiritual.

Así como a un ejército le hace falta acumular armas, municiones y reservas antes de un ataque poderoso, Dios también se prepara para la penetración espiritual. Esta ley de la oración la vemos en acción aun en el caso de los ángeles. Daniel oró y Gabriel peleó con los demonios que representaban a Satanás durante tres semanas, antes de que Dios acumulara el poder divino en la oración para enviar a Miguel para que se uniera a Gabriel en la guerra espiritual (Daniel 10:2-3, 12-13). Este acontecimiento es un misterio, mas se nos revela claramente en la Palabra. Los discípulos fracasaron porque no habían pasado suficiente tiempo en oración. No habían acumulado suficiente oración (Marcos 9:29).

32

Luchadores santos

¿LUCHANDO CON QUIEN?

AUNQUE NUESTRA PRINCIPAL resistencia en la batalla de oración proviene de Satanás, ¿lucha Dios con nosotros? Hay muchos hombres de Dios que creen que Dios sí lucha con nosotros, en tanto que otros lo niegan rotundamente. ¿Nos enseña la lucha de Jacob que Dios puede oponerse a nosotros hasta que arreglemos ciertas cosas con Dios y los hombres? Casi seguro. Mas si no hay nada que arreglar entre nosotros y Dios, o entre nosotros y nuestro prójimo, ¿a veces nos hace Dios resistencia, por sus soberanos propósitos, a pesar de que estamos orando por lo que concuerda con su más elevada voluntad?

James I. Paker escribe, refiriéndose al obispo J.C. Ryle, a John Owen y a Juan Calvino, lo siguiente: "Esos escritores también me mostraron en el aspecto práctico lo que P. T. Forsyth más tarde me enseñó en teología... que Dios realmente puede hacernos resistencia cuando oramos, con el fin de que nosotros, a su vez, podamos resistir y así sobreponernos a su resistencia y ser de ese modo conducidos a depender de él y a recibir mayores riquezas al finalizar el día".[1]

Spurgeon, Stibbes, Finney y Moody definieron la oración prevaleciente como una fe militante que "parece ser la voluntad permisiva de Dios, para que su voluntad por excelencia se aproxime más a su cumplimiento".²

En la lucha en la oración existe lo que se puede denominar un "asirse de Dios", un agarrarse de su poderosa mano, negándose a soltarla. Así como en la época antiguotestamentaria el último refugio del que buscaba misericordia era aferrarse a los cuernos en las cuatro esquinas del altar del templo, nosotros también, en oración, vamos más allá del templo para asirnos de Dios mismo. En Isaías 27:5, el hebreo se traduce literalmente: "Que se aferren a mí". Isaías se lamenta en su libro, en el capítulo 64 versículo 7: "Nadie hay que invoque tu nombre, que se despierte para apoyarse en ti".

Nuestro lenguaje humano es tan débil. ¿Cómo podemos describir esta santa intensidad en la oración? Para Dios no es una falta de reverencia el que entremos con confianza al trono de la gracia (Hebreos 4:16). El vocablo griego significa hablarle a Dios sin temor y confianza. La confianza santa y el hambre del corazón que produce vehemencia de santo deseo, es muy especial ante los ojos de Dios.

Dios, en el sentido más verdadero, está luchando con los poderes de las tinieblas a través de nosotros. El está agonizando por causa de los pecados del hombre. El ha enviado a su Espíritu a morar en nosotros, a llenarnos y a hacernos poderosos en la oración: en efecto, a orar por medio nuestro con sus santos gemidos. Dios quiere liberar a los cautivos. Tal vez la única forma en que El puede hacer esto es enseñándonos a luchar santamente hasta que estemos tan fortalecidos que nos sea posible luchar, vencer y arrebatarle los cautivos a Satanás en santa lucha de oración.

LUCHADORES CON DIOS

A lo largo de los siglos, hombres y mujeres de Dios han aprendido por experiencia lo que significa luchar en oración y obtener las poderosas respuestas de Dios. Algunos han luchado y han obtenido casi de inmediato, increíbles, e incluso milagrosas respuestas a sus oraciones. Otros han tenido momentos especiales de lucha ante Dios y han visto, como resultado, sus vidas y sus ministerios transformados. Sin duda que por haber llegado a conocer el poder y la bendición de la lucha en la oración, después con frecuencia han luchado ante Dios, mientras que han orado por el adelanto del reino de Cristo.

Otros han prevalecido mediante poderosas luchas de oración, y han dejado sus huellas sobre naciones, tribus, iglesias y organizaciones. En el caso de ellos no se trataba de una lucha en favor de una victoria inmediata, por una persona en particular o por un sitio específico, sino una lucha por las almas de un pueblo o el futuro de un ministerio.

La Reforma es sin duda el resultado espiritual de numerosos luchadores santos. Nicolás de Basle contribuyó a preparar el camino para la Reforma. Se le conocía "como amigo de Dios" y en compañía de otros en quienes influyó, luchó en oración durante muchos años. Nicolás, con otros dos "amigos de Dios", murió como mártir a la edad de noventa años, después de haber luchado por muchos años por los pecados de la iglesia y del mundo.

Siendo que la Reforma se extendió desde mediados del siglo decimoquinto hasta mediados del decimoséptimo, nos damos cuenta rápidamente que la Reforma y los avivamientos en la iglesia que tuvieron que ver con la misma, sucedieron por el poderoso prevalecer de valientes hombres y mujeres de Dios. Muchos eran conocidos por sus luchas en la oración: Savonarola, en los avivamientos en Italia; Martín Lutero, el padre de la Reforma; Juan Knox, quien conmovió a Escocia para Dios; Jorge Fox, quien fundó a los cuáqueros. Entre los santos luchadores ha habido madres en Israel, como Mónica, la prevaleciente madre de Agustín; Madam Guyon, la francesa de los avivamientos de los años 1600; y Caterina Booth, la madre del Ejército de Salvación.

Juan Flavell, pastor en Dartmouth, Inglaterra, a finales de 1600, luchó poderosamente con Dios, poco antes de que una importante batalla marítima se librara entre los franceses y los ingleses. El sabía que muchos de los marinos pertenecían a su parroquia y que se encontrarían en grave peligro. Juntó a todos los suyos con el fin de ayunar y orar, y mientras que los dirigía en oración, él mismo luchó en grande agonía de oración. Ni un solo marino de Dartmouth perdió la vida en aquella batalla marítima.[3]

Henry Martyn, valiente misionero en la India alrededor de 1800, pasaba mucho tiempo en ayuno, humillación personal y oración. El escribió: "Toda mi alma luchó con Dios. No sabía cómo dejar de llorar ante él con el fin de que cumpliera sus promesas, mayormente rogando por su propio poder glorioso".[4]

Carlos G. Finney con frecuencia pasaba períodos en grandes luchas de oración, a lo largo de su ministerio. Toda su vida y su ministerio fueron transformados por un extraordinario día de lucha en oración a bordo de un barco, en 1834, en viaje de regreso del Mediterráneo. El oraba por un avivamiento en los Estados Unidos de América.

> Mi alma estaba en completa agonía. Pasé casi todo el día en oración en mi camarote, o paseándome por el barco en intensa agonía, en vista de cómo estaba la situación. En efecto, me sentí aplastado por la carga que pesaba sobre mi alma. No había nadie a bordo con quien pudiera compartir ni una sola palabra.
>
> El espíritu de oración estaba sobre mí; aquel que he experimentado antes, pero quizá nunca a tal grado, ni por tanto tiempo. Le encarecí al Señor que continuara con su obra, y a que proveyera para sí los instrumentos que fueran necesarios. Era un día largo de verano, a principios de julio. Después de un día de inenarrable lucha y agonía en mi alma, en la noche, el asunto se hizo claro en mi mente. El Espíritu me condujo a creer que todos saldrían y que Dios tenía una obra que yo debía realizar; que podía estar tranquilo; que el Señor continuaría con su obra, y me daría la fortaleza para que yo participara de la forma que El estimara conveniente.[5]

Poco después, Finney inició una serie de conferencias sobre el avivamiento, las que se publicaron con el título de "Conferencias acerca del avivamiento de la religión", tomo que circuló por todo el mundo y que fue reimpreso en galés, francés y alemán. Se publicaron varias ediciones en inglés. Un publicista inglés publicó más de ochenta mil en un breve espacio de tiempo, que constituía una distribución asombrosa para aquellos días.

Estos escritos prepararon el camino para el avivamiento en Gales, Inglaterra, Canadá, el mundo de las islas, y a todo lo ancho de los Estados Unidos de América. Apoyados por su ministerio de continua lucha en la oración delante de Dios, echaron los cimientos para los grandes avivamientos de la "United Prayer Meetings" que tuvieron lugar a todo lo ancho de los Estados Unidos de América, en los 1850. Estos, indiscutiblemente, sirvieron para preparar el camino para el gran avivamiento de Gales, en 1904-5. Los libros de la eternidad probablemente mostrarán que, directa e indirectamente, varios millones de personas fueron ganadas para Cristo como resultado de aquel día de lucha en la oración.

Finney recuperó la salud y siguió con un ministerio de avivamiento por el resto de su vida. El hace el siguiente resumen:

> Que el lector recuerde aquel largo día de agonía y oración en el mar, que Dios habría de hacer algo para el adelanto de la obra de avivamientos, y permitirme a mí, si él así lo deseaba, participar en el avance de esta obra. Estaba seguro de que mis oraciones recibirían contestación, y considero que todo lo que desde entonces he podido realizar, en un sentido muy importante, lo he hecho como contestación a las oraciones de aquel día.
>
> El espíritu de oración vino sobre mí como una gracia soberana que se me había concedido, sin el más mínimo de los méritos. El impulsó mi alma en la oración hasta que pude prevalecer, y por medio de las riquezas infinitas de la gracia en Cristo Jesús, he sido testigo, durante muchos años, de los maravillosos resultados de aquel día de lucha con Dios. En respuesta a la agonía de aquel día, él ha seguido dándome el espíritu de oración".[6]

33

Gemidos y agonías en la oración

LOS GEMIDOS EN LA ORACION SE ORIGINAN EN EL ESPIRITU

EL ESPIRITU SANTO, en su poderoso prevalecer en favor nuestro, ora con gemidos indecibles. La palabra empleada en Romanos para "gemidos", es *stenagmos*. Se trata de un gemido interior, y está en plural. *Alalétos* es el término que significa "inexpresable". El gemido del corazón del Espíritu es demasiado profundo para que pueda expresarse en términos humanos. Se convierte, entonces, en gemidos dentro de nuestro corazón que manifiestan un deseo de oración tan infinito que no se puede expresar a cabalidad.

Dios, el Padre comprende el significado del Espíritu, mientras que El gime dentro de nosotros (Romanos 8:27). Nuestra debilidad (v. 26) es que nuestras palabras humanas no pueden, en forma adecuada y completa, expresar la profundidad de los anhelos del Espíritu. Podemos expresarlo verdaderamente mas no en su totalidad. Somos seres finitos. El es infinito. Ni sabemos tampoco qué es lo mejor en cada circunstancia. Nuestro conocimiento es limitado, por lo que no sabemos la mejor manera de orar en cada situación. Los deseos concretos y profundos del Espíritu deben expresarse en gemidos, en vez de con palabras, puesto que nuestras palabras no son adecuadas. Los gemidos que brotan del Espíritu siempre están de acuerdo con la voluntad de Dios. Puede ser que el Espíritu no quiera otra cosa. Mas Dios puede traducir estos gemidos en su completo entendimiento y así hacer "mucho más abundantemente de lo que pudimos o entendemos, según el poder que actúa en nosotros" (Efesios 3:20).

Qué infinita condescendencia que Dios se dignara a escogernos a nosotros como habitación del Espíritu Santo, y llenarnos de tal forma que El orase por medio de nosotros, aun cuando nuestra capacidad es tan limitada que sus anhelos más profundos sólo pueden expresarse parcialmente. Sin embargo, él ha optado por incluirnos en su intercesión. El ha querido prevalecer mediante nuestro intenso prevalecer. Lutero escribió: "Ni jamás es escuchada más abundantemente que en la agonía y los gemidos de la lucha de la fe".[1]

El Espíritu Santo, de manera auténtica y bendita, hace que nazcan en nosotros sus peticiones, y enciende en nosotros la fe. Como resultado, nuestra oración prevaleciente de fe "tiene todo el poder de Dios vinculado con la misma. Llega a todas partes del mundo. Puede tocar lo más alto del cielo y lo más bajo del infierno. La oración es como una escalera de Jacob, con los ángeles de Dios ascendiendo y descendiendo, subiendo las peticiones y bajando las respuestas". Payne añade: "Aquel que conoce poco acerca de los gemidos del Espíritu que no se pueden pronunciar, sabe muy poco acerca de la oración".[2]

Payson de Portland, Oregón, fue uno que prevaleció poderosamente en oración. Al morir se descubrió que tenía callos en las rodillas. Junto a su cama, donde luchó en oración día tras día, había hendiduras en las tablas, hechas mientras él se movía durante la oración. Payson solía decir que se compadecía del cristiano que no podía conocer el significado de las palabras "gemidos indecibles" (Romanos 8:26).[3] Se dice que Redfield, en sus luchas en la oración, gemía a veces como si se estuviera muriendo; pero a tales gemidos le seguían formidables transformaciones en las vidas de otras, a medida que se arrepentían y confesaban sus pecados.[4]

Los santos gemidos en la oración, en la mayoría de los casos, ocurren más frecuentemente en las profundidades silenciosas de nuestra alma, que en pronunciados en nuestros labios; y a menudo se expresan en profundos suspiros por la carga o los anhelos. He conocido los gemidos silenciosos del Espíritu, más frecuentemente que los audibles. Las palabras no hacen falta que se pronuncien oralmente, o los gemidos audiblemente para que Dios los oiga, los entienda y dé respuesta a nuestros profundos e internos gemidos.

LA AGONIA EN LA ORACION ES DIVINA

¿Comienza a darse cuenta de por qué la agonía en la oración nacida del Espíritu es tan especial para Dios, tan poderosa ante él, y tan temida por todos los poderes demoníacos del infierno? Los filisteos clamaron: "¿Quién podrá estar delante del Señor, este Dios santo?" (1 Samuel 6:20). Aun así, los demonios en el infierno deben gritarse unos a otros: "¿Quién podrá resistir tal prevalecer ante Dios?"

Ninguna oración es más divina que la oración agonizante, porque nadie agonizó en oración como lo hizo el Hijo de Dios en Getsemaní. El doctor Lucas nos dice que en Getsemaní: "Estando en agonía, oraba más intensamente; y era su sudor como grandes gotas de sangre" (Lucas 22:44). Los ángeles deben haber estado perplejos al ver a Cristo agonizando en el huerto. En verdad, un ángel se le acercó para fortalecerlo físicamente, con el fin de que El pudiera resistir hasta llegar a la cruz y completar el plan de Dios (v. 43). Sólo entonces (v. 44) pudo El resistir físicamente el sudor de sangre.

Alexander Whyte, el gran predicador escocés, quien murió en 1921, describió la perplejidad de los soldados que enviaron a arrestar a Jesús, como sigue: "Nunca antes se habían tropezado con un prisionero como aquel. No tenía herida de espada visible y, sin embargo, sus manos, su cabeza y su barba estaban empapadas de sangre. ¿Qué clase de manto era aquel por el que los soldados echaron suerte?"[5] ¿Y cómo pudo Judas haber tenido un alma tan endurecida que pudo traicionar a Cristo con un beso, cuando la agonía de Cristo era tan evidente?

F. W. Farrar, decano de Canterbury, se imaginó esta escena como sigue: "Los discípulos lo vieron, a veces de rodillas, en ocasiones a la larga, postrado en súplica sobre la tierra húmeda....Vieron a Aquél ante quien los demonios habían huido aterrorizados, tendido sobre su rostro encima del suelo. Escucharon esa voz quejándose con murmullos de quebrantada agonía, la misma voz que había dado órdenes al viento y al mar, y éstos la obedecieron. La grandes gotas de angustia que cayeron de él, en la terrible lucha, les perecían grandes gotas de sangre".[6]

Mas Cristo vio infinitamente más que lo que vieron los discípulos. El vio el pecado y la angustia de toda la raza humana. El vio las lágrimas de todos los huérfanos y las viudas, la sangre de las víctimas del asesinato y el crimen, las masacres en todos los campos de batalla de la tierra. El oyó el gemido de los heridos, los gritos de los torturados, el trueno de todas las guerras del mundo. El vio a billones sobre la tierra, encadenados por el pecado, degradados por Satanás, precipitándose por millones hacia el infierno eterno. El lo vio todo.

La agonía del alma de Cristo, la tortura del odio del hombre, y la agonía de Getsemaní y del Calvario cambiaron hasta la apariencia de Cristo, como Isaías lo había profetizado. "Como se asombraron de ti muchos, de tal manera fue desfigurado de los hombres su parecer, y su hermosura más que la de los hijos de los hombres" (Isaías 52:14-15). Luego Isaías pregunta: "¿Quién ha creído" a nuestro anuncio?", cuando prosigue a describir la agonía de Cristo y sus sufrimientos, mientras que nos redimía con su sangre. "Pero el Señor hizo que cayera sobre El la iniquidad de todos nosotros" (Isaías 53:6) (BLA).

"Derramó su vida hasta la muerte... y orado por los transgresores" (Isaías 53:12). Cristo escogió intencionalmente la más grande lucha en oración de la tierra. El pudo haberse negado, mas escogió a Getsemaní. Sí, él tomó su cruz (Juan 10:18). El tomó la copa y se la bebió completamente.

Nuestra experiencia no se puede comparar de ninguna manera con la profundidad de la muerte de Cristo. Pero a medida que nos proponemos dedicarnos a tomar de nuestra cruz, la cruz de la agonía en la oración, nos vamos pareciendo más a Jesús, nuestro poderoso intercesor. "Si alguno quiere venir en pos de mí, niéguese a sí mismo, tome su cruz cada día, y sígame" (Lucas 9:23).

El entregarse diariamente en costoso prevalecer en oración por los que no son salvos, por la iglesia, por la cosecha en esta tierra, y por las incontables necesidades del hombre, no es la única forma de tomar intencionalmente nuestra cruz. Tales oraciones y ayunos, no obstante, son probablemente las formas más disponibles universalmente para cada cristiano. Están de continuo disponibles para usted y para mí.

Tales agonías en la oración no son obligatorias. Debemos escogerlas y disciplinarnos de tal forma que apartemos diariamente un tiempo para orar intensamente. Cristo dice que su cruz es algo que uno mismo toma, negándose a sí mismo con el fin de seguirle a él. ¿En qué mejor forma puede usted seguirle a él que mediante la oración prevaleciente y el ayuno?

La carga de oración de Jesús y su ayuno se describen en Marcos: "Y les dijo: Mi alma está muy triste, hasta la muerte" (Marcos 14:34). "Muy triste" en griego es "*ekthambeomai*", forma intensiva de "*thambeomai*", que quiere decir estar perplejo, anonadado, casi hasta el punto de la completa inmovilidad. Cristo nos dice que la agonía es abrumadora. Martín Lutero le llama a éstas las palabras más asombrosas de la Biblia.

Sin duda que Getsemaní fue el período más intenso en la agonía de oración de Cristo. Mas ésta no fue la única vez que Cristo agonizó en oración. Se enfrentó a la misma durante sus cuarenta días de ayuno en el desierto. Se enfrentó a la misma, sin duda, durante muchas noches de oración. En Hebreos se nos dice que él oró de esta forma "durante los días" que pasó aquí en la tierra (Hebreos 5:7).

F. F. Bruce dice lo siguiente del escritor de Hebreos: "Lo más probable es que conocía varios incidentes en la vida de Jesús en los que él ofreció "ruegos y súplicas con gran clamor y lágrimas al que le podía librar de la muerte"[7]

NOS PARECEMOS MAS A DIOS CUANDO COMPARTIMOS SUS SUFRIMIENTOS

Nuestro sufrimiento en la oración, nuestro gemido, y nuestra agonía, jamás se podrán comparar con los del Salvador, pero no hemos seguido a Cristo muy de cerca o muy lejos si no conocemos en nuestra propia vida de oración lo que es una profunda carga de oración, la lucha en la misma, y aun quizás la agonía en la oración. Martín Lutero dijo: "Yo me pregunto si es posible que un creyente pueda tener la carga por las almas sobre sus hombros —pasión por las almas— sin agonizar en oración".[8]

Carlos Finney afirma: "Sin duda que un gran motivo por el cual Dios exige el ejercicio de tal oración agonizante es por el hecho de que se une inigualablemente a Cristo con la iglesia. Crea una incomparable simpatía entre ellos. Es como si Cristo derramara la sobreabundancia de su benévolo corazón sobre su pueblo, y que los guiara a simpatizar y a colaborar con El, como jamás lo han hecho en ninguna otra forma".[9]

Sí, quizás usted jamás se parecerá más a Cristo que cuando prevalece en lucha y agonía de oración. Tal vez nada lo hace a usted más querido en su corazón que cuando comparte de esa manera su amor, su compasión, y su carga por el mundo que El anhela salvar tan infinitamente.

Los gemidos y la agonía en la oración también lo hacen a usted, de manera no común, ser uno con el Espíritu Santo. Lo hace también parecerse más a El. El Espíritu es igualmente tan infinito en su anhelo y carga como el Hijo de Dios lo es en su intercesión en el trono celestial. ¡Cuánta carga en estas intercesiones del Espíritu Santo! ¡Cuán hondamente El siente el pecado, la desgracia y la pérdida del mundo, y cuán hondamente simpatiza El con todo esto, lo vemos en sus gemidos, los cuales son demasiado sagrados para ser pronunciados por El".[10]

El papel del Espíritu es compartir con usted e impartirle, tan hondamente como le sea posible, el profundísimo amor y la pasión de las tres personas de la Trinidad: Dios el Padre, Dios el Hijo y Dios el Espíritu Santo. El precio por la redención de nuestro mundo perdido se pagó completamente en el Calvario. Ese precio infinito no sólo lo pagó Dios el Hijo, sino también Dios el Padre, al ver el sufrimiento de su amado Hijo. Le costó infinitamente también a Dios el Espíritu, quien durante esa negra hora tuvo que abandonar al Hijo de Dios.

Ellos pagaron el precio de la redención. Ahora ellos anhelan infinitamente que esa redención esté a disposición de los perdidos y que éstos se apropien de la misma en este mundo trágicamente perdido.

Mientras más comparta usted la carga con ellos, más entrará en la continua intercesión de Dios el Hijo y en el continuo gemir de Dios el Espíritu, y más santa emoción traerá usted a sus corazones. ¡Oh, amigos, qué privilegio tan sagrado es dado a personas tan indignas del mismo, como ustedes y yo!

Las frases "luchar en oración", "agonizar en oración" y "trabajar arduamente en oración", eran comunes en el hablar de la iglesia primitiva. Pablo le dijo a los colosenses: "Desde el día que lo oímos, no cesamos de orar por vosotros" (Colosenses 1:9). Y añade: "Quiero que sepáis cuán gran lucha sostengo por vosotros" (2:1; literalmente, cuán gran agonía). El les hizo saber que Epafras estaba "siempre rogando encarecidamente por vosotros". Y añade: "Porque de él doy testimonio que tiene gran solicitud por vosotros".

Epafras estaba con Pablo en Roma, agonizando y trabajando arduamente por medio de la oración (4:12-13). Su oración es un modelo para todos los pastores.

En la actualidad nuestra vida de oración es tan débil y nuestra pasión por Cristo y por las almas tan escasa, que palabras como las anteriores han desaparecido de nuestras conversaciones y aun de nuestros sermones. Parecen ser conceptos ajenos a nosotros y que nos suenan casi a fanatismo. ¡Qué triste comentario acerca del nivel tan bajo a que ha llegado nuestra vida de oración!

El Espíritu Santo no le toca en el hombro cada mañana, le saca de la cama, y le pone de rodillas. El no le cambia el horario, de modo que usted tenga tiempo suficiente para la oración. Es necesario que usted haga este hábito. Usted tendrá que optar por tener una vida de oración, el hábito disciplinado de orar. Si ni siquiera puede lograr esto, no hable de tomar su cruz y seguir a Cristo. Tal vez usted le sigue de lejos, como lo hizo Pedro antes de negar a su Señor (Mateo 26:58).

No existe una forma más práctica y más sagrada de seguir a Jesús, de tomar diariamente su cruz, que la diaria lucha en la intercesión. Será necesario que usted se niegue a sí mismo otras cosas, con el fin de tener tiempo para esta clase de oración. Escoja usted. ¿Seguirá usted a Jesús de cerca hasta que el Espíritu le enseñe los secretos de la oración prevaleciente, o decepcionará usted a su Señor?

Jesús está en este mismo instante intercediendo a la diestra del Padre. El está esperando a que usted se le una como su sacerdote intercesor. Por el hecho de que Dios ha determinado obrar a través de su oración unida—la intercesión de Jesús más la suya—la causa de Dios habrá de sufrir a no ser que usted cumpla con su parte en esta santa asociación. ¿Cuán de cerca habrá usted de seguir a Jesús? ¿Cuán dispuesto está usted a aprender a prevalecer? La decisión está en sus manos.

"Tocad trompeta en Sion, promulgad ayuno, convocad asamblea, reunid al pueblo, santificad la asamblea, congregad a los ancianos, reunid a los pequeños y a los niños de pecho. Salga el novio de su aposento y la novia de su alcoba. Entre el pórtico y el altar lloren los sacerdotes, ministros del Señor y digan: Perdona, oh, Jehová, a tu pueblo, y no entregues tu heredad al oprobio, a la burla entre la naciones. ¿Por qué han de decir entre los pueblos: Dónde está su Dios?" (Joel 2:15-17) (BLA).

34

La guerra en la oración derrota a Satanás

SEPTIMO NIVEL: GUERRA EN LA ORACION

LA GUERRA EN LA ORACION es el séptimo y más alto nivel de la oración prevaleciente. Se trata de una prolongada e intensa forma de oración prevaleciente, concentrada en derrotar a Satanás con el fin de que se haga la voluntad de Cristo y de que adelante su reino. La guerra en la oración es oración prevaleciente y militante. Está relacionada e incluye todas las demás formas de oración prevaleciente. La guerra en la oración se libra individual y colectivamente. Requiere vigilancia constante y hallarse en estado de alerta. Esta oración es coordinada por Dios el Espíritu Santo.

El papel de Satanás

La guerra en la oración es necesaria porque Satanás engañó al hombre e introdujo el pecado y la rebelión contra Dios en este mundo. El es el tirano, el usurpador de todo lo que él pueda dominar. Está de continuo en contra de Dios, de sus planes, de su pueblo y de sus actividades. El es anticristo, está en contra de la iglesia y de la humanidad. El engañará, acusará falsamente, y destruirá en cualquier forma en que le sea posible.

Aunque Satanás está ansioso por destruir a todas las familias, todas las naciones y, en efecto, a todo el mundo, a quienes más odia y a quienes más se opone es a aquellos que siguen a Jesús. El tramó destruir a Adán y Eva y luego a toda la civilización que vivió antes del diluvio. Cuando Dios escogió a Abraham para establecer la raza mediante la cual habría de venir el Mesías, Satanás concentró particularmente el veneno de su odio contra los judíos, con el fin de tratar de evitar de que Cristo naciera. El continúa odiándolos, por los planes que Dios tiene para ellos después que Cristo regrese.

Cualquier persona o cualquier cosa que Dios escoja será objeto especial del odio de Satanás. El procuró destruir a Cristo, comenzando con su nacimiento. El y los demonios que le siguen han conspirado para destruir la iglesia desde su nacimiento. El está en contra de la iglesia, pero, sobre todo, está en contra del evangelismo, de las misiones y de la oración. A medida que se acerca el retorno de Cristo, podemos esperar que su guerra maligna se intensifique, como se intensificó en la época del Exodo y en la primera venida de Cristo.

Con el fin de destruir a una persona, una familia, o un grupo, Satanás procura engañar, acusar falsamente, dividir y desviar de lo que es lo mejor. El engaña disfrazándose como ángel de luz, donde ese disfraz tiene mayores posibilidades de lograr sus engañosos propósitos (2 Corintios 11:14), y ruge como león donde el temor puede tener mayor éxito (1 Pedro 5:8).

Si él no puede impedir que usted se convierta en cristiano, procurará derrotarle, procurando retrasar su crecimiento espiritual, desanimándole, y tratando de convertirle en una persona pasiva e inactiva. Si esa táctica no funciona, él procurará que usted esté tan ocupado en sus actividades cotidianas, o aun en actividades cristianas, que no le queda tiempo para orar y derrotar el poder que impide que su actividad tenga éxito.

Satanás, el destructor, le destruirá de la forma en que le sea posible. Si no puede destruirle espiritualmente, procurará destruir su comunión con otros creyentes y la unidad y la efectividad de su iglesia. El sabe que la falta de unidad, el desacuerdo y la duda pueden destruir trágicamente la efectividad cristiana, por lo que se deleita en acusar a un cristiano por medio del otro (Apocalipsis 12:10). Lo asombroso es que él engaña a los cristianos para que hagan su labor incitándoles a repetir y a hacer circular sus acusaciones como rumores, críticas y afirmaciones divisivas. El, inclusive, otorga un deleite mórbido al contar la más reciente acusación, rumor o escándalo.

Si Satanás no le puede destruir espiritualmente, procurará destruirle físicamente. Las biografías cristianas y la historia están repletas de relatos en los que los hijos de Dios han sido librados de extraños accidentes, enfermedades y peligros. El puede tentarle a conducir su automóvil a una velocidad excesiva o a hacerlo descuidadamente. Muchos que han sido utilizados grandemente por Dios a la edad madura, han sido librados milagrosamente o sanados en la niñez o en la juventud.

Si Satanás no le puede destruir por medio de un accidente, hará el intento de amedrentarlo, de que usted se preocupe, de presionarle, o de que cometa errores en sus hábitos alimenticios. Muchos que tienen convicción en contra del uso del alcohol, del tabaco o de otras substancias que destruyen el cuerpo, son esclavos, no obstante, de su propio apetito y disfrutan la comida a tal punto que acortan su vida por estar obesos y por las enfermedades que esto causa. Si Satanás no le puede tentar con el pecado, con gusto lo hará por medio de la comida, con el fin de acortar su vida y que usted cese de orar.

La oración es el medio mayor para obtener poder y victoria espirituales para el cristiano. De modo que Satanás le teme a la oración más que a cualquier otra cosa que usted pueda hacer. Con la excepción de Dios mismo y de sus seres celestiales, la oración es el mayor peligro para los propósitos, los planes y las actividades de Satanás.

Las limitaciones de Satanás

No sea ignorante en cuanto a Satanás y a su modo de proceder (2 Corintios 2:11). Usted debe entender las limitaciones que tiene Satanás. Muchos cristianos tienen un temor mórbido del diablo. No se olvide que él es un ser creado que está bajo la ira de Dios, derrotado por Cristo en el Calvario, y anunciada su destrucción en la Biblia. Como un ser creado, tiene poder limitado (sólo Dios es todopoderoso), conocimiento finito (sólo Dios es omnisciente), y no puede estar en varios lugares a la vez (sólo Dios es omnipresente).

1. *Satanás tiene autoridad limitada.* Sólo Dios es soberano. Satanás sólo puede actuar dentro de los límites que Dios le ha

puesto, por la forma en que Dios lo creó originalmente y por el mandato de Dios. Satanás no pudo tocar a Job (Job 1 y 2), ni a Pedro (Lucas 22:31), y no puede tocarle a usted sin el permiso de Dios. Dios le dice: "Hasta allí y no más". Dios no permitirá que le toque a no ser que el permitírselo resulte en su crecimiento espiritual, en bendición y en recompensa eterna para usted.

2. *Satanás tiene conocimiento limitado.* Sólo Dios posee conocimiento infinito. A menudo Satanás sabe más acerca del futuro que lo que sabe usted. Pero con frecuencia él no sabe lo suficiente como para tomar decisiones sabias. El no sabe lo que la gente dirá o lo que ha de hacer. El se equivoca reiteradamente. El tiene que depender de sus demonios con el fin de obtener información, y les ha enseñado a tomar decisiones. Sin duda, ellos lo engañan con frecuencia. Satanás no le puede comunicar datos que no tiene a sus falsos profetas, por lo que a menudo hacen profecías falsas. Todos los echadores de buenaventura, los expertos en astrología, y los seguidores del ocultismo, son engañados frecuentemente.

3. *Satanás tiene poder limitado.* Sólo Dios tiene todo el poder. Satanás tiene mucho poder, mas todo lo que tiene que hacer Dios es asignarle más ángeles para poder controlarlo (Daniel 10:13). "Mayor es el que está en vosotros, que el que está en el mundo" (1 Juan 4:4). Aquellos que están de nuestra parte (los ángeles) son más numerosos que los demonios que están en contra de nosotros (2 Reyes 6:16). Satanás no tiene suficiente poder o autoridad para hacer una promesa. Dios es el Dios de la promesa. No hay poder alguno en el nombre de Satanás. Nosotros tenemos poder divino en el nombre de Jesús.

4. *Satanás tiene presencia limitada.* Como todas las demás criaturas, Satanás jamás está en más de un sitio a la vez. Sólo Dios está en todas partes. Ya que Satanás no puede estar con usted frecuentemente (si es que lo ha estado alguna vez), se ve obligado a depender de continuo de sus demonios. Ellos tienen menos poder que él. Cada demonio puede estar solo en un sitio a la vez.

Tal vez usted pase toda su vida sin que Satanás le haya visitado personalmente (sus demonios sí lo harán, mas usted no es tan importante como para que Satanás mismo pase tiempo con usted o para que le vigile). En el peor de los casos él sólo estará con usted en raras ocasiones. Mas Dios siempre está con usted. Los ángeles de Dios son mucho más numerosos que los demonios. De modo que siempre habrá ángeles dispuestos a socorrerle o a protegerle. La destrucción de Satanás es segura. Se acerca más cada día. Satanás está consciente de este hecho, lo que hace que tanto él como sus demonios estén más enfurecidos y desesperados. Mas nosotros tenemos suficientes recursos para derrotarle.

La oración es la némesis de Satanás

No hay nada en el mundo que Satanás le tenga más miedo que la oración. El no sabe cómo lidiar con la oración, de modo que procura mantenerlo a usted alejado de la misma, o incitándole a desistir antes de recibir la contestación. El puede a menudo manipular a la gente y las circunstancias con el fin de demorar las respuestas de Dios. La oración es su némesis. El no puede vencer contra la oración prevaleciente.

Satanás le tiene más miedo a sus oraciones que a su vida pura y a su celoso testimonio. La vida de uno puede ser un hermoso testimonio que no puede ser silenciado, pero la oración es una fuerza militante que tiene la capacidad de derrotar a Satanás, pues destruye sus obras, y lo echa de lugares y de vidas que él ha reclamado para sí.

Así que, ¿cómo reacciona Satanás? El procura engañar e interrumpir mediante el engaño o la fanfarronería. El se niega a admitir que Cristo lo ha derrotado. Con testarudez se aferra a todo lo que dice que le pertenece hasta que se le obligue a ceder su dominio. El cede sólo cuando se le obliga. Uno debe constantemente hacerle ver su engaño, reafirmar la victoria del Calvario e insistir en la misma, y obligarle a abandonar todo aquello que con arrogancia ha usurpado.

Continúe con su ofensiva en la oración. Ponga en marcha todos sus recursos para la oración. El ayuno con oración es pesada artillería en su arsenal. La carga de oración es poderoso bombardeo contra el territorio de Satanás. La lucha en la oración envía poderosos misiles dirigidos con el fin de destruir las obras de Satanás. Satanás siempre es vulnerable ante las oraciones prevalecientes de los intercesores de Dios. A él le es imposible detener sus oraciones o evadirlas. Continúe en la lucha. El poder de Dios está a su disposición y es ilimitado. Este poder se desata y produce efectos devastadores en las fuerzas de Satanás mientras que usted prevalece militantemente.

NUESTRA SANTA GUERRA DE ORACION

Estamos en guerra

En el misterio de la sabiduría de Dios, la victoria que obtuvo Cristo, de una vez y para siempre en el Calvario, no se impone por medio de su cetro de hierro, con el cual un día acabará con toda maldad (Apocalipsis 2:27; 12:5; 19:15). El trono de Cristo hoy y hasta el fin de esta era, será un trono de intercesión. Cristo gobierna por medio de la intercesión. El está derrotando a Satanás, haciéndole retroceder, derrocándolo, haciéndole huir de donde él ha estado plantado ilegalmente, negándose a marcharse. El lo hace primordialmente por medio de su ininterrumpida intercesión, en asociación con las oraciones de su pueblo y respaldado por sus propios ángeles celestiales.

En el Nuevo Testamento no sólo se emplea, para referirse a la oración, la terminología de los grandiosos juegos griegos (lucha, agonía, contienda), sino que se utiliza también el vocabulario militar (ejército, armadura, armado, batalla, guerra, armas). Toda la vida y el servicio cristianos son vistos como una guerra. Se trata de "la buena batalla de la fe" (1 Timoteo 6:12). Uno debe vestirse con "toda la armadura", "estar firmes contra las asechanzas del diablo", "estar firmes", y "tomad el yelmo de la salvación" y "la espada del Espíritu" (Efesios 6:11-17).

El versículo culminante de este pasaje describe la batalla: "Orando en todo tiempo con toda oración y súplica en el Espíritu, y velando en ello con toda perseverancia y súplica" (Efesios 6:18-20).

Somos la iglesia militante, la iglesia viva en el campo de batalla y en la guerra. Esta situación continuará hasta que Cristo regrese. El corazón de toda la guerra cristiana, la estrategia para toda victoria cristiana, y el campo de batalla para todo el adelanto cristiano es la oración. La iglesia primitiva avanzó mediante la oración. Hicieron retroceder a Satanás, batalla a batalla, por medio de la oración.

"Sus oraciones y su fe lo conducían todo delante de ellos. Era como un ejército de guerreros invencibles. No había nada que pudiera hacerles resistencia.... La iglesia, dice uno de ellos, no tiene quién le haga resistencia por la grandiosa misión que tiene cuando está armada con el poder de la oración. Todo el poder de la Roma imperial, la dueña del mundo, no pudo resistir el poder y la influencia de sus intensas oraciones".[1]

Oraron, y el lugar en que estaban congregados se estremeció visiblemente. Oraron, y el terremoto sacudió las paredes de la cárcel. ¡Qué amén tan divino para estas oraciones! La oración fue su arma en cada situación. La empleaban no tanto para defenderse sino para atacar a Satanás y su fortaleza.

El papel estratégico que jugamos

El guerrero en la oración se planta entre la autoridad y el poder del cielo y las tinieblas y el poder del infierno, entre el Cordero que está en el trono y Satanás, el gran dragón. Cristo le ha delegado su autoridad al guerrero en la oración, y el derecho de emplear su nombre y reclamar su sangre. Y El ha armado al guerrero para la conquista espiritual. El guerrero en la oración ha de imponer la victoria del Calvario en el campo de batalla de esta tierra.

La mejor manera de luchar contra el pecado y contra Satanás es por medio de la batalla en la oración. El campo de batalla de la oración es el terreno de la conquista mundial para la iglesia. O. Hallesby escribió: "La cámara secreta de la oración es un campo de batalla sangriento. Aquí se libran violentas y decisivas batallas. Aquí se decide, en quietud y tranquilidad, la suerte de las almas en el tiempo y la eternidad".[2]

Por medio de la guerra de oración del creyente intercesor, Cristo se presenta en los campos de batalla espirituales de esta tierra. La iglesia de rodillas, la iglesia luchando y agonizando en oración, la iglesia con el escudo de la fe y la espada del Espíritu, la Palabra de Dios, orando en todo tiempo, de todas las formas y en todos los niveles, bajo el mando del Espíritu Santo: esta es la multitud militante de Dios aquí en la tierra.

En el ámbito invisible de los cielos, los ángeles de Dios se nos unen para batallar contra las fuerzas de las tinieblas, invisibles para nuestros ojos, mas luchando en terrible realidad. Se trata de una guerra sin tregua, santa y victoriosa para Cristo, mas acometida por medio de la oración.

Los mensajeros de Dios están protegidos por la bóveda de protección de Dios, y los invisibles pero reales peligros en que nos pone Satanás, son rechazados por la oración. Las armas de Satanás se amellan, se evaporan por los rayos láser divinos de la oración.

La guerra en la oración derrota a Satanás

Las estratagemas demoníacas de Satanás y de la gente encuentran resistencia cuando los santos guerreros de Dios prevalecen de continuo en oración. Se abren brechas en los bastiones de Satanás y se pulverizan y aplanan las fortalezas, y los cautivos del pecado y de Satanás son puestos en libertad por el poder de Jesús, mientras que los santos guerreros continúen orando.

Se calman los odios, los enojos, las maldades y la violencia se llegan a dominar, y los cautivos de las fuerzas de Satanás son puestos en libertad por el poder invencible del amor del Calvario. A los demonios de Satanás se les obliga, o bien a rendirse al Señor, en contra de quien han peleado tenaz y largamente, o a retirarse. Se les hace cautivos mediante el poder del Calvario y por los poderes del Espíritu, mientras que los santos guerreros continúan prevaleciendo.

Hacia adelante de rodillas

¿Desea usted ver cambiar la suerte de la batalla y a Cristo salir victorioso en la batalla sobre la tierra en la actualidad? ¿Que la iglesia prevalezca? Enrole y entrene a los creyentes en la batalla de oración. Jamás es demasiado tarde para Dios. Ninguna batalla está tan perdida que Dios no la pueda ganar. Ninguna combinación de fuerzas es demasiado poderosa o grande para Dios. ¡Adelante de rodillas!

Párese firme sobre la victoria del Calvario. Gloríese en la derrota de Satanás en el Calvario. Insista en que domine la victoria del Calvario. Entre en poderosa guerra de oración, con el nombre de Jesús, la infalible Palabra de Dios, y la sangre del Calvario, como su confianza y sus armas invencibles. Desafíe a las fuerzas de las tinieblas. Hágale frente a las legiones invasoras del infierno. Avance atacando las fronteras de Satanás. Siempre es hora para que Dios prevalezca mediante su santa guerra en la oración. Ponga bien alta su bandera. Levante su mano hacia el trono celestial, como hizo Moisés. Reclame la victoria para Cristo.

Nuestras batallas se pelean en los lugares celestiales, mas nuestras oraciones se hacen aquí abajo, en los campos de batalla de la oración. Puede ser que guardemos silencio, que nuestros labios no se muevan, mas nuestra vista está fija en nuestro Capitán. Nuestra mano está tocando su trono. Nuestra fe está alzando la bandera de la cruz. Nuestra alma está gritando el nombre de Jesús.

LA ORACION PODEROSA QUE PREVALECE

No sólo podemos mantener el espíritu de oración militante cuando estamos de rodillas, sino también al realizar nuestras labores cotidianas, levantando bien en alto el escudo de la fe, gritando nuestro lema de batalla: el nombre de Jesús, y prevaleciendo en oración.

"Orad", dice Pablo, "con toda oración y súplica". Todas son válidas en esta guerra santa. Cuando lleguemos al cielo nos sorprenderemos al descubrir cuán ampliamente contribuyeron toda clase de oraciones a las victorias de Cristo. Quedaremos perplejos de cuán universal ha sido esta guerra de oración, cuán estratégicas han sido las oraciones de los santos ocultos de Dios, esos poderosos guerreros en la oración, conocidos principalmente por El. Quedaremos anonadados al darnos cuenta de la magnitud y la intensidad de las batallas de oración libradas por toda la iglesia, al enfrentarse al mundo y sus necesidades.

Debemos hacer la guerra empleando las armas más poderosas: las formas y niveles de la oración prevaleciente. El cielo pelea junto a nosotros mientras que prevalecemos en oración. Prevalecemos con Dios y para Dios.

¿Quiénes somos nosotros, indignos y tan débiles, que Dios se haya dignado a confiarnos tan poderosas armas? ¿s? ¿Quiénes somos nosotros que Dios se digne a contar con nuestras oraciones para hacer que la batalla concluya en resonante victoria? ¿Quiénes somos nosotros para pararnos en una brecha estratégica en la línea de fuego y detener, al parecer sin la ayuda de nadie, la masacre de Satanás?

Nos parece que estamos tan mal equipados. Pero no. No existen armas más poderosas que las de nuestra batalla espiritual. Satanás no tiene nada que las pueda igualar o resistirlas. Nos parece que estamos tan mal entrenados. Pero no. Las habilidades para la guerra las aprendemos mientras que peleamos. Las estrategias de nuestra milicia nos las dará el Espíritu Santo, mientras que avanzamos de rodillas.

Prestemos atención a las palabras de Coleridge: "Créanme, orar con todo su corazón y fortaleza, con la razón y la voluntad, creer vívidamente que Dios escuchará la voz suya por medio de Cristo y, de cierto, que realizará las cosas que le agradan de ahí en lo adelante —éste es el último, el mayor logro de la guerra del cristiano en esta tierra".[3]

35

Estrategias en la lucha de oración: Primera parte

COMO GUERREROS DE ORACION, necesitamos conocer bien las armas y los métodos de victoria en nuestra lucha. Debemos estar consciente no solamente de Satanás, de sus estratagemas, y de sus métodos (2 Corintios 2:11), sino tambien ser sabios y diestros en el uso de los métodos suplidos por Dios para derrotarlo y ponerlo en fuga. Dios ha puesto a nuestra disposición todas las estrategias necesarias para prevalecer en nuestra batalla.

1. *Vestíos de la armadura provista por Dios.* "Vestíos de toda la armadura de Dios" (Efesios 6:11). Pablo repite estas palabras porque son así de urgentes. Tenemos que estar completamente armados antes de la batalla, y la única armadura con la que podremos vencer es aquélla provista por Dios. Estamos absolutamente dependientes sobre El. En el pasaje de Efesios, Pablo señala seis partes de esa armadura:

a. *El cinturón de la verdad.* La verdad acerca de Dios —Su soberanía, Su poder sin igual, Su omnipresencia, Su inmutabilidad, conocimiento y sabiduría infinitos, Su oposición total a Satanás, y el juicio profético contra Satanás— todo lo que la Biblia nos dice acerca de Dios es la verdad absoluta. Podemos jugarnos la vida por esto. La verdad divina ciñe nuestra cintura y nos prepara para la lucha instantáneamente, pero usted, personalmente, debe estar permeado de la verdad.

b. *La coraza de justicia.* La coraza protegía los órganos vitales, desde el cuello hasta los muslos. Algunas veces se le llamaba el protector del corazón. La justicia, el carácter transformado que sólo Dios puede dar, provee la protección absolutamente esencial en la lucha espiritual. No hay poder en la oración a menos que ocurra la plena apropiación de la justicia de Cristo. No dejaremos ninguna debilidad al descuido si estamos poseídos del carácter de Cristo.

Solamente alguien que es puro de corazón y odia el mal puede moverse libremente y sin sorpresas dentro del territorio enemigo. Debemos tener no solamente una vida pura sino también un corazón puro—motivos y deseos puros. Tenemos que ser completamente íntegros. El orgullo puede destruir toda nuestra habilidad para hacer la guerra. Celos, crítica destructiva, soberbia carnal, mala voluntad, ninguna de estas cosas pueden ser toleradas en nuestro corazón si es que vamos a entrar en batalla espiritual.

c. *Las botas del ejército.* En el tiempo del apóstol Pablo los soldados usaban botas de piel gruesa con suelas repletas de clavos, dice el historiador Josefo. Tales botas le daban a los pies la firmeza necesaria durante la batalla y una protección duradera en las marchas largas. El guerrero podía ponerse en acción al instante. Hay guerras que han sido ganadas o perdidas debido al calzado usado. El evangelio de la paz—paz con Dios y con todos los hombres—nos da un firme fundamento que no se resbala o desliza. Otra vez vale repetir que esta pieza de armadura hace énfasis que la pelea que se impone depende del carácter del peleador.

d. *El escudo de la fe.* La fe salvadora es absolutamente indispensable, pero este elemento va más allá de la salvación a la fe utilizada en batallas y conquistas espirituales. Es la fe para actuar, para atacar las fortalezas de Satanás, para tomar la ofensiva en oración y hacer retroceder al Maligno. Esta es la fe que Dios desea de nosotros y con gozo nos la suple. Es la fe que se aferra a la promesa y la esgrime como un arma.

Es la fe que apaga todo dardo ardiente de Satanás. El es el falso acusador de Dios y de nuestros hermanos Cristianos, e incluso trata de acusarnos. El quiere incapacitarnos con la duda. Satanás nos acusa de debilidad; y estamos de acuerdo—nuestra fuerza está en el Señor y no en nosotros mismos. El nos acusa de ignorancia; y estamos de acuerdo —el Señor es nuestra sabiduría—. El Espíritu es nuestro guía y consejero. Satanás nos acusa de que no sabemos orar; y estamos de acuerdo —por esa razón el Espíritu ora dentro de nosotros y es el Señor de nuestra oración. Nuestro escudo de fe es inmenso. Es suficiente. Puede apagar todo dardo ardiente que Satanás nos tire.

  e. *El yelmo de la salvación.* Nuestra mente está protegida por la salvación del Señor. El es nuestra seguridad de salvación. Se habla de un rescate del pecado en el tiempo presente, porque Jesús nos salva de nuestros pecados. Nuestra cabeza, tan vital en la guerra, está completamente protegida. Vemos las necesidades como Dios las ve. Vemos el pecado como Dios lo ve. Tenemos la mente de Dios, las preocupaciones de Dios, y las actitudes de Dios. La salvación nos equipa para pelear y orar sabiamente, con valor, y con efectividad.

  f. *La espada del Espíritu —la Palabra de Dios.* Esta palabra es nuestra arma poderosa tanto en la guerra de defensa como en la ofensiva, permitiéndonos rechazar los ataques de Satanás y saltar al ataque contra todos los poderes del infierno. ¡Qué poder tremendamente efectivo y aplicable universalmente se haya en la Palabra de Dios! Permítame citar una cuantas frases militantes que se pueden usar en el momento apropiado en su oración: "Así dice el Señor"; "en el nombre de Jesús"; "sea hecha tu voluntad"; y "por la sangre del Cordero".

  Cada una de estas frases puede ser una espada penetrante y cortante empuñada en tu lucha de oración. Utiliza la Escritura militantemente y de acuerdo al mandamiento de fe.

  A la Escritura se le llama la espada del Espíritu porque es inspirada por el Espíritu. Es su espada porque El es el que te la pone en la mano y porque es la gran arma que El usa a través de ti. La expresión literalmente en griego es "recíbela", porque el Espíritu Santo debe ponerla en tus manos.

  El uso de la Escritura en la lucha de oración es una obra del Espíritu Santo. El la trae a tu memoria mientras oras. El le da el poder de penetrar y el filo para cortar cuando se esgrime contra Satanás. El Maligno no puede resistir la Palabra de Dios cuando ésta es usada en el poder del Espíritu. Jesús silenció a Satanás con la Palabra, y usted también puede hacerlo cuando la empuñe por el Espíritu.

  Todos estos elementos constituyen la armadura y las armas de su lucha, pero la oración es en sí la lucha. Por lo tanto, Pablo concluye esta descripción de la armadura y las armas con la exhortación que cuando usted ha sido armado completamente, debe usarlo todo en oración en el nombre de Cristo al entrar en batalla con Satanás (v. 18).

2. *Aceptar y asumir el espíritu guerrero.* La victoria depende del espíritu guerrero. Los Goliats de nuestros días están comisionados por Satanás para retarnos como seguidores de Cristo. Hay que convertirse en un David, un hombre conforme al corazón de Dios (Hechos 13:22). Dios amó y honró el espíritu guerrero de David. Semejante a David, reta a tus Goliats. David no podía esperar a encontrarse con Goliat. El había aprendido el espíritu guerrero de los encuentros que Dios le había permitido con el león y el oso. El no podía ser el hombre de Dios como rey del pueblo de Dios si no tenía el espíritu guerrero. Usted no puede ser la persona de Dios sin algo menos que el espíritu militante de oración.

Dios espera que usted sea tan militante que ataque el territorio satánico, deshaga sus argumentos, confronte cualquier oposición, y la destruya con las armas espirituales. La oración le puede dar un espíritu de militancia. La oración pone agresividad en las partes más secretas de su naturaleza. Arde con el fuego del deseo santo de desenmascarar las falsedades de Satán, moviendo montañas que el Maligno ha puesto en contra del avance de la voluntad de Dios, y libera todos los cautivos de Satanás.

Como guerrero de oración usted respira la indignación justiciera de Dios. Está ardiendo con el propósito santo y el poder del espíritu para derrocar todos los poderes rebeldes y preparar el camino para Cristo el conquistador. No está siendo descabelladamente precipitado o presuntivo. Está siendo militante.

El honor de Dios está en juego. La voluntad de Dios está siendo frustrada. El nombre de Jesús está siendo cuestionado y deshonrado. Al igual que David, esté dispuesto a exponer su vida por causa de Dios. Semejante a Pablo, desafíe el poder de las tinieblas en el nombre de Jesús. Dios necesita victorias. Las victorias de Dios son ganadas por batallas de oración. El Espíritu Santo quiere darle el espíritu guerrero y hacerle parte de su "cuerpo de marines" de la oración.

¿Odia al pecado como Dios lo odia?

¿Siente el escándalo de que el nombre de Dios sea deshonrado y la voluntad de Dios obstaculizada?

¿Ve a la humanidad esclavizada y abusada por Satanás y sus seguidores?

Estrategias en la lucha de oración: Primera parte

¿Arde con celo por la voluntad y la gloria de Dios? ¿Está opuesto a una relajación de la tensión espiritual con Satanás? ¿Está opuesto a la paz a través de una coexistencia espiritual pacífica con el mal?

¡No se atemorice de la lucha espiritual, de la lucha de oración! ¡No se atemorice del precio de la victoria!

Entréguese al Espíritu Santo, y pídale que le inculque su militancia santa. Pídale que le sature con su Santo Espíritu guerrillero. Cante con Isaac Watts:

> ¿Soy un soldado de la cruz?
> ¿No hay enemigos que se enfrenten a mí?
> ¿No debo detener el diluvio?
> Seguramente debo batallar si voy a reinar;
> ¡Aumenta mi valor, Señor!

3. *Resiste a Satanás*. La Nueva Biblia Inglesa traduce Santiago 4:7, de este modo: "Resiste al Diablo y él se virará y correrá". Barclay traduce el verbo: "tomad una postura en contra". El griego dice literalmente "oponerse". Este es un mandamiento. A Satanás no se derrota pasivamente "mirando al Señor".

En algunas situaciones, cuando Satanás quiere hacernos daño, el Señor nos ampara y protege. El ha prometido hacerlo, y Sus ángeles siempre están dispuestos a ayudarnos. Pero Dios también requiere que usted resista a Satanás, que tome su posición en el campo de batalla y luche.

El mandamiento de tomar una postura en contra, de resistir y oponerse a él, es tanto un mandamiento como lo es el de testificar o el de predicar el evangelio. Nuestro mundo es un campo de batalla. Nosotros hemos de ser guerreros por Cristo. El calvario fue planeado por Dios no solamente para librarnos de nuestros pecados sino para darnos el poder de triunfar sobre Satanás. Dios el Hijo triunfó sobre Satanás en el Calvario y depende de nosotros ahora para hacer cumplir su victoria por la lucha de oración.

Usted debe resistir a Satanás y asumir su postura de resistencia por la oración. Satanás es el intruso. El no tiene autoridad, y comparado con Dios, a él le quedan pocos recursos. Al Maligno le gusta rugir como un león, pero en la mayoría de los casos él se encuentra encadenado. No puede violar los límites que Dios ha establecido. Pablo dice que estemos firmes "y en nada intimidados" (Filipenses 1:28). Estando firmes en el carácter de Dios, en Su poder y fidelidad. Estando firmes en el derecho propio de Dios como Creador y Dueño del universo. Estando firmes en Su derecho a la victoria sobre Satanás en el Calvario.

¡No queda otra opción excepto batallar! ¡No hay una alternativa aceptable a la victoria en el nombre de Jesús! Está comprometido a oponerse a Satanás y a triunfar en Cristo. Nada menos es digno de Dios. Ningún compromiso acerca de esto es seguro. El punto de partida a la batalla de oración es el de estar firme. "Vestíos de toda la armadura de Dios ... que podáis estar firmes.... Estad, pues, firmes" (Efesios 6:11-14).

4. *Planear y tomar la ofensiva*. El orden de batalla de Churchill a Lord Mountbatten en la Segunda Guerra Mundial fue: "Su responsabilidad es planear el ataque. En su centro de operaciones nunca pensará a la defensiva".[1] Usted ha nacido de nuevo para la batalla y la victoria. Las órdenes de Cristo para usted son que debe proseguir a la victoria.

La oración no es un juguete de niño. No es un arma para una cacería recreativa, ni incluso para defensa propia. La oración, o sea, la oración *prevaleciente* es una arma muy poderosa para toda nuestra lucha espiritual contra Satanás. Es la artillería pesada para la acción ofensiva contra Satanás. Es lo que Dios ha provisto para conquistar.

Arthur Mathews ha escrito: "En cualquier situación donde Satanás domina y amenaza, Dios busca a un hombre a través de quien El pueda declararle la guerra al enemigo. El se ha propuesto que por medio de ese hombre Satanás esté informado que debe retroceder, empaquetar sus maletas, y perderse".[2] Dios está esperando por guerreros de oración que se presenten a detener los estragos de Satanás y, aun más, a señalar las fortalezas satánicas y atacarlas.

La Escritura claramente espera que nosotros tengamos un espíritu militante y que ataquemos las fortalezas satánicas. "Porque las armas de nuestra milicia ... [son] poderosas en Dios para la destrucción de fortalezas, derribando argumentos y toda altivez que se levanta contra el conocimiento de Dios, y llevando cautivo todo pensamiento a la obediencia de Cristo" (2 Corintios 10:4, 5).

Tome el escudo de la fe. Tome la espada del Espíritu. Ore con militancia. Demuestre que está armado para la guerra y su plan de victoria. ¡Cese de lamentarse por los ataques de Satanás! Detenga toda consideración fútil de alternativas a la conquista! La iglesia le falla a Dios si no arma a sus creyentes con la actitud de fe y las destrezas de la guerra de oración. Tenemos que planear para la victoria, armarnos para la victoria, entrenarnos para la victoria, y lanzar la ofensiva para la victoria.

 5. *Tomar la iniciativa de la fe.* No solamente estar a la ofensiva para Dios, sino estar alertas a tomar la iniciativa de la fe. Dios ha planeado que la iniciativa esté en nuestras manos. El ha hecho plena provisión para una victoria ganada por la oración, pero somos nosotros los que tenemos que prevalecer. El ha provisto promesas adecuadas para cualquier eventualidad de acuerdo con su voluntad, pero nosotros tenemos que asirnos de la promesa y ejercitar la fe.

 En el campo de batalla el mayor enemigo para vencer es el miedo. Dios nos ha armado para la guerra espiritual, pero las armas que no se usan no ganan guerras. Tenemos que estar alertas y aprovecharnos de toda oportunidad que se presente para tomar la iniciativa por Dios. La fe no es pasiva, y la oración no es neutral. La fe y la oración son las armas superiores que Dios les ha dado a sus hijos. La espada del Espíritu se debe usar en todas las ocasiones posibles. Dios requiere la acción de fe.

 La iniciativa de oración —iniciativa de fe ejercitada en la oración prevaleciente— puede ganar cualquier batalla que es para la gloria de Cristo y de acuerdo con la voluntad de Dios. Satanás ocupa muchas posiciones estratégicas por nuestra ausencia. El no usar las armas poderosas de la oración y la fe cuando Satanás está tan ilegítimamente afirmando su derecho acerca de lo que no es de él, tan vulnerable a nuestro ataque, y tan cierto de su derrota final sería un abandono muy serio de nuestra responsabilidad y obligación espiritual.

 La victoria se alcanza solamente cuando usemos las armas que Dios ha provisto. No hay nada automático en la victoria espiritual, pero "cuando Dios ve un arma que está siendo usada en su nombre y una fe que se atreve a tratar lo imposible, El reúne a sus huestes celestiales e interviene para confundir y dispersar al enemigo".[3] El avance del evangelio está impedido constantemente debido a la falta de oración y de militancia espiritual de parte de los hijos de Dios. "Adelante sobre tus rodillas", debía ser el grito de marcha de todos los creyentes.

36

Estrategias en la lucha de oración: Segunda parte

6. *BATALLAR DESDE* una posición de victoria. Sobre la cruz Jesús derrotó a Satanás en una victoria total y final. "Y despojando a los principados y a las potestades [términos de la jerarquía maligna de Satanás], los exhibió públicamente, triunfando sobre ellos en la cruz" (Colosenses 2:15). La victoria de Cristo no solamente fue una victoria en profundidad, sino también con consecuencias eternas. Satanás y sus tropas son rebeldes derrotados, usurpadores quienes han sido despojados de todo poder. Ellos ya han sido llevados como prisioneros en deshonra por Cristo en su procesión triunfal. Se han convertido en el "galardón de guerra de Cristo".

Dios en el misterio de su soberana voluntad les ha permitido por un tiempo continuar merodeando, dentro de los límites que El ha establecido. Mientras que esperan su expulsión final y su lanzamiento al lago de fuego, tratan de engañar a la humanidad fanfarroneando como si ellos no hubiesen sido derrotados. Pero su ruina ya está establecida.

Dios les permite desplegar su furia y odio dentro de límites que El ha establecido por este breve tiempo de la eternidad que llamamos tiempo. En la cruz Cristo ganó una victoria cósmica y eterna sobre Satanás. Fue una victoria decisiva y final y nunca necesitará ser repetida. Nunca puede ser anulada. La ruina de Satanás ya está decidida y anunciada. El y sus príncipes de las tinieblas son como bestias salvajes tomadas cautivas y encadenadas. Ellos pueden rugir y agitarse, pero ya están hasta cierto punto en cadenas.

Aun antes del Calvario los demonios gritaban, "¿Qué tienes con nosotros, Jesús, Hijo de Dios? ¿Has venido acá para atormentarnos antes de tiempo?" (Mateo 8:29). Ahora bien, como un hecho cumplido, ellos han sido desarmados (Colosenses 2:15). En la cruz ellos han sido exhibidos, derrotados ante la presencia de todo el mundo espiritual.

Ellos no podían excluir a Cristo del trono, donde El está ahora sentado. Dios el Padre le ha dicho: "Siéntate a mi derecha hasta que ponga a tus enemigos por estrado de tus pies" (Mateo 22:44). "Pero todavía no vemos que todas las cosas le sean sujetas" (Hebreos 2:8). En el misterio del propósito divino, Dios está permitiendo que Satanás se defienda, que engañe, que se oponga a nosotros por un tiempo.

Dios dejó que algunos de los enemigos de Israel ocuparan sus tierras temporalmente y se opusieran a Israel. "... solamente para que el linaje de los hijos de Israel conociese la guerra, para que la enseñasen a los que antes no la habían conocido" (Jueces 3:2). Dios parece tener un plan similar para la iglesia en la actualidad. El está instruyendo a sus santos más selectos en la lucha de oración. Satanás ha sido totalmente y para siempre vencido por Cristo, pero Dios ha planeado que usted y yo pongamos en vigor esa victoria a través de la lucha de oración. El nos está enseñando inestimables experiencias espirituales por las cuales estaremos eternamente agradecidos como también eternamente exaltados y recompensados.

Usted está ya en un sentido bien real en el trono con Cristo. Es una realidad espiritual que ya es un rey y un sacerdote, un sacerdote real (Apocalipsis 1:6; 1 Pedro 2:9). "Y juntamente con él nos resucitó, y asimismo no hizo sentar en los lugares celestiales con Cristo Jesús" (Efesios 2:6). Así que mientras usted lucha con Satanás por la oración aquí, en realidad está también espiritualmente sentado con Cristo en su trono.

En perspectiva, usted lucha con Satanás desde el trono. Ve a Satanás ya vencido. Mira al campo de batalla desde el punto de vista del trono de Cristo. Pero mientras tanto, Dios le ha asignado batallar con Satanás y ocupar para Cristo todo el territorio que en el presente se encuentra en posesión de Satanás. La promesa a Josué es, en efecto, su promesa: "Yo os he entregado ... todo lugar que pisare la planta de vuestro pie.... Nadie te podrá hacer frente en todos los días de tu vida" (Josué 1:3, 5). Stuart Holden ha dicho: "Vamos a la batalla no con una perspectiva de nuestra circunstancia aquí en la tierra, sino de nuestra posición en lo alto en Cristo".[1] Esta es la posición de la fe.

Su tarea es la de liberar el territorio que está bajo el control de Satanás pero al cual no tiene ningún derecho. Su tarea es la de rescatar las almas y vidas que Satanás tiene sometidas a su esclavitud. Avance luchando, dispersando a Satanás de fortaleza en fortaleza. Recuérdele a Satanás la sangre derramada por él—la sangre que selló su ruina. El fue el necio más vil cuando se atrevió a poner su mano sobre Jesús. El sufrió la derrota más grande de la eternidad, y ésta será su derrota eterna.

Uno pensaría que Satanás se rendiría. El sabe que ya ha sido derrotado. El está consciente de que su posición no tiene esperanza. El conoce que está involucrando en su propio castigo eterno a todas las gentes que él engaña. El sabe que va a continuar siendo derrotado una y otra vez. Cada batalla que él pelea aumenta su castigo eterno. Pero en su obstinado e inextirpable odio a Dios y a la humanidad, continúa luchando. En el triunfo de Cristo usted y yo lo vamos a desalojar, dispersar, y hacer retroceder de batalla en batalla.

Entienda su posición en Cristo. Comprenda su papel sagrado. Aquí, en la guerra librada en Su nombre, en santa batalla de oración. Será recompensado eternamente con El en Su reino eterno. Entienda y utilice toda la autoridad que Cristo le ha otorgado. Gánese sus honores eternos en las batallas de oración de estos tiempos.

7. *Gane primero la guerra invisible.* Detrás de cada impedimento, oposición, y obstáculo visible que Satanás nos pone delante está la realidad invisible de su oposición demoníaca. Aunque usted esté sumamente consciente de lo visible, la realidad mayor es lo invisible. Lo visible no es sino la expresión de lo invisible. "Porque no tenemos lucha contra sangre y carne, sino contra principados, contra potestades, contra los gobernadores de las tinieblas de este siglo, contra huestes espirituales de maldad en las regiones celestes" (Efesios 6:12).

Estrategias en la lucha de oración: Segunda parte

La resistencia más importante contra Satanás está en lo invisible. El escudo de la fe está en lo invisible. El manejo diestro de la espada del Espíritu está en lo invisible. Puede ser guiado a citar mucho la Escritura a Satanás, pero el eco de la Escritura retiñe mucho más fuerte a través de la esfera del espíritu, que en el lugar donde eleve su voz audiblemente.

Debe derribar las fuerzas invisibles de Satanás si va a llegar a ver cosas y vidas cambiadas visiblemente delante de usted. Las montañas tienen que ser movidas en el ámbito de lo invisible antes de ser forzadas a un lado que sea evidente en lo visible. Tiene que atar a Satanás y sus demonios antes de que usted vea liberados a sus cautivos desvalidos. Jesús tiene que poner a Satanás por debajo de sus pies invisiblemente, antes que las cosas estén debajo de los pies de Jesús en forma visible.

Esto no es una ficción romántica cristiana sino una realidad espiritual imponente y gloriosa. La lucha de oración es real. Es costosa. Es arriesgada en la tierra, pero, además, en un sentido mayor, arriesgada en la esfera celestial. En la realidad más verdadera, peleamos no por la victoria sino *desde una posición de victoria*.[2] Y, sin embargo, la lucha continúa. Cristo dispersa a Satanás invisiblemente por su lucha de oración, ante la hostilidad visible y oposición que Satanás instiga.

F. J. Huegel, un veterano misionero adiestrado en la batalla, escribe: "Gloria a Dios, todo es real, real porque Dios, quien no puede mentir, dice que eso es así; real aunque diez mil circunstancias y sentimientos truenen y digan que no lo es".[3] Cuando usted ha ganado la victoria en la esfera invisible y ha tomado su asiento con Cristo invisiblemente en Su trono, cuando por su invisible victoria Cristo ha puesto a Satanás bajo sus pies (Romanos 16:20), entonces usted puede reinar ya con Cristo y ver a Dios traer la victoria invisible a la esfera de la realidad visible.

Arthur Mathews, un misionero veterano, habló de la carga que Dios le puso en su corazón por dos áreas específicas en el Sudeste del Asia. Allí había una fuerte oposición al progreso del evangelio. La carga de oración continuó mientras Mathews oraba. "Afirmando mi posición con Cristo en los lugares celestiales sobre la base de la palabra de Dios y fortalecido por Su poder, tomé posesión de toda la armadura de Dios para poder resistir las artimañas del diablo y para resistir su oposición al evangelio". Mientras Mathews se mantenía firme, las noticias de los dos lugares empezaron a cambiar.

"Los poderosos adversarios en los dos casos fueron debilitados, haciendo posible victorias para el Señor".[4]

¿Conoce usted el gozo de que el Espíritu le dé la victoria invisible en la oración, que pone las cosas debajo de sus pies? ¡Qué nueva perspectiva! ¡Qué nueva libertad de espíritu! Montañas que le abrumaban antes ahora parecen tan pequeñas como hormigueros. Siente el poder del Espíritu sobre usted y en su interior. La vida en el trono ha comenzado. Nada como esto aterroriza y enfurece tanto a Satanás. Esta forma de resistencia verdaderamente hace que Satanás se eche a correr.

8. *Orar en el Espíritu.* "Orando en el Espíritu Santo", dice Judas (Judas 20). Pablo añade, "Orando en todo tiempo con toda oración y súplica en el Espíritu" (Efesios 6:18). Si orar en el Espíritu es importante en toda oración, es especialmente urgente en la lucha de oración. Solamente aquellos que están conscientemente llenos del Espíritu pueden conocer la continua habilitación del Espíritu para la oración. Arthur Mathews escribe acerca de la confrontación con el Diablo: "No se debe entrar en ella bajo condiciones en que el individuo no esté lleno del Espíritu". S. D. Gordon añade: "Nosotros nunca somos verdaderamente hombres de oración, en el mejor sentido de la palabra, hasta que no somos llenos del Espíritu Santo".[5]

Necesitamos al Espíritu Santo para poder amar con el amor que hace que la oración verdaderamente prevalezca. "El amor de Cristo que excede a todo conocimiento" (Efesios 3:18-19) es el resultado del "poder en el hombre interior por su Espíritu" (v. 16). La capacidad de Dios de lograr a través de nuestra oración "mucho más abundantemente de lo que pedimos o entendemos" es "según el poder que actúa en nosotros" (v. 20).

La debilidad en la oración puede obstaculizar la oración eficaz, pero el propósito del Espíritu es el de llenarle para que El le pueda ayudar en su debilidad al orar (Romanos 8:26). Unicamente en una dependencia total sobre el Espíritu usted puede prevalecer en la oración. Por lo tanto, recibir la plenitud del Espíritu, vivir en esa plenitud, y orar en esa plenitud son absolutamente esenciales en toda lucha de oración. Este tema será analizado más ampliamente en los Capítulos 14 y 15.

9. *Concentrarse en sucesivas metas de oración.* La lucha de oración significa ser tan militante en el nombre de Jesús que se le confisca al enemigo todo lo que legítimamente pertenece a Cristo. Cristo es el victorioso, y la lucha de oración toma de Satanás el "botín del victorioso".

No sólo debe orar por bendiciones, sino contra Satanás, contra toda ramificación de su obra y su reino de tinieblas. Debe respirar el Espíritu de Cristo de tal forma, que tenga el espíritu de batalla —la determinación de liberar a los cautivos de Satanás, de quitarle la posesión a Satanás y dársela a quien le pertenece legítimamente, a Cristo.

Jesús retaba y derrotaba a Satanás a donde quiera que iba, poniendo en libertad a aquellos que estaban físicamente enfermos, agitados por demonios, y esclavizados al pecado. En muchos aspectos, usted debe hacer lo mismo. La iglesia primitiva entendió esta misión. El avivamiento en Samaria fue una invasión del territorio satánico. Cada vez que Pablo comenzaba una campaña en otra ciudad, estaba invadiendo el territorio de Satanás. Dondequiera que él iba, personas poseídas por demonios o por una oposición instigada por los demonios lo confrontaban. El tenía una visión de ocupar el imperio Romano para Jesús. Fundaba iglesias cristianas en el centro de la vida comercial y política de la ciudad como fuertes de Jesús detrás de las líneas enemigas. Entonces él contaba con que los cristianos alcanzaran por medio de la oración y su testimonio a los que le rodeaban, conquistando para Cristo las áreas circundantes.

La iglesia primitiva trató de tomar el nombre de Jesús y fundar iglesias de Jesucristo en cada fortaleza de Satanás. Ellos querían librar a la tierra de todos los vestigios del poder satánico. Incluso, edificaron santuarios en lugares donde los templos paganos habían estado localizados. Ellos no querían que los ritos paganos y demoníacos fueran practicados allí jamás. Estaban "ocupando" el territorio para el Rey Jesús.

Los pioneros misioneros planearon y oraron en los mismos términos. Cuando Jonathan Goforth planeó lanzar una nueva obra en la provincia del Norte de Honan en la China, Hudson Taylor le escribió: "Hermano, si tú vas a ganar esa provincia debes ir adelante sobre tus rodillas".[6] Cada fortaleza de tinieblas espirituales tiene que ser conquistada sobre las rodillas.

Este era el hábito personal de Hudson Taylor, el de cubrir con oración militante cada una de sus centros misioneros, cada misionero, y cada circunstancia urgente de la que se había enterado.[7] Su lucha de oración era deliberada, específica, y agresiva, persistiendo hasta que las victorias espirituales eran ganadas.

Los guerreros de oración son llamados a ser las tropas espirituales de asalto de Cristo. Satanás nos ha asaltado suficientemente. Llevémosle la batalla a él. Jesús quiere derrocar las fortalezas de Satanás una por una, a través de nosotros. Satanás sólo cede terreno cuando lo obligamos a hacerlo. Tenemos que avanzar paso por paso, fortaleza por fortaleza, de victoria en victoria. Hay que empezar reclamando persona por persona para Jesús. Dándole libertad a los cautivos. Hay que comenzar reclamando lugar por lugar para Jesús. De igual manera que los primeros imperios europeos reclamaban territorios en el Nuevo Mundo de las Américas en el nombre de sus reyes, así nosotros tenemos que reclamar lugares, situaciones, y personas para Jesús. Hay que mantener el Espíritu agresivo y militante; hay que continuar tomando nuevas iniciativas en nuestra lucha de oración por Jesús.

10. *Continuar cubriendo anteriores victorias con oración.* Satanás no entrega su territorio perdido muy dispuesto. Muchas veces, después que la victoria ha sido ganada en lugares celestiales, en lo invisible, él continúa resistiendo su lucha de oración y peleando. El conoce que no hay esperanza, pero es tan obstinado en su odio de Cristo que todavía se aferra hasta el último minuto, tratando de hacer el mayor daño y agravio posible.

Aun después que usted se siente seguro que la batalla está ganada, él intentará atacarlo a usted y a su fe. ¿Recuerda la batalla de Refidim (Exodo 17:8-16)? Moisés, Aarón, y Hur estaban en la colina alzando manos santas en oración a Dios. Mientras que hacían esto, Josué dispersaba a Amalec. Con el enemigo huyendo y sus manos cansadas, Moisés dejó caer sus manos. Inmediatamente Amalec se reanimó y atacó de nuevo. Moisés volvió otra vez a alzar sus manos en oración, y otra vez Josué dispersó a Amalec. Pero tan pronto Moisés descansaba sus manos, Amalec regresaba y atacaba de nuevo. Las lecciones espirituales son obvias. Primero, las victorias visibles dependen de la batalla espiritual. Segundo, las victorias obtenidas tienen que ser seguidas con un ataque continuo y sin tregua hasta que Satanás sea finalmente derrotado. Finalmente, Satanás rehúsa aceptar la derrota. Por lo tanto, las victorias ganadas tienen que ser cubiertas con la "oración reclamadora" para poder mantener la victoria. S. D. Gordon escribe: "Hay que persistir en la oración después que tengamos la seguridad plena del resultado, y aun después que algunos resultados inmediatos se hayan alcanzado o después que los resultados hayan comenzado a verse".[8]

Así Moisés lo resume para nosotros: "El Señor lo ha jurado, el Señor hará guerra contra Amalec de generación en generación" (Exodo 17:16) (BLA). En las palabras del autor de himnos, George Heath:

>*O vela y lucha, y ora*
>   *La batalla nunca entregues.*
>*Renuévala con valor cada día,*
>   *E implora la ayuda divina.*
>*Nunca pienses en la victoria ganada,*
>   *Ni te quites la armadura;*
>*El trabajo de la fe no se hará,*
>   *Hasta que obtengas tu corona.*
>*Continúa luchando, Oh mi Alma....*

37

Peligros en la lucha de oración

SATANAS TOMA SU lucha de oración muy seriamente. El no deja vidas, situaciones, o lugares a no ser que él sea expulsado. Se opone a sus avances con cada arma que esté a su disposición. Le ataca en todos los niveles que él quiere: física, emocional, mental y espiritualmente. Hay seguridad y refugio en el Señor. Sus ángeles se unen a usted en su lucha de oración, asegurándose de la victoria final. Pero tiene que estar siempre alerta y consciente de los esfuerzos y métodos de Satanás.

Cualquier individuo o grupo que entra en la lucha de oración como un ministerio, como un llamado del Señor, será contrarrestado por Satanás. El está aterrorizado de aquellos que se entregan a la oración. ¿Recuerda cómo en los días del profeta Zacarías, el sumo sacerdote Josué no podía comenzar su ministerio sacerdotal de intercesión hasta que Satanás hubiera sido reprendido? Dios le mostró a Zacarías en una visión, que Satanás estaba parado al lado derecho del sumo sacerdote para acusarle. Era también importante que Josué estuviera espiritualmente limpio y obediente si iba a tener la ayuda de las huestes celestiales (Zacarías 3:1-7).

Ataques de Satanás en un local particular o ataques a personas son pruebas de la guerra tan real que existe en los lugares celestiales. Si la oración prevaleciente no fuera tan poderosa, Satanás no le tendría tanto miedo ni se opondría a ella tan violentamente. Una tormenta de ataques violentos, una furia de batallas en una situación específica, no prueba que estamos perdiendo el combate. Al contrario, eso demuestra la eficacia de nuestra lucha de oración. Satanás hace todo lo posible en un esfuerzo de última hora para amedrentarnos o detenernos. Algunas veces a él se le permite obstaculizar o retardar nuestra victoria por un tiempo, pero nosotros estamos del lado de la victoria porque estamos del lado del Victorioso. La más violenta oposición de Satanás ocurre a menudo en los últimos momentos, antes de que sea forzosamente expulsado por el poder de Dios.

La tormenta en el Mar de Galilea no probó que Jesús o los discípulos estaban en peligro. Sí probó que Satanás estaba enojado. Pero una orden de Jesús fue todo lo que se necesitó para hacerlo huir. En cada ataque de Satanás, Jesús ve la victoria.

Pero nosotros debemos apropiarnos y reclamar por fe la protección que Dios ha dispuesto para nosotros. Pida protección para su cuerpo contra accidentes, debilidad, y enfermedad. Pida protección para su mente en contra de la falta de cuidado, falta de memoria, y todas la mentiras y engaños de Satanás. Pida protección de su espíritu en contra de la pasividad, indiferencia, fatiga de la batalla, y la tentación. Pida protección para su trabajo contra las embestidas violentas de Satanás y sus demonios a través de personas o circunstancias hostiles. Pida protección a través de la Palabra de Dios, a través de la sangre de la cruz, a través del nombre de Jesús. Reclame la sabiduría, la guía y el poder divinos. Pida la ayuda en lo invisible de las fuerzas angélicas de Dios.

1. El peligro de ser absorbido por su trabajo. Nosotros estamos en un peligro constante de estar tan preocupados con nuestro trabajo, tan absorbido en las exigencias de nuestra vida cotidiana y las presiones de nuestro ministerio cristiano, que no tenemos tiempo para la lucha de oración verdadera. La intranquilidad de nuestra época se nos mete hasta el alma hasta que es difícil reservar tiempo para estar a solas con Dios y pasar varias horas en un retiro personal de oración donde entremos en batalla espiritual. Trabajamos cuando debíamos orar. Nos hemos convertido en tan adictos al trabajo que nos sentimos más cómodos trabajando que orando.

De este modo, es fácil convertirse en alguien espiritualmente superficial y comparativamente débil porque le hemos dedicado un tiempo de escasa calidad al Señor. Nos hemos convertido en víctimas de la tiranía de nuestro trabajo. Nos falta la disciplina y el sentido de cuáles deben ser nuestras verdaderas prioridades, para ponerlas en oración en primer lugar. El tiempo para orar tiene que ser planeado, reservado, y asido para Dios.

No estoy hablando meramente de tiempo de comunión en oración personal y compañerismo, de tiempo para alimentar su propia alma. Tenemos que ir más allá y dedicar tiempo para la oración prevaleciente por las necesidades de los otros y la causa de Cristo. La lucha de oración merece y exige tiempo. Ningún cristiano está cumpliendo las normas del Nuevo Testamento si no le dedica tiempo tanto a la comunión de oración y al compañerismo como a la oración prevaleciente, uniéndose con el Hijo de Dios y el Espíritu Santo en la lucha de oración.

La falta de oración, la negligencia en la intercesión, y la ausencia del campo de batalla de oración tienen que ser confesadas a Dios y de estas faltas tenemos que arrepentirnos y obtener el perdón de Dios. Entonces tenemos que poner en orden nuestra alma para darle prioridad a la oración de una manera definitiva pero razonable. Tenemos que pedirle al Espíritu que restituya el hambre por la presencia de Dios y Sus respuestas poderosas a nuestro corazón. Le hemos fallado a nuestro Rey intercesor por mucho tiempo. Por la gracia de Dios, haga algo acerca de esto hoy mismo.

2. *El peligro del miedo.* Nosotros, como embajadores de Cristo, no debemos temerle a la oposición de Satanás. El es un enemigo derrotado. Satanás quiere inmovilizarnos por el miedo para ponernos a la defensiva en vez de en el ataque por Dios. Todas las maravillosas referencias bíblicas de "no temáis" son nuestras para reclamar (Isaías 35:4; 41:10, 13; 43:1, 5; 44:8; 54:4). Cuando estamos peleando las batallas de Dios, El acepta la responsabilidad por nuestra protección. Sus ángeles son nuestra salvaguardia.

Andrew Bonar informó que nunca entraba en una temporada de pura oración sin una encarnada batalla al principio. Satanás teme tanto a la oración prevaleciente que ejerce todos los esfuerzos posibles para tratar de hacernos retroceder de nuestro compromiso de orar, para tratar de intimidarnos. Su única preocupación es la de tratar de evitar que oremos. El no le teme al estudio sin oración, a la predicación sin oración, al trabajo sin oración, o al cristianismo sin oración. El se ríe de nuestras diligencias sin oración, pero tiembla cuando tomamos seriamente la lucha de oración. Por lo tanto, él intenta ahuyentarnos de este santo ministerio.

No debíamos ser temerarios. No debíamos imprudentemente subestimar a Satanás. Pero cuando estamos peleando las batallas del Señor, compartiendo Sus preocupaciones de oración, luchando en el poder del Espíritu, podemos reclamar protección en el nombre y la sangre de Jesús. En los casos donde los demonios tienen que ser expulsados, si es posible que le acompañe un compañero en la oración. Puede haber momentos en que esto no sea posible. No tenga miedo. Use el nombre de Jesús. Pero no intente tales batallas si está en derrota espiritual o fuera de la voluntad de Dios.

Jesús oró por usted y por mí: "Padre Santo ... guárdalos en tu nombre" (Juan 17:11). La protección de su nombre es la protección de Su presencia, de Su promesa, y de Sus ángeles. "El nombre del Señor es torre fuerte, a ella corre el justo y está a salvo" (Proverbios 18:10) (BLA). Así que una vez más podemos cantar con Martín Lutero:

Aunque estén demonios mil prontos a devorarnos,
No temeremos, porque Dios sabrá aun prosperarnos.
Que muestre su vigor Satán y su furor;
Dañarnos no podrá, pues condenado es ya
Por la Palabra Santa.

3. *El peligro de la oración imprecisa.* La oración imprecisa, generalizada, nunca trae respuestas definidas. La fe y la oración deben ser específicas para ser eficaces. Existe un papel legítimo en la preocupación santa acerca de algunas áreas generales que necesitan oración como el hambre de avivamiento, la siega, por un nuevo día para Dios, por un espíritu de oración entre el pueblo de Dios, por fondos económicos para la causa de Dios, y obreros para la siega. Su alma puede y debe clamar a Dios por necesidades como éstas una y otra vez.

Estas peticiones generalizadas son todas correctas cuando comience el tiempo de oración con Dios o cuando saque breves momentos durante el día mientras esté haciendo un trabajo que requiera un mínimo de concentración mental. Pero la oración que es eficaz en la lucha de oración tiene que ser, en la mayoría de los casos, sumamente específica y personalizada. Mientras más detallada sea su petición más abarcadora puede ser su carga de oración. Mientras más personal sea su oración, más profundo crecerá su amor santo por la persona por la que ha orado y más poderosamente el Espíritu puede habilitarle en su oración por ella.

Tenga cuidado de orar de modo tan general que no recuerde lo que ha orado. Tenga cuidado de ser tan poco específico que no pueda reconocer si sus oraciones han sido contestadas. Todas las necesidades son específicas. Las situaciones de la vida son maravillosas y trágicamente detalladas. Nunca sabrá todo acerca de una necesidad en particular, pero mientras más sepa, más eficazmente puede prevalecer. Las oportunidades de oración son específicas. Las necesidades de oración son sumamente específicas y detalladas.

Se necesitan las oraciones acumuladas de muchas gentes para preparar el camino del Señor hacia un avivamiento a nivel nacional. Pero usted o un grupo pequeño de personas pueden prevalecer para lograr un avivamiento y ver a Dios obrar con poder sobre una vida, familia, e iglesia en particular, o quizás incluso en una comunidad entera. Es bueno prevalecer por un avivamiento a nivel nacional. Pero mientras más su oración por un avivamiento esté concentrada en una situación específica, más pronto probablemente verá la contestación a sus oraciones. Ora por los dos.

Las preocupaciones poderosas de oración son, generalmente, por situaciones específicas. El santo prevalecer y luchar en la oración están usualmente guiados y habilitados por el Espíritu para necesidades urgentes y específicas. Nuestros anhelos pueden incluir a todo el mundo, pero para que sean contestados deben convertirse en algo concreto, detallado, específico. La fe eficaz es fe por una necesidad particular que puede nombrarse en la presencia del Señor, describir en detalle en su oración, y ser tan específico que pueda saber cuándo la respuesta llega. Pablo oró por su pueblo por nombre. Nombre a la gente y a las necesidades por las que ora, y sea lo más concreto y específico que pueda.

En el negocio, en la banca, en el viaje, y en la vida en general, usted tiene que ser específico en su petición para obtener lo que necesita. Spurgeon le llamó a las oraciones específicas "oraciones de negocios". Tome una necesidad definida y una promesa específica, pídale a Dios con claridad exactamente lo que necesite, y confíe por la contestación concreta. Finney señala que su mente no puede desear intensamente muchas cosas a la vez. Tiene que concentrarse en una a la vez. Así debe ser en la oración prevaleciente.[1] Dios no espera que usted prevalezca por cada necesidad en el mundo. El quiere darle tareas específicas de oración que se conviertan en su responsabilidad y carga personal delante del Señor.

4. *El peligro de la oración sin guía*. Dos elementos deben estar presentes en toda intercesión y particularmente en la lucha de oración: la necesidad humana y el plan divino. Para orar con eficacia prevaleciente debe entrar en armonía con las intercesiones de Cristo en Su trono y con el Espíritu orando en su interior. S. D. Gordon escribe que la oración es "averiguar el propósito de Dios ... e insistir que éste tiene que ser realizado aquí. Lo importante entonces es averiguar e insistir en la voluntad de Dios"[2] La voluntad de Dios siempre es lo mejor. Lo que deseamos es quizás bueno, pero puede que no sea lo mejor.

Dios está más deseoso de contestar la oración que lo que está usted en recibir la respuesta. El sólo conoce lo que es mejor. Sus anhelos son el eco tenue de los anhelos infinitos de Dios. Su amor es imperfecto; el de Dios siempre es perfecto. Los planes de Su amor no solamente son los mejores, son perfectos. ¡Qué necio sería si orara por cualquier cosa exceptuando su voluntad!

¿Cómo podría el Espíritu ungirte y habilitarte para orar por aquello que no es la voluntad perfecta de Dios? ¿Cómo podría El ayudar a la fe en lo que no es el deseo Santo de Dios? Calvino dijo: "Nunca orará el hombre como debe hacerlo a no ser que el Maestro lo guíe tanto en su boca como en su corazón".[3] Es una pérdida de aliento y tiempo pedir por algo que está fuera de la voluntad de Dios.

La oración prevaleciente y la batalla de oración exitosas así dependen tanto de su oír como de sus repetidas peticiones. Habacuc estaba orando, pero se dio cuenta que necesitaba oír a Dios. "Sobre mi guarda estaré... y velaré para ver lo que se me dirá" (Habacuc 2:1). Usted necesita el Espíritu para que le comunique la perspectiva, el panorama, y el plan de Dios desde el punto de vista de la eternidad. Solamente El conoce qué será lo mejor para Su gloria eterna y lo máximo para su bien eterno.

"Encaminará a los humildes por el juicio, y enseñará a los mansos su carrera" (Salmo 25:9). Cuando se humille delante de Dios, confesando la absoluta necesidad que tiene de Su sabiduría y dirección, y con el deseo de hacer Su voluntad únicamente, entonces aprenderá a desarrollar la capacidad de oír Su voz y estar consciente una y otra vez de Su toque. Andrew Murray ha dicho: "El cristiano aprende que el toque suave y delicado del Espíritu es muy sensible. No se pueden tomar libertades, o el sentido de su presencia constante es retirado".[4] Pablo fue sensible a la voz y al toque delicado del Espíritu mientras oraba acerca del ministerio en Hechos 16:6-7.

Cuando usted limita su intercesión a su propio entendimiento, no sólo puede perder la intención de Dios sino que puede obstaculizar su plan. Espere en Dios hasta que El le confirme Su voluntad. No imponga su voluntad sobre El, pero cuando comprenda Su corazón y voluntad, entonces añada toda la energía de la oración a Sus poderosos deseos. Cuando la preocupación de su oración parece cambiar, espere en la presencia de Dios por la próxima dirección del Espíritu acerca de su petición.

Usted no conoce los momentos estratégicos en la lucha de oración. No puede inventar una carga de oración. Pero cuando usted, como guerrero de oración, está manteniendo una lucha constante en sus súplicas o llevando a cabo una carga constante de oración, el Espíritu Santo, en el momento crítico, puede cargarle con una lucha de oración intensa. O un grupo puede estar por varias horas en estado continuo de oración ardiente por una necesidad, cuando de repente, una carga de oración intensa aparece después de la otra. Este tipo de lucha de oración unida tiene gran poder para traer la victoria de Dios. El momento oportuno de Dios para una lucha de oración de tal intensidad ha sido muchas veces milagrosamente exacto. Pero, ¿por qué debe esto sorprendernos, cuando el Espíritu Santo es nuestro estratega divino?

En 1909 al concluir las maravillosas reuniones en Tungchow, cerca de Pekín, China, Jonathan Goforth viajó a los Estados Unidos. En la ruta él se detuvo en Londres. Mientras estuvo allí le hablaron de una señora inválida, quien era una verdadera guerrera de oración. El estaba ansioso de conocerla. Durante la conversación que sostuvieron ella le dijo que había oído acerca de sus reuniones propuestas para la China y había sentido una gran carga para orar por él. Entonces le pidió que mirara en su cuaderno. Ella había anotado allí tres fechas cuando la preocupación especial de oración le había sobrevenido. Goforth se quedó atónito cuando descubrió que esas fechas se correspondían precisamente con los tiempos en que él se dio cuenta del poder más grande y el movimiento portentoso del Espíritu Santo en su ministerio en Manchuria.[5]

La esposa de Ed Spahr fue despertada a media noche una noche con una preocupación de oración por el Rev. y Sra. Jerry

Rose en Irian Jaya, quienes trabajaban entre un pueblo de cultura paleolítica. Su lucha de oración fue tan clara y específica que la próxima mañana ella les escribió una carta informándoles acerca de esto. Al mismo tiempo los esposos Rose recibieron cartas similares de cinco diferentes compañeros en oración en cinco continentes diferentes, cada uno de los cuales había sido guiado por el Espíritu a prevalecer en oración en esa ocasión específica. El mismo día y hora que los cinco estaban prevaleciendo, el Sr. Rose estaba parado con sus armas atadas atrás de su espalda, y un salvaje estaba delante de él listo para atravesarlo con su lanza. En ese instante otro hombre de la tribu se acercó a él, le habló, y el salvaje se marchó, dejando al Sr. Rose ileso.[6]

Isobel Kuhn y su esposo estaban experimentando una gran oposición en el pueblo del sur de China donde estaban obrando. Parecía imposible que la gente abandonaran sus costumbres pecaminosas y se convirtieran a Cristo. En un momento, sin embargo, sin que ellos pudieran dar ninguna explicación acerca de ello, un cambio súbito y extraordinario tuvo lugar. Tres clanes envueltos en una querella hicieron las paces, y ocurrieron casos de conversiones notables. Entonces, al mismo tiempo, ellos recibieron carta de una guerrera de oración quién les informaba que en el momento exacto cuando el cambio ocurrió en China ella estaba tan absorbida por una carga espiritual por la familia Kuhn y su obra que se comunicó por teléfono con otra compañera de oración. Inmediatamente ésta le informó que estaba sintiendo la misma preocupación de oración y sugirió que ambas llamaran a una tercera dama. Así lo hicieron y cada una de las tres señoras se pusieron a orar en intercesión prevaleciente en sus respectivas cocinas. Mientras ellas prevalecían, Satanás fue derrotado y muchas vidas fueron puestas en libertad.[7]

5. El peligro de los malos motivos. Como toda lucha espiritual depende del poder del Espíritu, usted necesita estar seguro no solamente de que está lleno del Espíritu sino también de mantener sus motivos espirituales de oración. Las únicas armas que prevalecen contra Satanás son espirituales. El celo de sí mismo puede causar que inconscientemente usted ore por lo que desea en lugar de por lo que el Espíritu desea, o puede causar que no comprenda cuál es el momento oportuno de Dios.

Es muy fácil que la gloria de Dios se convierta en un motivo secundario y que algún motivo relacionado consigo mismo sea el primario. Esa inversión de motivaciones puede obstaculizar las respuestas a su oración. Usted puede estar muy sutilmente motivado más por sus éxitos personales, porque no quiere ser un fracaso, que por su apetencia por la gloria de Dios. Puede orar celosamente porque se trata de "sus" hijos, "su" iglesia, o "su" nación.

No es pecaminoso tener intereses personales, pero tenga cuidado no sea que el "yo" se convierta en la motivación principal. Jesús le advirtió a los discípulos acerca de glorificarse en el hecho que los demonios tenían que someterse a ellos cuando usaban la autoridad del nombre de Jesús. Glorifíquese en Cristo en lugar de en su autoridad en Cristo. Jesús se regocijó en el Espíritu (Lucas 10:21); ellos se regocijaron en el éxito (v. 17). Pablo por lo tanto, da dos advertencias en relación a la oración: "Perseverad en la oración, velando en ella con acción de gracias" (Colosenses 4:2). La lucha de oración requiere una vigilancia constante —de los ataques de Satanás, de sus prioridades en la oración, y de sus motivos al orar.

Su amor por la gente tiene que ser a causa de Dios y de ellos, no simplemente para añadir otra estadística a su membresía o por los beneficios que pueda recibir incidentalmente. Su lucha de oración tiene que ser a causa de Dios y de ellos, no simplemente para eliminar los problemas que le estén causando tal dificultad. Su oración más intrépida, su oración más llena de fe, su oración más poderosamente habilitada puede ser sólo para aquellas necesidades en la cual el "yo" no le motiva primordialmente.

6. *El peligro de desmayarse prematuramente.* "También les refirió Jesús una parábola sobre la necesidad de orar siempre, y no desmayar" (Lucas 18:1). Entonces, después de contarles acerca del juez injusto quien finalmente responde a las súplicas de la viuda, Jesús resumió: "Oíd.... ¿acaso Dios no hará justicia a sus escogidos, que claman a él día y noche? ¿Se tardará en responderles? Os digo que pronto les hará justicia" (vv. 6-8).

Ya hemos discutido la persistencia dinámica. Sin embargo, la falta de persistencia es un gran peligro también en la lucha de oración. Uno comienza a prevalecer en la oración por una necesidad. Dios comienza el ministerio combinado de Su providencia, Sus ángeles, y Su Espíritu. Pero; ¿qué ocurriría si antes que todos los detalles puedan ser relacionados unos con otros, quizás un instante antes que la respuesta milagrosa llegue, usted desmaya?

Pablo nos asegura que "a su tiempo segaremos, si no desmayamos" (Gálatas 6:9).

Miles de miles de oraciones han sido concedidas por Dios, pero muchas veces antes que las respuestas puedan ser recibidas, el intercesor desmaya. Muchas respuestas a la oración requieren que la voluntad de ciertas personas se sometan al plan divino. Dios no quiere poner y quitar personas como damas en un tablero. El convence a través de muchas influencias y presiones que ejerce sobre las personas. Déle tiempo a Dios para resolver los detalles. Dios siempre tiene razones para lo que aparentan ser tardanzas. Muchas veces El tiene un tiempo más oportuno y un mejor camino.

El peligro radica en que su deseo no sea suficientemente profundo, que su persistencia no sea suficientemente fuerte. No cese su bombardeo de oraciones al instante antes que Satanás alce la bandera blanca y se eche a correr. Las batallas siempre se ganan finalmente en la última hora. No desmaye prematuramente. Algunas respuestas a la oración llegarán solamente si se mantiene firme en oración. La única manera en que algunas personas alcanzarán el cielo es si usted se rehúsa a desmayar.

El Rev. Lars Olsen Skrefsrud, un ministro noruego poderosamente usado por Dios, fue ganado a través de la lucha de oración prevaleciente. Una joven campesina, Bolette Hinderli, estaba orando una vez cuando se le concedió una visión de un prisionero en su calabozo. Ella podía ver su rostro y su cuerpo en la visión. La voz parecía decirle: "Este hombre compartirá el mismo final que los otros criminales si no hay alguien que asuma la responsabilidad de orar por él. Ora por él y yo lo enviaré a proclamar mis alabanzas entre los paganos".

Bolette comenzó a prevalecer en oración. Día tras día ella se mantuvo orando por la salvación de este prisionero desconocido. Ella esperó y oró, y creyó que algún día oiría acerca de un convicto quien se había convertido y había sido llamado al trabajo misionero. Después de un tiempo considerable, ella estaba visitando a Stavanger, en Noruega, cuando oyó que un ex convicto convertido iba a predicar esa noche en una de las iglesias. Ella fue y tan pronto Skrefsrud pasó al púlpito, ella lo reconoció como la misma persona a quien había visto en su visión y por quien había prevalecido.[8]

38

Cómo atar a Satanás: Primera parte

SATANAS PUEDE SER ATADO. ¿No es ésta una noticia gloriosa? Un día los ángeles de Dios atarán "al ejército de lo alto en lo alto" (Isaías 24:21) (BLA). El contexto de este capítulo muestra que esta promesa está relacionada con la segunda venida de nuestro Señor. Obviamente, éstos son los principados y las potestades en las regiones celestes contra los cuales luchamos en nuestra lucha de oración (Efesios 6:10-18). En Apocalipsis 20, un ángel será enviado del cielo y atará a Satanás, y éste permanecerá atado por mil años. ¡Se necesitará solamente un ángel para hacer esto!

Evidentemente Jesús se ha propuesto que nosotros participemos en alguna forma en la tarea de atar a Satanás. Mientras Jesús estuvo en la tierra, hasta cierto punto, había limitado la influencia de Satanás. Al explicar la actividad de echar fuera demonios durante Su ministerio, Jesús dijo que lo que El hizo fue por el poder del Espíritu (Mateo 12:28). Tendremos que atar a Satanás exactamente de la misma manera. El explicó además: "Porque, ¿cómo puede alguno entrar en la casa del hombre fuerte, y saquear sus bienes, si primero no le ata?" (v. 29). En otras palabras, lo que Jesús quería decir es: "Yo he atado al hombre fuerte". Sabemos que está hablando en sentido figurado, pero esto significa mucho para nuestra lucha de oración.

Cuando los setenta y dos regresaron, contando de cómo aun los demonios eran obligados a someterse al uso autoritario que hacían del nombre de Jesús, El les respondió: "Yo veía a Satanás caer del cielo como un rayo" (Lucas 10:18). Otra vez, éstas son palabras dichas en sentido figurado, pero Jesús está diciendo que Satanás está siendo derrotado, que los planes del Maligno están siendo frustrados, que las fuerzas de el Príncipe de las tinieblas están siendo detenidas, y que sus cautivos se están poniendo en libertad. La autoridad fingida del Engañador está siendo desenmascarada y quebrantada. Lo limitado que es el seudopoder de Satanás está siendo demostrado.

Entonces Jesús continuó diciendo: "He aquí os doy potestad de hollar serpientes y escorpiones, y sobre toda fuerza del enemigo" (Lucas 10:19). ¿Qué es lo que quiere decir Jesús por "serpientes y escorpiones"? Probablemente El se refería a los demonios de Satanás. Pero el último resumen de Jesús de todo lo dicho por El deja de ser metafórico. Jesús dice claramente: "Os doy potestad ... sobre toda fuerza del enemigo".

Satanás es el enemigo. Su "poder" incluye todas sus estrategias, todo su poder sobrehumano, y todas sus fuerzas. Jesús quiere que nosotros confrontemos y derrotemos todas las fuerzas que Satanás reúne en contra de nosotros. Deje que Satanás haga lo peor. Deje que lance todo su poder contra la iglesia o contra usted o yo. A través de Cristo, por el Espíritu Santo, y a través de la autoridad del nombre de Jesús, podemos pisotear sus fuerzas como si fueran serpientes. Nosotros podemos vencer.

Pero, ¿podemos atarle? ¿En qué sentido podemos atarle? Respondamos a estas preguntas una a la vez. Muchos, muchos expositores y escritores devotos han usado a Mateo 16:19 y 18:18 para explicar que nosotros podemos atar a Satanás. ¿Es ésta una interpretación legítima de este pasaje? Sea paciente mientras estudiamos la Biblia juntos por un momento.

Cuando los rabinos judíos anunciaban que ciertas reglas de conducta eran o no requeridas por Dios, se referían a esta cuestión, como "atando" o "desatando". ¿El versículo: "Y todo lo que atares en la tierra será atado en los cielos; y todo lo que desatares en la tierra será desatado en los cielos" se refiere solamente a reglas de conducta exigidas por la iglesia? ¿Estaba Jesús solamente nombrando a los apóstoles para ser los sucesores de los rabinos? Obviamente, no.

En el mismo versículo se hace referencia a las llaves del reino, las cuales Jesús anunció que estaba dando. Esta frase, obviamente, se refiere a que la puerta del evangelio está siendo abierta para la gente. Estamos muy conscientes que Pedro usó las llaves (plural) en más de una ocasión—para los judíos en Pentecostés y para los romanos en la casa de Cornelio. Por favor, note que el "ti" en griego en Mateo 16:19 está en plural. Jesús no le dio las llaves a Pedro solamente, sino a todo el grupo de discípulos que viajaban con él, que incluía tanto a mujeres como a hombres. En otras palabras, las llaves son para todos los cristianos.

Antes de poder finalmente responder a la pregunta, necesitamos leer el dicho similar de Jesús en otro lugar, en una ocasión diferente. Esta verdad de atar y desatar era tan importante para Jesús que El enseñó acerca de esto en más de una ocasión. En Mateo 18:18 es parte de un pronunciamiento que cubre tres versos. Esta vez Jesús habló de una manera muy enfática. En griego dice: "Amén, os digo".

El quería que ellos estuvieran seguros que entendían y se iban a recordar de lo que El les decía. Por lo tanto, El usó el "Amén" primero. El verbo está en el plural; El les habla a todos Sus discípulos.

El verso 18 es la repetición de la declaración acerca de atar y desatar, tal como aparece en el Capítulo 16. Pero esta vez es parte de un pronunciamiento sobre la oración. "Otra vez os digo, que si dos de vosotros se pusieren de acuerdo en la tierra acerca de cualquier cosa que pidieren, les será hecho por mi Padre que está en los cielos" (v. 19). El atar y desatar incluye lo que hacemos cuando nos ponemos de acuerdo en oración —dos de los discípulos, sea quienes sean—. Pero espere, en el verso 20 añade: "Porque donde están dos o tres congregados en mi nombre, allí estoy yo en medio de ellos".

Así que el poder de atar y desatar, el poder de las llaves del reino, y el poder de ponerse de acuerdo en oración están todos relacionados y son garantizados porque Jesús mismo se une a este acuerdo en oración, en atar y desatar. El está presente con ellos cuando se ponen de acuerdo. ¿Podemos ponernos de acuerdo en oración contra Satanás? ¡Seguramente que podemos! ¿Incluye esto atar de alguna manera el poder de Satanás? ¡Claro que sí! El pueblo de Dios lo ha hecho una y otra vez.

Pero; ¿de qué manera atamos a Satanás? "Atar" es el verbo griego normal *deo*. Satanás ató y mantuvo atada por diez y ocho años a una mujer encorvada. Ese fue un atar literal. Jesús dijo que un espíritu había hecho esto (Lucas 13:11-13). Cuando ella fue desatada, fue liberada del poder de Satanás, y pudo enderezarse inmediatamente. Además, Pablo fue "atado" en el Espíritu, es decir, constreñido en el Espíritu (Hechos 20:22), a ir a Jerusalén.

Así que el atar puede ser literal o figurado. Es una restricción o una compulsión. Atar a Satanás es refrenarlo, obligarlo a hacer o no una cosa. Es restringir, sujetar, o prevenir que su poder sea usado y su obra maligna consumada.

¿Tiene Jesús suficiente autoridad para hacer esto? Ciertamente que la tiene. El escogió, mientras estuvo en la tierra, enfrentarse a Satanás una y otra vez. En el principio de Su ministerio durante cuarenta días en el desierto hasta la confrontación en Getsemaní, El escogió enfrentarse a Satanás en el mismo nivel que nosotros. El resistió a Satanás como nosotros debemos hacerlo—en oración. El lo reprendió cara a cara. El lo derrotó en el poder del Espíritu. Ahora El nos ha delegado la autoridad de actuar en su lugar, a usar la autoridad de su nombre.

Hoy, por medio de la poderosa oración prevaleciente, usando la autoridad que Jesús nos ha dado —la autoridad de Su nombre, Su cruz, y Su resurrección— podemos refrenar las actividades de Satanás en muchas formas significativas. Podemos atar y refrenar a su pandilla de demonios, hacerlos retroceder de los lugares que ellos reclamaban para Satanás, y asistir al Espíritu a poner en libertad a los cautivos de Satanás. ¿Cómo haremos esto?

1. *Reconociendo la actividad satánica.* Los espíritus malignos de Satanás son muy numerosos y sumamente organizados. Probablemente todos cayeron en pecado en una rebelión pasada contra Dios, así que todos están enojados, llenos de odio, seguros de su ruina, y organizados bajo el dominio de Satanás. Son todos malignos, viles, espíritus engañadores. Necesitamos la ayuda del Espíritu para poder reconocer cuándo ellos actúan a través de personas y circunstancias. Necesitamos reconocer las estratagemas de Satanás.

Los ayudantes más numerosos de Satanás son los demonios. Su propósito principal hoy día parece ser el de ayudar a Satanás a engañar y destruir la humanidad, y, por lo tanto, a devolverle el golpe a Dios porque Dios ama al hombre tan infinitamente y ha provisto la redención para éste. Donde sea que se encuentren personas, los demonios parecen estar presentes. Podemos asumir que ellos siguen a todos los pecadores constantemente —en sus hogares, en el trabajo, mientras viajan— tratando de tentarlos a pecar o influenciarlos a tomar decisiones equivocadas. Sabemos también que ellos están donde los cristianos están, esperando la oportunidad para acusarlos falsamente o desanimarlos, dividirlos, tentarlos, o ponerles tropiezo. Como Satanás es solamente uno y puede estar solamente en un lugar a la vez, él tiene que depender de las multitudes de demonios para hacer su trabajo. Charles Wesley escribió:

> *Angeles se oponen a nuestra marcha*
> *y en fuerza son mayores,*
> *Nuestros enemigos en secreto juramentados,*
> *incontables, invisibles;*
> *De tronos de gloria expulsados, por la*
> *venganza llameante lanzada,*
> *Ellos cubren el aire y opacan el cielo,*
> *y rigen este mundo de abajo.*

Hasta el día que Cristo finalmente ate a Satanás y a sus seguidores, y los arroje al lago de fuego (Apocalipsis 20:10; 21:8), estas son las fuerzas que se oponen a nosotros. Desde que Cristo ya no está en la tierra, Satanás dirige su veneno contra la humanidad en general, y especialmente contra la iglesia. El está extraordinariamente encolerizado con la obra evangelística de la iglesia, y especialmente manifiesta su oposición y poder en el campo misionero. La Biblia nos dice que dondequiera que la gente adore a dioses ajenos, detrás de la fachada religiosa, los rituales, las imágenes, y así sucesivamente, están los demonios engañando a los adoradores (1 Corintios 10:20; Deuteronomio 32:17; Salmo 106:36-37; Apocalipsis 9:20). Los demonios son los principales espíritus que nos confrontan.

La Biblia usa una palabra griega diferente para hablar de los angeles caídos. Estos no están merodeando la tierra, sino que están cautivos en el Tártaro (griego), o en calabozos tenebrosos y allí permanecen detenidos hasta el día del juicio (2 Pedro 2:4). Judas añade que ellos están en tinieblas, atados en prisiones eternas (Judas 6). Así que éstos no pueden interferir con nosotros hoy día.

Existe una jerarquía entre los espíritus caídos de la cual habla Efesios 6:12, como principados, potestades, gobernadores de las tinieblas, y huestes espirituales de maldad. No necesitamos saber los detalles acerca de estos seres espirituales —solamente necesitamos estar alertas acerca de sus funciones y propósitos para poder ser sabios al resistirlos.

Pablo desea que nosotros reconozcamos que detrás de la gente que se oponen a nosotros, nos ponen en peligro, y nos obstaculizan, están los espíritus invisibles del mal quienes usan y manipulan a la gente que son sus ingenuos e incautos esclavos. Nuestra lucha espiritual no es contra esa gente que vemos sino contra los espíritus invisibles detrás de ellos, quienes los manipulan y obran a través de ellos. El énfasis primordial de Pablo es que ellos luchan contra nosotros (repetido cinco veces en Efesios 6:11-12). Adán y Eva no lograron reconocer a Satanás detrás de la serpiente. Jesús reconoció a Satanás detrás de la sugerencia de Pedro (Mateo 16:23) y detrás de la traición de Judas (Lucas 22:53). Necesitamos reconocer cuándo debemos atar las fuerzas de Satanás y quiénes son aquellos a quien estamos atando. Ellos son poderosos y están bien informados (algunas veces aparentando saber más que nosotros), pero ya derrotados por Cristo.

2. *Reconocer la superioridad de las huestes de Cristo.* Las fuerzas de Cristo son más numerosas que las de Satanás. Solamente un tercera parte de los ángeles cayeron (Apocalipsis 12:4), así que hay dos veces más ángeles no caídos. Sin duda alguna el Señor tiene a sus ángeles bien organizados. Ellos están unidos en perfecto y mutuo amor y en obediencia de amor a Jesucristo. Como tienen acceso a Dios, ellos pueden ser mucho más sabios, estar mucho mejor informados, y sin duda mucho más interrelacionados y unificados que las fuerzas satánicas.

Hay sugerencias que cada niño, probablemente cada ser humano, tiene un ángel de la guardia que le ayuda (Salmo 34:7; 91:11; Hebreos 1:14). Jesús mismo confirma esta verdad (Mateo 18:10). Ellos están disponibles de acuerdo a la voluntad de Dios para toda ayuda digna que necesitemos. Sabemos por la Escritura que ellos nos protegen y nos mandan mensajes (a menudo probablemente por sugestiones mentales y recordatorios), y son sin duda usados por el Espíritu Santo para guiarnos y refrenarnos. Ellos están a nuestra disposición instantáneamente para reforzar nuestra lucha de oración por medio de la obstrucción y la oposición de las fuerzas siniestras de Satanás.

Satanás influye y a veces posee a sus seguidores. Pero Cristo, quien está en nosotros, es mucho mayor que Satanás (1 Juan 4:4). Las fuerzas angélicas que nos rodean son más numerosas y poderosas que todas las que se puedan combinar contra nosotros, sean visibles o invisibles (2 Reyes 6:16; 2 Crónicas 32:7-8). Ellas nos ayudarán a atar a Satanás.

3. *Tomar la iniciativa de atar a Satanás y a sus representantes.* Usted no necesita pedirle al Señor que ate a Satanás. Esto puede hacerlo usted mismo —"Todo lo que tú ates". Tiene que neutralizar a su enemigo antes de que pueda poner en libertad a sus prisioneros. Primero, amarre al hombre fuerte, dice Jesús (Mateo 12:29). Nosotros, la iglesia, tenemos que tomar la iniciativa contra el reino de Satanás.

El hombre fuerte (el demonio), dice Jesús, está completamente armado (Lucas 11:21). El intenta proteger su territorio y sus cautivos contra nuestro ataque de oración. Sus posesiones entre sus cautivos probablemente incluyen el amor al pecado (Juan 3:19), el amor hacia el mundo, la concupiscencia de los ojos, y el vanaglorioso orgullo de la vida (1 Juan 2:16), las ansias de la naturaleza pecaminosa (Efesios 2:3), y la hostilidad hacia Dios (Romanos 8:7). Satanás intenta proteger a sus seguidores para de esa manera poder mantenerlos esclavizados a estas actitudes y deseos.

Satanás es vulnerable a su asalto en la lucha de oración, a su uso de la autoridad de Cristo, y al mandamiento y represión con que la fe lo amenaza. Su cabeza fue aplastada en el Calvario (Génesis 3:15). Ahora cuando usted tome la iniciativa, el cielo le apoyará y reforzará la victoria de Cristo a través de su oración.

39

Cómo atar a Satanás: Segunda parte

4. GANAR LA BATALLA en el reino invisible. La lucha de oración es en su mayor parte una batalla, directa o indirectamente, contra el mundo de los espíritus. Tenemos que confrontar y derrotar los poderes de las tinieblas en su propio reino invisible antes de que nuestras victorias por Cristo sean visibles en la tierra. Nuestras armas no son armas visibles, pero sí son divinamente reales. Nuestra batalla es de fe y oración. Conquistaremos en la esfera celestial (Efesios 3:10; 6:12), pero los resultados se harán visibles aquí en la tierra.

Atacamos la causa, no el efecto, así como Jesús lo hizo. Nuestro atar en un atar invisible. El Espíritu nos puede capacitar para reconocer las cadenas invisibles que atan a las gentes, el poder invisible que los corrompen, el espíritu invisible que les susurra a su corazón y los motiva.

Muchas veces los resultados de nuestra victoria en el plano invisible son inmediatamente reconocibles en el visible. Otras veces no podemos ver por un tiempo si nuestra oración ha sido contestada. Pero nuestra lucha es una lucha de fe. Simplemente porque no podemos medir instantáneamente los resultados no prueba que Dios no ha actuado y que Satanás no ha comenzado a desaparecer. La batalla invisible algunas veces toma tiempo.

Nosotros, habiendo hecho todo lo requerido, tenemos que estar firmes sin cesar.

Esta es la exhortación de la Escritura acerca de la batalla en los lugares celestiales (Efesios 6:10-14).

Un capataz cristiano a cargo del departamento de mantenimiento de un garaje, estaba preocupado por los juramentos y el hablar grosero de los hombres que trabajaban allí. El llegó a darse cuenta de que esto se debía a la influencia de los demonios sobre las mentes y la conversación de ellos. Inmediatamente comenzó a atar los poderes de Satanás. El hizo arreglos para llegar al trabajo cada mañana antes que sus compañeros de trabajo. Entonces, en el nombre y con la autoridad de Jesucristo, ordenó a los espíritus salir del lugar y les prohibió regresar otra vez a influenciar a los trabajadores. El les dijo: "Yo pongo la maldición más santa de Dios sobre ustedes". El se mantuvo en lucha de oración, atando a Satanás día tras día por varios meses. Toda la atmósfera del lugar se transformó, y los hombres parecían que se habían olvidado de su sucio vocabulario y sus discusiones impuras.

El cristiano de rodillas relata acerca de un muchacho cristiano chino de doce años llamado Ma-Na-Si, quien dejó la escuela interna para ir a su casa de vacaciones. Cuando él llegó y se detuvo delante de los escalones de la puerta de su casa, oyó a un jinete que galopaba en su caballo hacia él. El hombre, que no era cristiano, estaba grandemente agitado y quería ver al hombre de Jesús —el pastor, el padre del joven— inmediatamente. Ma-Na-Si le explicó que su padre no estaba en la casa. El visitante se quedó muy consternado. Le dijo al joven que se le había encomendado buscar al hombre de Jesús para expulsar un demonio de una joven de su pueblo. Los demonios la estaban atormentando, enloqueciendo, injuriando; le hacían arrancarse los cabellos, arañar el rostro, desgarrar su ropa, destrozar los muebles, y romper los platos. El describió las blasfemias de la joven, sus explosiones enloquecidas, y la espuma que salía de su boca hasta que caía física y mentalmente agotada.

El joven continuó explicándole: "Pero mi padre no se encuentra. Mi padre no está aquí". Por último, el hombre desesperado cayó de rodillas y exclamó: "Tú también eres un hombre de Jesús. ¿Vendrás tú?"

El muchacho se sorprendió por un instante. Entonces él se puso a la disposición de Jesús. Como el pequeño Samuel, estaba dispuesto a obedecer a Dios en todo. El aceptó ir con el extraño, quien saltó sobre su caballo y montó al joven detrás de él.

Mientras galopaban, Ma-Na-Si comenzó a orar. El había aceptado la invitación de expulsar un demonio en el nombre de Jesús; pero, ¿era digno de ser usado por Dios? El escudriñó su corazón, oró por dirección, por qué decir y cómo actuar. El intentó acordarse de cómo Jesús había actuado con los demonios. Después, simplemente, confió en el poder y la misericordia de Dios, y rogó que Jesús fuera glorificado.

Cuando llegaron a la casa de la joven, varios miembros de la familia estaban sujetando por la fuerza a la mujer torturada sobre la cama. A ella no se le había dicho que alguien había ido a buscar al pastor. Pero cuando oyó las pisadas afuera, ella gritó: "Quítense de mi camino todos, rápidamente, para que pueda escapar. ¡Tengo que huir! Un hombre de Jesús está llegando. No puedo soportarlo. Su nombre es Ma-Na-Si". En ese momento Ma-Na-Si entró en el cuarto. Entonó una melodía cristiana, glorificando al Señor Jesús, y en el nombre de Jesucristo, el Señor resucitado, glorificado, y omnipotente, le ordenó al demonio a salir de la mujer. Instantáneamente ella se calmó. Desde ese día en adelante estuvo completamente bien. Ella se sorprendió cuando le contaron que había anunciado el nombre del joven cristiano que venía a verla. Aun un muchacho de doce años puede, por la autoridad de Cristo, atar un demonio de Satanás y expulsarlo.[1]

5. *Usar sus poderosas armas espirituales.* Las armas que Jesús provee son poderosas para refrenar a Satanás y a sus demonios. Jesús vino a destruir las obras del Diablo (1 Juan 3:8). El verbo griego aquí significa "anular", "deshacer", "quitarle la autoridad"; por lo tanto, "destruir". En otras palabras, Jesús vino a destruir el poder de Satanás, a quitarle toda la autoridad, y a neutralizar su influencia. Como representante de El, su responsabilidad es la de poner en vigor esta derrota usando las armas sobrenaturales. Mientras más cerca esté el regreso de nuestro Señor, más se puede esperar que el diablo se enfurezca e intente obstaculizar la obra de Cristo. Pero Cristo le ha delegado la autoridad de usar estas armas a causa de El.

Nuestra responsabilidad es la de continuar la tarea de Cristo de refrenar, neutralizar, y destruir las obras de Satanás a causa de Jesús y con su aprobación. Estas armas son en verdad poderosas en Dios. Pablo nos asegura: "Porque la armas de nuestra milicia no son carnales, sino poderosas en Dios para la destrucción de fortalezas" (2 Corintios 10:4). La palabra griega traducida como "destrucción" significa "derribar", "desmantelar", "echar abajo".

Las armas que Dios nos ha dado son divinamente poderosas y preparadas para nuestra lucha de oración; sirven exactamente al propósito de Dios y nuestra necesidad. Ellas son divinamente eficaces para derrotar a Satanás, para hacer retroceder a sus fuerzas, para anular sus esfuerzos, y así alcanzar los objetivos divinos. La destreza en el uso de estas armas hará temible en el infierno a su lucha de oración.

a. *El nombre de Jesús.* No existe un arma que sea más eficaz espiritualmente que el nombre de Jesús. El nombre de Jesús anuncia Su presencia, te recuerda Su victoria en la cruz, y te da la autoridad de ser Su representante. Tan importante es el uso del nombre de Jesús en la lucha espiritual que le dedicamos el capítulo 32 completo, a este tema.

b. *La sangre de Jesús.* El incrédulo no entiende la gravedad del pecado, el valor infinito de cada ser humano, la necesidad absoluta del sacrificio redentor de la muerte de Jesucristo en la cruz como nuestra única esperanza, nuestro único Mediador entre Dios y nosotros. Mencionarles a personas tan incrédulas y mal informadas la sangre de Cristo puede parecer ofensivo. Pero para cualquier persona que entiende las verdades espirituales y conoce las referencias bíblicas acerca de la sangre de Jesús, la cruz, y su muerte expiatoria, nada es más precioso que la sangre de Cristo.

Sin embargo, muchas veces descuidamos el uso de la sangre de Cristo como nuestro símbolo y arma poderosa en nuestra lucha espiritual con Satanás. La sangre de Jesús representa la muerte de Jesús. Por último y eternamente, la muerte de Jesús derrotó a Satanás y selló su ruina. La sangre de Jesús mancha las manos de Satanás y deshonra su nombre. La sangre de Jesús le recuerda al universo la terrible naturaleza maligna de Satanás, el odio cruel de su corazón, y el costo trágico de su rebelión.

Solamente la mención de la sangre de Jesús es un tormento a los oídos de Satanás y una tortura para su memoria. A través de la eternidad él deseará poder borrar de su memoria el haber visto la sangre de Jesús, pero nunca podrá olvidar esa imagen. Esa imagen lo atormentará por toda la eternidad en el infierno.

La sangre de Jesús, tan preciosa para nosotros, es un arma aterradora para Satanás. La sangre le grita "derrota" a sus oídos. Le grita "ruina" a su mente. Prueba que él es el villano más vil de todo el universo. Es la causa de que él sea despreciado tanto por el cielo como por el infierno. Lo ha cubierto con una vergüenza eterna. Le ha hecho el ser más desdeñable de todos los seres de la historia, el más vil de los viles. Implora por la sangre de Jesús. Esto es una agonía para Satanás. El deseará huir del sonido de su oración.

Pero la sangre de Jesús nos dice más que esto. La sangre es la garantía de la victoria de Cristo. Es la medida del compromiso infinito de Cristo de eliminar y destruir a Satanás y a todas sus obras. La sangre de la pascua en el Antiguo Testamento representaba la protección completa contra el ángel de la muerte. La sangre de Jesús, nuestra pascua (1 Corintios 5:7), es nuestra protección completa en el tiempo y en la eternidad. Estamos cubiertos por Su sangre, amparados por Su sangre, y hechos infinitamente preciosos para Dios por la sangre de Cristo —por Su muerte en el Calvario—. Su sangre, Su muerte, Su cruz son nuestra gloria, nuestra garantía de victoria.

Satanás no puede estar en la presencia de la sangre. Satanás no puede pelear con la sangre de Jesús y tiene que huir de su recuerdo. Ella es el grito de batalla de usted; ella es su arma espiritual. Usela para derrotar a Satanás. Implore y glorifique la sangre de Jesús, y eche fuera a Satanás del campo de batalla.

c. *La palabra de Dios.* La Escritura nos manda a tomar "la espada del Espíritu, que es la palabra de Dios" (Efesios 6:17). Cuando usted toma el nombre de Jesús, cuando en forma militante glorifica Su nombre cuando se lanza al ataque, y cuando hace resplandecer la espada de la Palabra en el poder del Espíritu, Satanás sabe que la pelea más encarnizada ha comenzado. En cualquier momento él puede decidirse a huir, abandonar su posición y retroceder aun más en retirada.

La Palabra está llena de instrucciones para la batalla. Es su manual de guerra. La Palabra está llena de recursos para la batalla, porque es el registro de la guerra santa de Dios y le promete el poder para su victoria final y total. Está repleta de las municiones de Dios para usted. Tómelas y úselas. Este tema también es tan importante que le dedicamos el Capítulo 31 completo al uso militante de la palabra de Dios.

d. *La oración y el mandato de fe.* Con anterioridad he escrito acerca de la dinámica de la fe. Aquí haré énfasis solamente en el uso militante de la fe en el refreno de Satanás. La oración de fe, el mandamiento de fe, y la canción de fe son las armas de Dios para que usted refrene, ate y derrote a Satanás.

Refrenar y atar a Satanás tiene que ser una obra de fe. Por la fe insistimos que Satanás no avance más. Por la fe nos protegemos de su ataque. Y entonces por la fe lanzamos el ataque contra sus fortalezas. La fe que ata a Satanás es la fe que toma la ofensiva: inmoviliza las fuerzas satánicas y desarma sus armas (duda, desconsuelo, miedo, tentación). La oración de fe mantiene el derramamiento del poder del cielo a nosotros y sobre nosotros. La oración de fe aplica la victoria del Calvario. Ejerce la autoridad del nombre de Jesús.

Hebreos nos recuerda el uso militante de la fe por los héroes del Antiguo Testamento, cuando menciona a aquellos "que por fe conquistaron reinos ... alcanzaron promesas ... evitaron filo de espada, sacaron fuerzas de debilidad, se hicieron fuertes en batallas, pusieron en fuga ejércitos extranjeros" (11:33-34). La fe siempre es el arma de batalla de los conquistadores de Dios. Use la fe para atar a Satanás.

La orden de fe es la verbalización de su fe y autoridad. Quizás usted quiera repasar lo que he dicho acerca de esto, anteriormente, en el Capítulo 13. Consulte también el Capítulo 15 en mi libro *Tocando el mundo a través de la oración,* que está dedicado al tema del mandato de fe. Tal como Dios quiere que le hable a las montañas que obstruyen su camino y las remueva del mismo (Mateo 17:20; 21:21), así mismo en el nombre de Cristo tiene la autoridad de refrenar y atar a Satanás por su mandato de fe.

Los hijos de Dios le han ordenado a Satanás estar en silencio cuando él ha tratado de traerles pensamientos pecaminosos a sus mentes, o cuando él ha hablado por la boca de los demonios, interrumpiendo un culto o protestando al ser echado fuera. Le han ordenado a Satanás a apartarse de ellos, tal como Jesús lo hizo cuando Satanás engañó a Pedro hasta el punto que sugirió cosas que Satanás le había susurrado en su mente (Mateo 16:23). En la oración militante de fe a Satanás se le ha mandado a dejar tranquilos a una familia, un hogar, o una iglesia.

El mandato de fe puede, a veces, estar acompañado de una represión santa. Los santos de Dios han reprendido a Satanás cara a cara. Esto no es contrario a lo que 2 Pedro 2:11 y Judas 9 nos dice. Las palabras griegas pertinentes en estos dos versos están relacionadas al verbo *blasphemeo,* de donde proviene nuestra palabra "blasfemar". Ella significa "azotar verbalmente" (lenguaje abusivo, despectivo), o insultar (aun con el sentido más fuerte de abuso y lenguaje obsceno). No debemos abusar sino mandar con calma en el nombre de Jesús.

Jesús no gritó en forma abusiva cuando limpió el templo, ni tampoco nosotros debemos armar una diatriba contra Satanás. A través de la sangre de la cruz y con la autoridad de Su nombre, podemos firmemente darle órdenes a Satanás. El aspecto de reprensión del mandato de fe lo vemos también en Jesús. No solamente El reprendió a Satanás personalmente, sino el viento y las olas, y ellas se calmaron instantáneamente (Lucas 8:24). El sabía que Satanás estaba agitando los elementos para tratar de hacerles daño a El y a Sus discípulos. Así que al reprender al viento y las olas, El estaba reprendiendo a Satanás, quien era el que los estaba manipulando. Similarmente, El reprendió la fiebre (4:39). Por tanto, algunas veces en su mandato de fe el Espíritu Santo puede guiarle a incluir un elemento de represión contra Satanás.

e. *La palabra de alabanza.* La alabanza y el canto pueden también ser usados militantemente por la fe como armas contra Satanás. Dios puede hacer de su fe un himno, una canción militante de triunfo. La fe es la victoria que vence al mundo (1 Juan 5:4-5). Usted tiene que orar desde su posición en los lugares celestiales para poder derrotar a Satanás y, ¿cuándo más está en los lugares celestiales que cuando alaba a Dios? Lutero, ese poderoso guerrero de oración, muchas veces asaltaba a Satanás y sus demonios cantando. El hablaba de molestar a Satanás a través del canto. Aun en la última noche de su vida, habiendo acabado de predicar por cuarta vez y sintiéndose mal, bajó de su habitación diciendo: "No hay placer en estar solo. Nada atemoriza más al Diablo que cuando dos o tres cristianos se reúnen y cantan y son felices en el Señor".[2] Después de cantar, se retiró y, despertando con el escalofrío de la muerte, se fue triunfante a la presencia de su Señor.

La alabanza eleva su fe y su perspectiva mucho más allá de la batalla. La alabanza resiste poderosamente a Satanás y lo rechaza. No solamente él odia la alabanza, sino que de alguna manera la alabanza parece traer a los ángeles de Dios a su ayuda en la batalla. Los ángeles siempre están con usted durante su lucha de oración. Los necesita para ayudarse a atar a Satanás. Pero ellos parecen estar cerca especialmente cuando usted asalta a Satanás con la alabanza.

La alabanza se convierte en una falange poderosa para hacer retroceder a Satanás y paralizar su poder.

6. *Haga un ataque unido.* Atar y resistir a Satanás muchas veces exige nuestro ataque unido contra las fortalezas satánicas. Atar el poder de Satanás en una situación particular para que Dios pueda obrar de una manera poderosa muchas veces toma tiempo y la unión de nuestros esfuerzos. Recuerde que Mateo 18:18 (atando en la tierra para que el cielo lo apruebe y lo ponga en vigor) inmediatamente precede al verso 19 (si dos de ustedes en la tierra se ponen de acuerdo). Los dos versos se refieren a que nuestras acciones aquí en la tierra están ratificadas y ayudadas desde los cielos. Dios el Padre hace que esto sea posible obrando a través de Su Espíritu Santo, a través de multitudes de Sus ángeles, y por Sus respuestas milagrosas a las oraciones. El nos da esta ayuda cuando tomamos la incitativa de unirnos en oración para atar a Satanás y a todas sus fuerzas.

La señora Jessie Penn-Lewis informó de cómo en una gran plaza de mercado en el norte de Inglaterra multitudes de personas se reunían para oír los discursos de comunistas y ateos. Estos oradores se oponían y atacaban a los obreros cristianos del pueblo y a su ministerio. Uno de los ministros locales reunió al pueblo cristiano un domingo por la tarde y les enseñó con la Biblia cómo Satanás estaba detrás de todos estos esfuerzos y que él tenía que ser atado.

Aproximadamente cien cristianos tomaron a Jesús, a Su palabra y, con corazones y voces unidos, repitieron bien alto: "En el nombre de Jesús atamos al hombre fuerte y le prohibimos que continúe agitando a esta gente y atacando la obra de Dios". Entonces cantaron un himno de victoria. Ellos asumieron una posición de fe y confiaron absolutamente en que Dios iba a cumplir Su Palabra.

Al día siguiente una división surgió entre los ateos. Su líder desapareció del pueblo. Una semana más tarde lo trajeron a la corte y lo sentenciaron por otros aspectos de su vida. Entonces las autoridades del pueblo intervinieron, dispersaron a la gente de la plaza, y suspendieron todas las actividades en ese lugar. El ataque de Satanás fue completamente atado.[3]

40

El uso militante del nombre de Jesús

TODAS LAS FORMAS DE oración cristiana: la adoración, la comunión, la acción de gracias, la alabanza, y la intercesión, deben hacerse en el nombre de Jesús. Existe un gran significado espiritual en el uso más general del nombre de Jesús. Pero existe también un uso significativo militante del nombre de Jesús en la lucha de oración. El uso general del nombre de Jesús es la base sobre la cual se edifica el uso militante del nombre de Jesús.

EL SIGNIFICADO Y USO DEL "NOMBRE DE JESUS"

Técnicamente hablando, no es siempre necesario incluir las palabras actuales "en el nombre de Jesús" en cada oración que hagamos. Muchas oraciones breves ascienden desde su corazón sin un comienzo o una conclusión formal. Dígale a Jesús simplemente que le ama, usando usualmente Su nombre al principio cuando se dirige a El. Muchas expresiones breves de alabanza mencionan a Jesús, pero no usan las palabras "en el nombre de Jesús". De igual manera, hay muchas peticiones breves, telegráficas, al Señor, que no comienzan con "Jesús" y que no concluyen con las expresiones formales de "en el nombre de Jesús" o "amén".

Sin embargo, en todas las oraciones más estructuradas, usted debe mencionar al principio a quien la está dirigiendo: Señor Jesús, Señor, Padre, Espíritu Santo, Oh Señor, y así sucesivamente. Y en todas las oraciones más formales es bueno concluir con "en el nombre de Jesús", "en Tu nombre", "en Tu santo nombre", o de alguna de estas maneras. Jesús quiere que lo haga así. Probablemente la mayoría de las oraciones que concluyen con un "amén" deben ser oradas "en el nombre de Jesús", "en el nombre poderoso de Jesús", o con algo similar. Ciertamente, toda oración pública debe incluir tal conclusión. Como la oración pública no es solamente una oración sino un testimonio de su fe, "en el nombre de Jesús" es, verdaderamente, lo más apropiado como su testimonio de oración.

Pero usted necesita orar toda su oración en el nombre de Jesús y no simplemente concluirla con un reconocimiento de Su nombre. Como se nos ha dicho: "Y todo lo que hacéis, sea de palabra o de hecho, hacedlo todo en nombre del Señor Jesús" (Colosenses 3:17), ciertamente debemos orar en el nombre de Jesús. Nada es más sagrado que la oración, y nada debe ser más precioso para usted que el nombre de Jesús. Como El es su Señor, como usted lo ama a El por encima de todas las cosas, Su nombre debe estar frecuentemente en sus labios y especialmente en su oración. Cuando usted ora con verdadera sinceridad, profundo amor, y un sentido profundo de necesidad, el uso repetido de Su nombre no ocasiona que usted pierda ni el significado de su preciosidad, ni la maravilla del privilegio de poder orar en Su nombre.

El nombre siempre representa a la persona. Mientras más conoce a una persona, más significado tiene su nombre para usted. Mientras más cerca camina con Jesús y mejor le conoce, más precioso es Su nombre para usted. El nombre de una persona representa su personalidad, carácter, ideales, estilo de vida, actividades y trabajo, la historia de su vida, reputación, y otras características que lo distinguen. En el momento que usted conoce a una persona, su nombre la distingue de todas las demás cuando viene a su memoria. Usted sabe de quién está pensando.

¿Ha pensado alguna vez lo importante que es su nombre para usted y otros? ¿Ha notado alguna vez cuántas veces Dios habla de "Mi nombre"? Esa frase se encuentra 65 veces en la Biblia. "Tu nombre" se aplica a Dios 101 veces; el "nombre del Señor", 95 veces; y "nombre" en referencia a Dios o a Jesús, 85 veces más. Así que la palabra "nombre" es usada en conexión con Dios o Cristo de alguna manera, por lo menos 346 veces en la Biblia.

Cuando Jesús oró al Padre: "He manifestado tu nombre a los hombres" (Juan 17:6, margen), El quería decir que le había dicho y enseñado a Sus discípulos tanto acerca del Padre que ellos ahora lo conocían—no en todo lo que se puede conocer, pero sí verdaderamente. Creer en el nombre de Jesús es creer en todo lo que la Biblia enseña acerca de El: en Su Deidad; en Su vida amante y sin pecado; en Su muerte, resurrección, y ascensión; y en Su reino soberano hoy día. Creer en Jesús es creer en todo lo que El es, en todo lo que enseñó, y en todo lo que El hace por usted hasta donde conozca.

EL USO DEL NOMBRE DEPENDE DE SU VIDA

Orar en el nombre de Jesús es orar en armonía con Su carácter. Es orar en la más plena unidad e identidad con El. Cuando el pecador ora en Su nombre, le ora a El, aceptándole como Salvador y Dios. Para el cristiano maduro orar en Su nombre es orar en unidad con Su santidad, Su amor, Sus propósitos y deseos, y Su señorío total.

La Biblia dice que usted puede tener la mente de Cristo (1 Corintios 2:16). Usted debe permitir que Su mente, Su actitud, estén en ti (Filipenses 2:5). Orar en el nombre de Jesús es orar con Su mente, perspectiva, motivos, y actitud. Para orar como se debe en el nombre de Jesús, tenemos que testificar con Pablo: "Con Cristo estoy juntamente crucificado, y ya no vivo yo, mas vive Cristo en mí" (Gálatas 2:20).

Orar en el nombre de Jesús es orar en Su victoria y en la plenitud de Su Espíritu. Solamente una vida llena del Espíritu conoce lo que es la victoria de momento a momento, con nada que obstruya el uso habilitado del nombre de Jesús. Las promesas asociadas con el nombre de Cristo, como todas las demás promesas, no pueden ser reclamadas con una fe sin titubeos si existe una derrota espiritual en la conciencia. Una vida con victoria hoy y derrota mañana incapacita la fe y debilita la vida de oración.

Un cristiano a medias es de escasa utilidad a Dios o al hombre. El o ella no puede prevalecer cuando es necesario y no puede usar el nombre de Jesús con ningún sentido de autoridad espiritual. La entrega total, la obediencia total, y una vida llena y colmada del Espíritu son la única base para el uso habilitado y autoritario del nombre de Jesús. Orar en el nombre de Jesús es la oración de una vida que es semejante a Cristo.

EL PAPEL QUE DESEMPEÑA EL NOMBRE

1. *El nombre de Jesús da acceso inmediato al trono de Dios.* La autoridad del nombre abre la puerta del cielo. Su fragancia nos identifica y hace aceptos a Dios. Usted no tiene el derecho de acceso excepto a través del nombre de Jesús. Usted es indigno, un rebelde perdonado, pero el nombre de Jesús le identifica ahora como un hijo de Dios y con acceso pleno a la presencia de Dios. Seis veces se refirió Jesús a nuestro pedir en Su nombre.

2. *El nombre le identifica con quién es Jesús.* Se dice que hay 143 nombres y títulos en la Biblia aplicados a Jesús.[1] Cada uno de éstos es un rayo de la luz de Dios que esclarece la identidad de Jesús y cuál es su obra. Usar el nombre de Jesús le identifica con todo lo que la Escritura revela acerca de nuestro Señor. Pero en el centro de todo esto está la realidad gloriosa de que El es el Hijo de Dios, quien se hizo el Hijo de Hombre para hacer expiación por los pecados de usted y quien ha derrotado a Satanás para siempre. Orar en Su nombre le identifica como uno que ha sido redimido por Cristo. Su oración está establecida en la obra consumada por Cristo en el Calvario.

Usted no tiene prioridad de reclamación sobre Cristo. Pero Jesús murió por usted y por el mundo entero. Su nombre habilita su súplica con Su sangre derramada. Su nombre le identifica con el Señorío del resucitado. Su nombre une su oración con Su mediación e intercesión prevalecientes a la diestra del Padre. El, por así decir, descansa una de Sus santas manos sobre el trono de Su Padre, y con la otra aprieta la mano de usted levantada en oración. Por otra parte, usted estrecha la mano sagrada de su compañero de intercesión con una de las suyas, y con la otra toca al mundo.

¿Quién es usted para que desempeñe un papel sagrado tan autoritario? ¿Quién es usted para que sea el canal de salvación mediadora de Jesús, de victoria, y de bendición a otros? Usted no es nada en sí mismo. Pero en Cristo está escogido para tocar al mundo a través de la oración. Con Cristo transmite las bendiciones de Dios a través de la oración. Con Cristo levanta manos santas en lucha de oración tal como Moisés lo hizo en Refidim (Exodo 17:10-16).

Porque Jesús llenó el vacío entre Dios y el hombre, ahora usted puede estar habilitado por todo lo que El es, aunque usted es menos que la nada en sí mismo. Ninguna ilustración humana puede captar la realidad sagrada, pero déjeme intentarlo. Un cable conductor no es nada en sí mismo, pero conectado a un poderoso generador de electricidad es la única esperanza de energía, luz, calor, y todos los demás beneficios que la electricidad hace posible para mucha gente. Aun así, usted no es nada, pero en Cristo, en el nombre de Jesús, es el medio escogido para bendecir al mundo.

A. B. Simpson ilustra el papel desempeñado por Jesús de esta manera: Dos hermanos es alistaron en un ejército. Un hermano era muy indigno de confianza y varias veces había sido procesado por el tribunal militar. En cada ocasión los ruegos de su valiente hermano habían obtenido la conmutación de la sentencia y finalmente la libertad para su indigno hermano. Una vez más el hermano irresponsable falló en el cumplimiento de sus obligaciones militares y fue otra vez procesado por el tribunal militar, y estando el general a punto de darle la pena de muerte, vio al hermano leal en el fondo de la sala llorando en silencio.

El general gentilmente le preguntó al hermano si tenía algo que decir. En silencio él levantó lo que le quedaba de su brazo amputado, que había perdido en la batalla, mientras que las lágrimas corrían por sus mejillas. Otros soldados que estaban cerca vieron lo que estaba pasando y comenzaron a llorar cuando vieron el trozo de brazo alzado. Ese fue su único ruego. El general se conmovió profundamente. "Siéntate, mi buen soldado, obtendrás la vida de tu hermano. El no se la merece, pero tú la has comprado con tu sangre".

Samuel Chadwick escribió: "La oración alcanza su nivel más alto cuando se ofrece en el Nombre que está sobre todo nombre, porque alza al suplicante a la unidad e identidad consigo mismo".[2] El nombre de Jesús le identifica con la muerte y resurrección de Cristo. No tiene otra súplica. No necesita otra. Jesús murió por usted y le da el derecho y la autoridad de Su nombre.

3. *El nombre de Jesús santifica su oración.* Usted no puede orar una oración indigna en Su nombre. Cualquier oración que es egoísta, vengativa, o de bajos motivos, muere en sus labios cuando invoca Su nombre. La oración no fracasa por la insuficiencia de sus palabras al expresar sus peticiones. No, la oración fracasa cuando es silenciada por Su nombre. El santo nombre es un fuego ardiente que consume todo lo que es indigno a Su vista y contrario a Su voluntad. Su nombre juzga sus motivos, limpia sus deseos, y demanda su integridad absoluta.

La oración indigna no puede llegar hasta el trono intercesor de Cristo. Jesús nunca le dirá "amén" a esa oración. El nunca la encomendará al Padre. Muere en sus labios en el momento que ore en Su nombre. Unicamente cuando el gemido de su corazón está en armonía santa con Sus deseos santos puedes estar autorizado para usar Su nombre. San Agustín, cerca del 400 A.D. oró: "Oh Señor, concédeme el hacer tu voluntad como si fuera la mía, para que Tú puedas hacer mi voluntad como si fuera la Tuya".[3]

4. *El nombre nos une con Su voluntad.* Usted no puede pedir en el nombre de Jesús lo que es contrario a Su voluntad, lo que Jesús no haría si fuera él el que orara. El perímetro de su oración se convierte en: "Sea hecha Tu voluntad". Simpson dice: "Dentro de este lugar inmenso y espacioso existe un lugar para toda petición razonable, por el espíritu, alma y cuerpo, familia, amigos; por circunstancias particulares, servicios espirituales, y aun por los deseos, esperanzas, o bendiciones humanas más elevados que el corazón humano pueda concebir".[4]

"Esta es la confianza que tenemos en acercarnos a Dios, que si pedimos alguna cosa conforme a Su voluntad, El nos oye. Y si sabemos que El nos oye, en cualquier cosa que pidamos, obtendremos las peticiones que le hemos hecho" (1 Juan 5:14-15). Pero; ¿cómo saber cuál es la voluntad de Dios en lo que uno pida? Por la Palabra de Dios, la dirección del Espíritu, y la mente de Cristo. En un sentido secundario, por la providencia, la conciencia, el sentido común, y el consejo del pueblo de Dios. (Para una información más completa de este tópico, consulte los capítulos 18-35 de mi libro *Deja que Dios te guíe diariamente*). Mientras que usted continúe abierto a la voluntad de Dios que le va guiando, oyendo atentamente a Dios en oración, y viviendo en Su Palabra, El hará posible que le sea relativamente fácil conocer cuáles son las cosas que están conforme con su voluntad o no.

Para esas cosas que no están claras en la forma señalada, muchos guerreros de oración han encontrado que lo mejor y más sabio es orar hasta que se sientan seguros de la voluntad de Dios antes de mantenerse en lucha de oración acerca de cualquier preocupación profunda.

5. *El nombre le da Su autoridad.* Cuando usted pide en Su nombre, se acerca a El como Su representante, y se aproxima a causa de él, no por causa de usted. No tiene derecho de insistir que una respuesta a su oración sea concedida simplemente porque la desea. Pero cuando Su nombre ha santificado su petición y la ha unido a Su voluntad, entonces tiene la plena autoridad de Su nombre en su intercesión. Es escuchado porque representa a Jesús. Es oído por causa de El.

La autoridad del cielo respalda cualquier oración que usted invoque verdaderamente en el nombre de Jesús —no porque use esas palabras específicas sino porque usted y su oración están realmente en Su nombre. Su oración no es una oración prevaleciente sin el Espíritu de Dios o si le falta Su nombre. Es una realidad que no puede orar en el Espíritu por ninguna cosa sin haberlo hecho en el nombre de Jesús. Pero cuando se ora en el Espíritu, en el nombre de Jesús, su oración está vestida con "la omnipotencia de la gracia de Dios", en palabras de Andrew Murray. El Cristo viviente conoce el poder de Su nombre y lo hace poderoso en usted cuando lo usa en la intercesión prevaleciente.

Cuando Jesús le dice que ore en Su nombre, es como si dijera: "Ora como si fuera Yo el que está orando, y entonces oraré a través de ti. Haré mía tu oración. La presentaré delante de Dios como una oración tuya y mía". Tal oración no es un juego de niños. Es dinámica y prevaleciente, moviendo el cielo y transformando la tierra.

Dios reconoce su autoridad mientras usted ora verdaderamente en el nombre de Jesús. Los ángeles la reconocen, y también Satanás y sus demonios. Ellos también reconocen la oración "en el nombre de Jesús" que es ilegítima. El libro de Hechos recuenta cómo algunos demonios atormentaron a los siete hijos de Esceva cuando ellos intentaron usar el nombre de Jesús como si fuera una frase mágica (Hechos 19:14-16).

Orar una oración prevaleciente en el nombre de Jesús exige mucho de usted como un guerrero de oración, pero produce resultados y victorias que solamente Dios puede proveer. Mientras más completamente usted experimente la plenitud de vivir y orar en el nombre de Jesús, más libremente podrá esgrimir la autoridad de Su nombre.

6. *El nombre nos da el respaldo de Jesús.* Jesús es el "amén" de toda oración formulada en el Espíritu. A través de El decimos "amén" a las promesas de Dios, porque en El el "Sí" de Dios se afirma (2 Corintios 1:20). De manera que Jesús pronuncia el "amén" principal, y nosotros el secundario. En realidad, a Jesús se le llama "el Amén" (Apocalipsis 3:14). En las palabras de Samuel Chadwick: "La oración está respaldada por el Nombre cuando está en armonía con el carácter, la mente, el deseo, y el propósito del Nombre".[5]

Jesús quiere que usted viva una vida de santa armonía con Su carácter, en conformidad santa con el latido de su corazón y Su propósito, y en compañerismo santo con Su intercesión prevaleciente, para que una y otra vez tenga el testimonio interior de que verdaderamente está orando en Su nombre. Este prevalecer está completamente respaldado por Su constante y todopoderoso amén.

EL USO MILITANTE DEL NOMBRE

Existen muchos usos militantes del nombre de Jesús. Esta lista es sólo una sugerencia. Sin duda recordará otras formas importantes de cómo el Espíritu Santo le ha guiado a usarlo para ganar victorias para Cristo. A la luz del papel que desempeña el nombre, use el Nombre una y otra vez para la gloria de Dios y el avance de Su reino.

1. *Use el Nombre para despejar la atmósfera espiritual.* Existen días cuando la opresión espiritual nubla su horizonte, opaca su punto de vista, e intenta incapacitar su fe. Hay ocasiones y lugares en el mundo que Satanás reclama para sí de tal forma, que algunos cristianos espirituales muy sensibles pueden palpar el poder de Satanás allí. El Maligno usa esta opresión espiritual a veces para tratar de aprovecharse de alguna condición de debilidad física que usted tenga. Pero esta opresión puede ser totalmente ajena a todo lo que usted pueda explicar. Algunas veces, en el medio de las batallas de oración, parece que el cielo va a caerle encima. Usted

sabe que Satanás está tratando de obstaculizar su oración y luchar contra su prevalecer.

Use el nombre de Jesús para despejar la atmósfera espiritual y hacer retroceder las tinieblas espirituales. Uselo para abrirle paso a la luz de Dios. Remueve toda la influencia, la presión, y la opresión demoníaca usando el nombre de Jesús con alabanzas, cantos, y una fe militante. Algunas veces solamente la palabra *Jesús* repetida una y otra vez con insistencia espiritual esclarecerá el cielo para usted. Puedes repetirla en silencio. Quizás sea guiado a repetirla audiblemente. El nombre de Jesús puede ser una tortura a los oídos de los demonios. Ellos lo oyen aunque lo diga en voz alta o no, pero en algunas situaciones parece que es mejor repetirlo en voz alta. Manténgase firme—ahuyente las tinieblas usando el nombre de Jesús.

2. *Use el nombre de Jesús para reclamar protección.* Si necesita reclamar protección espiritual o física, use el nombre de Jesús. He visto a una humilde mujer clamar "Jesús" y recibir la intervención instantánea del Señor.

El doctor Laws, misionero a Livingstonia, Africa, nos relató de dos predicadores africanos que caminaban a un pueblo para predicar un domingo por la mañana. De repente se dieron cuenta que los estaban siguiendo. Cuando ellos se viraron a mirar vieron un enorme león que los acechaba. No había árboles dónde subirse, y estaban aterrorizados. Al instante, uno de ellos oró: "Oh Dios, protégenos como Tú lo hiciste con Daniel en el foso de los leones". Al llegar a un camino que llevaba a otro lado ellos se detuvieron. También se detuvo el león. "En el nombre de Jesús, te ordenamos que te vayas por ese camino!", gritó uno de ellos. El león rugió muy enojado y escarbó la tierra con sus patas mientras ellos se esfumaban. Al mirar atrás, vieron al león que se alejaba por el otro camino.

3. *Use el Nombre para expresar sus anhelos.* Pueden haber momentos en su lucha de oración, cuando sus anhelos o sus cargas se hacen tan grandes, que no sabe cómo orar. Puede clamar el nombre de Jesús, y el Espíritu Santo, quien conoce los gemidos más profundos de su corazón, lo interpretará todo perfectamente.

4. *Use el Nombre para poner en vigor el honor de Cristo.* Usted puede encontrarse entre un grupo de personas que blasfeman el nombre de Jesús, y debido a su trabajo quizás no puede evitar escuchar su conversación. Use el nombre de Jesús orando en

silencio para acallar el lenguaje vil de los demás. Puede que esté en el medio de una turba encolerizada y gritona—use el nombre de Jesús orando en silencio para calmar las emociones encolerizadas. Cualquiera que sea la emergencia, use el nombre de Jesús como su arma en oración, en silencio o en voz alta.

5. *Use el nombre de Jesús con una fe militante.* Usted puede estar sentado al lado de la cama de un enfermo, uno demasiado enfermo para ser despertado. Ore por todo lo que se sienta movido a orar. Pero puede reprender a Satanás simplemente repitiendo el nombre de Jesús o implorando una y otra vez: "En el nombre de Jesús".

Un pastor haitiano, de pequeña estatura pero un gigante en la fe, servía a Dios en una misión en una remota y solitaria montaña. El me contó de cómo una noche practicantes de "vudú" se reunieron cerca, determinados a ahuyentarlo de la comunidad porque querían destruir su testimonio cristiano en la región. Comenzaron a tocar sus tambores y a practicar sus ritos, amenazándole con terribles consecuencias. Pero el pequeño pastor se paró en su puerta, en la oscuridad, con sus manos elevadas al cielo implorando: "Jesús, Jesús, Jesús".

De momento, aunque no había señal de lluvia, se desató una tormenta con un tremendo aguacero. Los truenos reverberaban, los relámpagos surcaban el espacio, y los practicantes del "vudú" con sus brujos curanderos corrieron a escaparse de la tormenta. El nombre de Jesús, pronunciado con fe, había ganado la batalla en el mundo de los espíritus, y Dios había puesto en vigor esa victoria en el mundo de la naturaleza.

El rey Asa expresó su fe militante de esta manera: "Señor, no hay nadie más que tú para ayudar en la batalla entre el poderoso y los que no tienen fuerza; ayúdanos, oh Señor Dios nuestro, porque en ti nos apoyamos y en tu nombre hemos venido contra esta multitud. Oh Señor, tú eres nuestro Dios; que no prevalezca hombre alguno contra ti". (2 Crónicas 14:11) (BLA).

He encontrado que aun cuando estoy muy enfermo para pensar u orar con claridad, si sólo repito el nombre de Jesús con fe militante, Dios puede responder y tocar. Cualquiera que sea la necesidad, ore como Dios le guíe a orar, pero debe estar seguro que ora con fe, usando con militancia el nombre de Jesús.

6. *Use el nombre con determinación santa.* La fe y la determinación militantes están muchas veces estrechamente relacionadas. En su asalto de oración contra las fortalezas satánicas que se resisten a ceder —sea en la oración por la salvación de alguien, por el refreno del mal, por la sanidad de un enfermo, o por la expulsión de un demonio— puede mantenerse firme en el nombre de Jesús e implorar Su sangre. Puede marchar hacia adelante; puede expresar su determinación santa de ver que la voluntad de Cristo sea hecha. El salmista expresó su determinación militante de esta manera: "Por medio de ti sacudiremos a nuestros enemigos; en tu nombre hollaremos a nuestros adversarios" (Salmo 44:5).

7. *Use el nombre en el mandato de fe.* Cuando esté ordenándole a la montaña que se mueva, cuando esté mandándole a Satanás que cese de instigar divisiones entre los cristianos, cuando esté resistiendo los asaltos violentos de Satanás, cuando le mande a un demonio a callarse o a irse, o cuando le ordene a Satanás soltar un cautivo, use el nombre poderoso de Jesús—el Jesús que lo derrotó en el Calvario, el Jesús que un día será su Juez.

Pedro le mandó al paralítico: "En el nombre de Jesucristo de Nazaret, levántate y anda" (Hechos 3:6). Pablo le mandó al demonio: "Te mando en el nombre de Jesucristo, que salgas de ella" (16:18).

41

El uso militante de la Palabra

LA PALABRA DE DIOS DESEMPEÑA un papel esencial en todos los aspectos de su vida de oración. Su comunión con Dios tiene que estar basada en la Palabra e incluir una comunión extensa por medio de la misma. Su alabanza, necesariamente, tiene que hacer mucho uso de la Palabra cuando alabe al Señor. Cualquier tiempo que le dedique a su vida devocional, por lo menos la mitad tiene que ser invertido, con toda seguridad, en leer y alimentarse de la Palabra de Dios.

La literatura devocional es útil, mientras no usurpe el lugar de la Palabra de Dios. Si usted invierte la mayoría de su tiempo devocional en la lectura leyendo libros devocionales y no la Biblia, su vida espiritual será muy superficial. La mayoría de los escritos devocionales son leche descremada en comparación con la leche de la Palabra (1 Pedro 2:2). Una gran razón de que existan vidas de oración moribundas es por el descuido de la Palabra de Dios.

1. *La Palabra de Dios es un elemento básico en una vida militante de oración.* El Dios que oye su oración es el Dios de la Biblia. La oración y la Palabra están íntimamente relacionadas. El pueblo que ora ama la Palabra de Dios, y aquellos que aman la Palabra de Dios anhelan orar y aman hacerlo. Cuando se alimenta de la Palabra de Dios, encontrará una y otra vez que su lectura se

convierte en oración. Estará tan bendecido por la Palabra que en la medida que la lea comenzará a amar al Señor, a darle gracias y a alabarle, a pedirle al Señor que aplique la Palabra a su corazón y la cumpla en su vida, o a pedirle que cumpla por ti una promesa en particular. La Palabra se convierte en oración una y otra vez casi antes que usted se dé cuenta.

Mientras más regularmente se alimente de la Palabra, más fecunda y profunda se convertirá su vida de oración. La Palabra de Dios es el alimento que le fortalece para orar. Jesús, citando a Deuteronomio 8:3, derrotó a Satanás señalando el papel esencial que desempeña la Palabra de Dios. "No sólo de pan vivirá el hombre, sino de toda palabra que sale de la boca de Dios" (Mateo 4:4).

La Palabra de Dios nutre su oración, la fortalece, y calienta su corazón y revive su espíritu cuando ora. Usted no puede disfrutar de una vida espiritual vigorosa apartado de la alimentación regular y la asimilación de la Palabra de Dios. El crecimiento espiritual depende de la alimentación espiritual cotidiana. La oración seria e incluso vigorosa, si no está saturada de la Palabra de Dios, puede ser débil y flácida.

Andrew Murray señaló: "Poco de la Palabra con escasa oración es la muerte de la vida espiritual. Mucho de la Palabra con poca oración produce una vida enfermiza. Abundante oración con escasa Palabra da más vida, pero sin constancia. Una medida llena de la Palabra y de oración diaria produce una vida sana y poderosa".[1]

El poder en el uso de la Palabra depende de la vida de oración. El poder en la oración depende del uso de la Palabra. El Espíritu Santo es el Espíritu de la Palabra y el Espíritu de la oración. El centro, tanto de la oración como de la palabra, es Dios. Dios abre Su corazón en la Palabra. Usted le abre su corazón a El en la oración. El se da a Sí mismo a usted en Su Palabra. Usted se da a sí mismo a El en la oración. En la Palabra El se le acerca y vive con usted. En la oración usted asciende a Su trono y se sienta con Cristo.

La oración depende de la Palabra de Dios. Está basada en el mensaje, la verdad, y el poder de toda la Escritura. La oración absorbe el poder de la Palabra e incorpora toda su visión, urgencia y fuerza a su actividad prevaleciente. Jesús prometió: "Si permanecéis en mí, y mis palabras permanecen en vosotros, pedid todo lo que queréis, y os será hecho. En esto es glorificado mi Padre, en que llevéis mucho fruto, y seáis así mis discípulos" (Juan 15:7-8).

Cuatro verdades se hacen evidentes en este pasaje: (1) las respuestas a la oración están estrechamente relacionadas a "permanecer", esto es, al verdadero vivir en la Palabra; (2) este permanecer en la Palabra es el secreto para llevar "mucho fruto" para Dios; (3) este fruto de oración es lo que realmente le da la gloria a Dios; y (4) el fruto de la oración es lo que comprueba que su discipulado es genuino.

Aunque esta enseñanza se aplica a todo tipo de oración, es verdad especialmente en relación con la lucha de oración militante. El poder espiritual para la lucha de oración es inseparable de la alimentación constante de la Palabra, de la incorporación masiva de la Palabra a su vida espiritual. Samuel Chadwick escribe: "Yo nunca llevo conmigo a mi lugar secreto ningún libro, excepto la Biblia". J. Oswald Sanders testifica de cómo su vida cristiana y su vida de oración fueron transformadas. "Vino un cambio cuando aprendí a usar la Biblia como un manual de oración, y a convertir lo que leía, especialmente en los Salmos, en oraciones".[2]

Jonathan Goforth, un misionero usado poderosamente por Dios en avivamientos misioneros y en su vida de oración, constantemente saturaba su alma con la Palabra de Dios. El declaró: "Es triste ver como Dios y las almas son defraudados por nuestro conocimiento tan escaso de Su Palabra salvadora". Cada mañana, al levantarse no pasaba la media hora y ya estaba sumergido, con lápiz y papel, en un estudio intenso de la Palabra. Predicando o evangelizando, Goforth siempre tenía la Biblia abierta en su mano. Llegó a un punto de su vida cuando ya se había leído la Biblia treinta y cinco veces en chino solamente, el Nuevo Testamento en chino sesenta veces, y antes de morir toda la Biblia en orden consecutivo setenta y tres veces. El dijo: "Siempre he deseado poder pasarme varios siglos leyendo la Biblia".[3]

2. *La palabra de Dios inicia el tiempo de oración.* Normalmente es mejor comenzar nuestro período regular de oración leyendo la Biblia, especialmente cuando vamos a entrar en un período de oración militante. Hay emergencias cuando tenemos que recurrir inmediatamente a la oración. Pero siempre que sea posible, comience con la Palabra.

a. *La lectura devocional de la Biblia nos da un sentido de la cercanía de Dios.* Mientras más esté consciente de la presencia de Dios, más gozosa, fiel y poderosamente puede orar. La Biblia puede hacer arder su corazón.

b. *La lectura devocional de la Biblia le ayuda a eliminar las distracciones.* Jesús enseñó la necesidad de excluir los pensamientos y preocupaciones que tienden a agitar su mente cuando se prepara para orar. "Entra en tu aposento, y cerrada la puerta, ora", nos enseñó Jesús (Mateo 6:6). Quizás usted no pueda entrar en un aposento y cerrar la puerta en el sentido literal, pero de alguna manera tiene que estar en comunión con Dios. Leer la Palabra—quizás por un período de tiempo más largo—es una de las maneras más eficaces de excluir al mundo y a sus distracciones.

c. *La lectura devocional prepara la actitud de su corazón para orar.* En la Palabra siente a Dios llamándole a la oración, atrayéndole, y es entonces que su corazón puede responder a la voz e iniciativa divinos (Salmo 27:8). Algunas veces se puede sentir espiritualmente vacío y relativamente moribundo. La Palabra le revigoriza, enciende su alma, y le prepara para encontrarse con el Señor. Esta preparación es muy importante cuando la lucha de oración es lo que se necesita. La Palabra puede darle aliento y renovar el espíritu de militancia espiritual que es tan esencial en la lucha de oración. George Mueller testificó que muchas veces no podía orar como se había propuesto hasta que concentraba su corazón en un verso o pasaje de las Escrituras.[4]

3. *La Palabra de Dios guiará su oración militante.* La Palabra de Dios no solamente alimenta su oración y le arma para la oración militante, sino que también guía su oración. La Palabra le revela qué clase de Dios El es, y así le guía en el asunto por lo que debe orar a favor o en contra. La oración militante es el método para promover el reino de Dios y resistir los engaños, obstáculos, planes, y artimañas de Satanás. La Palabra de Dios le guía en todos los rudimentos de los santos y soberanos propósitos de Dios.

La Palabra de Dios desenmascara muchos de los métodos de antaño de Satanás. Le guía en torno aquellas áreas donde usted debe intentar atar su poder y a sus demonios.

La Palabra de Dios le orienta acerca de las muchas maneras en que el Espíritu de Dios ha guiado al pueblo de Dios a la victoria a través de los siglos. La Biblia es la Palabra de Dios dirigida a usted para muchos propósitos gloriosos, pero entre ellos están Sus propósitos para su lucha de oración. Ella contiene exhortaciones y mandamientos bien específicos acerca de las estrategias en la oración. Ha sido llamada su manual de lucha de oración.

4. *La Palabra de Dios le arma con la fe en la lucha de oración.* La fe es su escudo en la lucha espiritual (Efesios 6:16). Pero también es un arma de ataque en la batalla. La fe se nutre de la Palabra de Dios, y especialmente de las promesas de Dios, hasta que esté fortalecido y lleno de celo por la causa de Dios. La fe es el indispensable e inseparable espíritu y poder de la oración prevaleciente. Ya hemos discutido la dinámica de la fe en el Capítulo 13.

a. *La fe arma la oración militante asiéndose de los propósitos de Dios.* El propósito de Dios y su oración son interdependientes. El depende de su oración militante para alcanzar su propósito santo. En la oración militante usted arma su intercesión con el poder de su propósito soberano. Todos los propósitos de Dios son posibles divinamente. La fe es el "amén" del propósito de Dios.

b. *La fe arma la oración militante por concentrarse en el poder de Dios.* La fe rehúsa estar deprimida por sus debilidades anteriores, su ineficiencia y falta de frutos. La fe cree en Dios a pesar del pasado porque está concentrada en el poder de Dios. La fe sabe que Dios puede derrotar cualquier combinación de fuerzas que Satanás pueda reunir para obstruir su camino, fortificar sus fortalezas, o asaltarle. La fe se gloría en Dios que "es poderoso para hacer todas las cosas mucho más abundantemente de lo que pedimos o entendemos, según el poder que actúa en nosotros" (Efesios 3:20).

c. *La fe arma la oración militante con promesas específicas de Dios.* Cualquiera que sea su necesidad o petición urgentes, Dios tiene una promesa en Su Palabra que es exactamente la apropiada para su uso en la oración. Puede que sea una promesa específica, o una general que cubre muchas necesidades, incluyendo esa por la cual está orando en ese momento. O puede ser la intención general de las Escrituras, o cómo la Biblia revela la manera en que Dios ha obrado en el pasado. Ahora el Espíritu la aplica específicamente a su corazón.

Cada promesa de Dios en su Palabra inalterable fue escrita para usted. Diríjase a Dios, recuérdele Sus promesas, y pídale que haga exactamente lo que El ha prometido. Dios no nos engaña. El no violará Sus promesas. Todo su carácter está vinculado a sus promesas. Su poder hace posible todo lo que es necesario para promover Su causa. Su amor nos asegura que todo lo que se necesita se cumplirá. Su sabiduría sabe cómo suplir todo lo necesario para vencer a Satanás y efectuar Su divino propósito. Su inalterabilidad nos asegura que El llevará a cabo Su plan.

5. *La Palabra de Dios es su poderosa arma en la oración.* En la descripción inspirada por el Espíritu de la armadura de Dios en Efesios 6, la Palabra de Dios es la única arma de ataque. Es la Espada del Espíritu. El la usa directamente para convencer a las personas de pecado. El puede guiar y habilitarle para usarla en la oración militante que prevalece. Por supuesto que es un arma fuerte en la defensa, pero la intención del Espíritu es que la usemos muchas veces para atacar.

¿Qué significa usar las Escrituras militantemente? Significa poder usarlas con intrepidez santa, sea con Dios en la oración o contra Satanás reprendiéndole. Usar las Escrituras militantemente significa tomar la iniciativa espiritual, atreverse a reclamar las promesas de conquista espiritual y poner en libertad a las almas y vidas de aquellos que están bajo el yugo satánico. Significa citarlas y usarlas con determinación insistente y con fe perseverante.

Tal uso incluye citar o leer las alabanzas que se encuentran en las Escrituras para hacer retroceder las dudas, los temores, y las tinieblas espirituales. Incluye mantenerse firme en la Palabra de Dios, aun cuando los signos visibles parecen probar que Satanás está teniendo éxito y que su lucha de oración no tiene esperanza. Significa decir con Pablo, cuando él se paró en la cubierta del navío azotado por la tormenta y la muerte parecía lista a tragárselos a todos: "Yo confío en Dios que será así como se me ha dicho" (Hechos 27:25).

Qué pena que muchos cristianos hagan uso de la Palabra sólo como alimento espiritual, para alumbrar sus caminos, como consuelo, y para la defensa. ¿Cuándo aprenderemos a usarla continuamente en ofensiva militante? ¿Cuándo le daremos un uso importante como el de expulsar a Satanás de sus fortalezas? ¿Cuándo la usaremos poderosamente para liberar a los cautivos de Satanás?

a. *Usando la Palabra para recordársela a Dios.* No es irreverente hacer a Dios cumplir Su Palabra. Cuando Israel había pecado tan terriblemente que Dios estaba listo para fulminarlos, Moisés le citó a Dios Sus propias Palabras en una súplica poderosa por el perdón del pueblo (Números 14:19). El Señor no reprendió a Moisés. El lo honró y amó aún más. El le respondió a Moisés: "Yo lo he perdonado conforme a tu dicho" (v. 20).

Alexander Maclaren escribió: "Nuestras oraciones son un recordatorio para Dios. La oración más verdadera es aquella que se basa en la Palabra hablada de Dios. La oración que prevalece es una promesa reflejada".[5] Humilde, reverente, pero decididamente sujeta a Dios a Su promesa.

b. *Use la Palabra para silenciar a Satanás.* Algunas veces Jesús le mandó a los demonios inquietos a estar en silencio. Recuérdele a Satanás que él fue derrotado en el Calvario. Cítele Filipenses 2:9-11, y entonces, en el nombre de Jesús, mándele a callar, o a dejar tranquilo a una persona poseída, o a no atreverse a tocar la vida que usted ha reclamado para Dios. Recuérdele que: "Tú derramaste la sangre de Jesucristo, el Hijo de Dios. Tú eres culpable de pecar contra el cuerpo y la sangre del Señor. Tu autoridad está quebrantada. Tu ruina es segura".

c. *Cite frases de las Escrituras para fortalecer su oración.* No conozco una oración más breve pero más militante que las palabras que Jesús ofreció por nosotros cuando oró: "Hágase tu voluntad" (Mateo 6:10). Repita estas palabras una y otra vez mientras permanece firme en las promesas de Dios. Llene sus oraciones con frases y versos de las Escrituras cuando esté reprendiendo a Satanás. Colme sus oraciones con palabras de himnos y coros que adaptan versos de la Biblia, como por ejemplo: "No hay nada demasiado difícil para ti, mi querido Señor"; "La fe es la victoria"; "En el nombre de Jesus tenemos la victoria"; y "Hay poder en la sangre".

6. *La Palabra de Dios le refrescará y le renovará durante la batalla.* Hay momentos en que sentimos cansancio durante la lucha de oración. La oración militante puede ser física y emocionalmente agotadora. Mientras usted persevera frente a la oposición satánica, no siempre se va a sentir con ganas de gritar: "Aleluya!". Pablo nos dice que en el día malo debemos estar firmes. "Para que podáis resistir en el día malo, y habiendo acabado todo, estar firmes" (Efesios 6:13). Es humano que uno sienta la fatiga de la batalla. Usted no está derrotado espiritualmente cuando está fatigado por la batalla. Para recuperarse sólo necesita descanso y refrigerio. ¡Oh, cuán grande es la fuerza que encontramos en la Palabra de Dios en esas ocasiones! Tómese más tiempo para saturar su alma en la Palabra. Cante o lea himnos saturados por las Escrituras. Encontrará un refrigerio renovado, valor, y celo por las cosas del Señor.

42

Súplicas santas y argumentos en la presencia de Dios

EXISTE UN SENTIDO en que el prevalecer con Dios puede convertirse en una forma de razonamiento santo—sí, aun hasta el punto de argumentar con Dios. A veces la Biblia utiliza términos legales para describir nuestros encuentros cara a cara con Dios. "Venid ahora y razonemos, dice el Señor" (Isaías 1:18). Esta es una invitación a una especie de audiencia en la corte, una apelación a la corte de Dios. Dios le pidió a Israel que debatiera su caso con El.

Spurgeon predicó un gran sermón titulado: "La súplica". El dijo: "Es el hábito de la fe, cuando ella está orando, utilizar las súplicas. Los que sólo oran mecánicamente, que en sí no oran, se olvidan de argumentar con Dios; pero aquellos que prevalecen en la oración le presentan a Dios sus razones y sus fuertes argumentos.... El acto de lucha de la fe es el de argumentar con Dios, y decir con franqueza santa: "Que sea así, por esta y aquella razón". El predicaba: "El hombre que tiene su boca llena de argumentos en la oración la tendrá pronto llena de bendiciones en respuesta a su oración".[1]

Job se lamentó: "¡Quién me diera el saber dónde hallar a Dios! Yo iría hasta su silla. Expondría mi causa delante de él, y llenaría mi boca de argumentos. Yo sabría lo que él me respondiese, y entendería lo que me dijera" (Job 23:3-5). Moffatt traduce a Job diciendo: "Oh si yo supiera ... cómo llegar a su mismo trono, y allí exponer mi caso delante de él, discutiéndolo hasta la saciedad".

Esta argumentación santa con Dios no se hace en una manera o espíritu negativo. Es la expresión no de un corazón crítico sino de un corazón ardiendo con amor hacia Dios, por Su nombre, y por Su gloria. Este debate santo con Dios es una exposición apasionada a Dios de las muchas razones de por qué estará en armonía con Su naturaleza, su gobierno justo y la historia de sus intervenciones santas a favor de Su pueblo.

George Mueller nos urge a que usemos "argumentos santos en la oración". Sibbes también aconsejó el uso de argumentos fuertes porque "son de uso y fuerza en el prevalecer con Dios". Esto es exactamente lo que Moisés, Lutero, y otras personas de poder insistente han hecho.

Usted no arguye su caso como un molesto adversario legal en la presencia de Dios, el santo Juez. Más bien lo hace en la forma de un resumen bien preparado, compuesto por un abogado defensor a favor de una necesidad y por el bienestar del Reino. A veces está, por así decir, pidiendo en la corte de Dios una orden contra Satanás para que cese sus atropellos. El Espíritu Santo le guía en las palabras que debe usar y en la preparación del argumento de su oración.

Cuando usted camina cerca de Dios y es Su fiel compañero en comunión y en oración, tiene la libertad en la oración, dada por el Espíritu, que le permite exponer su caso y argumentos delante del Señor sin miedo o esfuerzo. Su corazón está tan comprometido con Dios, en devoción completa y en intercesión abnegada por Su gloria y por el avance de Su Reino, que argüir con Dios es casi tan natural como expresar su amor hacia El.

Después de todo, su argumento santo con Dios y su razonamiento bíblico en su argumentación son en su mayoría para la gloria de Dios, y están todos acompañados de la entrega completa a la voluntad de El. Aunque puede existir a veces algún interés personal debido a lazos naturales, su argumento es principalmente a causa de Cristo.

Sus argumentos y peticiones santas a Dios deben ser solamente por aquellas cosas que, basado en Su Palabra, usted cree son la voluntad Dios. Usted se ha convencido de que las respuestas a la oración han sido concedidas por Dios porque se siente cerca de El y de Sus bendiciones mientras ora por ellas. Puede orar: "Sea hecha tu voluntad", pero no como una frase gastada, o un sello que lo santifica todo sin discriminación, ni aun como una concesión lastimosa de sumisión piadosa. Ora "Sea hecha tu voluntad" militantemente, razonando con Dios y glorificándole con todas las santas razones a su disposición. Pide y arguye por lo que sabes es el propósito final de Dios y por Su gloria final.

¿Resiente Dios su atrevimiento al presentarle las razones de sus peticiones delante de él en forma de argumentos santos? ¿Es irreverente o impertinente presentarle, humilde pero firmemente, la necesidad por la que prevalece con El punto por punto? No, nunca, si se hace de una manera bíblica.

Por favor, recuerde que los santos peticionarios de Dios en los tiempos bíblicos presentaron su caso delante de Dios punto por punto. La importunidad santa delante de Dios no necesita titubear en su presencia al esbozar todas las razones por las que El debe conceder la petición. Hay razones bíblicas por las que puede argüir delante de El, y ejemplos bíblicos de aquellos que lo han hecho. Usted tiene todo el derecho espiritual de presentar su caso cuidadosa y metódicamente, de la misma manera que los abogados en la corte defienden la causa de sus clientes.

Considere el ejemplo de Abraham, quien arguyó por Lot y Sodoma (Génesis 18:22-33). "Mientras Abraham estaba de pie delante del Señor" (v. 22). Cuando Dios anunció Su investigación y el castigo que tenía la intención de imponer sobre Sodoma, Abraham detuvo a Dios y lo importunó con su petición de misericordia. El fue sumamente audaz, aunque humildemente reconoció que no era más que "polvo y ceniza" (v. 27).

Abraham se acercó aun más a Dios para argüir personalmente con él (v. 23):

1. *El pidió y humildemente arguyó la justicia de Dios.* ¿Cómo podía Dios castigar al justo con el malo?

2. *El pidió que el malo fuera perdonado por amor a los justos, y otra vez pidió justicia para los justos* (Génesis 18:24). Abraham estaba seguro que el corazón de Dios era como el suyo. En el pasado Abraham había arriesgado su propia vida para rescatar a Lot, y al hacer esto había rescatado la misma gente de Sodoma por quien ahora estaba pidiendo (Génesis 14). La gente de Sodoma no eran dignos de ser rescatados ni en ese momento ni ahora, pero Abraham había

demostrado misericordia. ¿No sería Dios igualmente misericordioso como Abraham lo había sido? El apeló a la misericordia de Dios.

3. *Abraham arguyó basándose en el carácter justo de Dios.* "Lejos de ti hacer tal cosa: matar al justo con el impío, de modo que el justo y el impío sean tratados de la misma manera. ¡Lejos de ti! El Juez de toda la tierra, ¿no hará justicia? (Génesis 18:25) (BLA). El reconoció humildemente que Dios era el soberano del universo. Siendo el último juez justo, ¿cómo podía hacer otra cosa sino la justicia?

Abraham obtuvo la promesa de Dios de perdonar a toda la ciudad si El hallaba cincuenta justos dentro de ella (Génesis 18:28). Entonces Abraham comenzó a regatear con Dios —pero no por motivos egoístas—. El estaba regateando para que la misericordia de Dios se extendiera aún más generosamente a aquellos que no la merecían. "Quizá faltarán de cincuenta justos cinco; ¿destruirás por aquellos cinco toda la ciudad?" (v. 28). Sin miedo, punto por punto, Abraham exigió más misericordia de Dios, de cuarenta y cinco a cuarenta, a treinta, a veinte, a diez.

Repetidamente Abraham pedía: "No te enojes conmigo, pero déjame pedirte una vez más". ¿Se enojó Dios con Abraham? Absolutamente no. El amaba y honraba a Abraham aún más por su anhelo por la misericordia justa de Dios, por su anhelo por los pecadores perdidos. Abraham tenía un corazón como el de Dios. Dios siempre desea ser misericordioso cuando la oportunidad se presenta. Abraham resultó ser el amigo Dios (Santiago 2:23) por su argumentación y regateo santo por la misericordia divina.

Moisés, con quien también habló Dios "cara a cara, como habla cualquiera a su compañero" (Exodo 33:11), también entraba con humildad y reverencia, pero con audacia, en argumento de oración con Dios (32:9-14). Tenemos solamente un breve resumen en Exodo de lo que probablemente fueron varias horas de argumento de Moisés con Dios. Dios le dice a él: "Ahora, pues, déjame que se encienda mi ira en ellos, y los consuma" (v. 10). Es evidente que Moisés ya estaba intercediendo a Dios para que perdonara a Israel, quien acababa de hacerse un becerro de oro.

Quizás el "déjame" de Dios fue para probar el carácter de Moisés, su compromiso con Israel, y su total desinterés en su lealtad hacia Dios. Recordemos que Dios acababa de prometerle a Moisés que haría de él una nueva y más grande nación. Pero Moisés no dejó tranquilo a Dios. El comenzó a exponer argumentos santos a Dios que prevalecieron y le permitieron a El actuar con misericordia.

1. *Moisés arguyó basándose en la historia de los actos redentores de Dios a favor de Israel.* El le dijo a Dios que sería contrario a Su carácter, revelado en sus grandes actos de misericordia, si destruía a Israel ahora.

2. *Moisés arguyó basándose en la gloria del nombre de Dios.* ¿Por qué debía Dios permitir que los egipcios pensaran que Jehová era como uno de sus dioses, dominado por malos motivos y una vil y maligna cólera, y quien tenía que ser apaciguado con sobornos en forma de sacrificios? "¿Por qué han de hablar los egipcios, diciendo: Para mal los sacó, para matarlos en los montes, y para raerlos de sobre la faz de la tierra?" (Exodo 32:12).

3. *Moisés arguyó basándose en la fidelidad de Dios a Sus leales siervos Abraham, Isaac, e Israel; y en las promesas que El les había hecho.* Con valentía él le recordó a Dios la promesa que El había hecho y sujetó a Dios a Su propia palabra (Exodo 32:13). Entonces Dios aceptó la santa y apasionada petición de Moisés. ¿Estaba enojado Dios con Moisés por haber interferido? ¿Culpó Dios a Moisés de falta de respeto o irreverencia? ¡No, lejos de eso! Inmediatamente después de este relato se nos habla de cómo Dios habló cara a cara con Moisés como si fuera un íntimo amigo. También, inmediatamente después, Moisés estuvo otros cuarenta días ayunando y a solas con Dios en el Monte Sinaí, hasta que la gloria de Dios lo llenó y resplandeció su rostro (34:29-35).

Estos son dos de los ejemplos maravillosos en la Biblia de cómo los guerreros de oración que caminan con Dios pueden argüir sus peticiones delante de Su trono y recibir grandes respuestas a sus oraciones que glorifican a Dios.

43

Cómo pedir delante de Dios

HE AQUI ALGUNAS de las peticiones que pueden ser poderosamente usadas en la oración intrépida delante del trono de Dios. Asegúrese de que su propio corazón es puro delante de Dios, y que no hay ninguna contienda entre su alma y Dios. También esté seguro de que está abogando por aquello que glorifica a Dios, por el avance de su reino y de acuerdo con su voluntad. Este último punto es muy importante. El Espíritu Santo puede confirmarle a su corazón que lo que usted desea es en verdad la voluntad de Dios. Cuando usted haya sido confirmado en esta seguridad, entonces podrá presentar sus peticiones y argumentos con valentía delante del Señor.

No necesita orar para informarle a Dios acerca de la necesidad que le abruma, porque Dios comprende la situación mejor que usted. (Sin embargo, le complace al Señor que usted se la describa con lujo de detalles.) Usted necesita orar porque Dios ha decidido obrar por medio de su oración, añadida a la intercesión de Jesús, quien está a la diestra del Padre. En un contexto diferente, Dios, a través de Isaías, reveló su corazón: "Presentad vuestra casa, dice el Señor. Exponed vuestros argumentos. (Isaías 41:21) (BLA). Presentar su causa y exponer sus argumentos no sólo complace a Dios, sino que le ayuda a usted a entender las necesidades más completamente, le mueve a la compasión, fortalece su determinación, y le llena de más hambre santa.

1. *Invoque el honor y la gloria del nombre de Dios.* El honor del nombre de Dios está envuelto de muchas maneras en la respuesta a las necesidades de oración. La respuesta a la oración por lo general le trae gloria a Dios. Si Dios no actúa en alguna situación, eso puede deshonrar su nombre. Muchas situaciones traen deshonra a Dios si se permite que continúen. Por lo tanto, el nombre de Dios está en juego en la mayoría de las necesidades. Dios salvó a Israel en el Mar Rojo "por amor de su nombre" (Salmo 106:8). Josué arguyó con Dios para ayudar a Israel, preguntando: "¿Qué harás tú a tu grande nombre?" (Josué 7:9). Samuel oró por amor al nombre de Dios (2 Samuel 7:26). David, conociendo la responsabilidad que acarreaba el ser rey, oró pidiendo dirección (Salmo 23:3; 31:3) y ayuda (109:21; 143:11), por amor a Su nombre. Asaf oró para que Dios ayudara a Israel "por la gloria de tu nombre" (79:9).

Cuando el honor, la gloria, el nombre, y la reputación de Dios están en juego, usted puede preparar una fuerte petición. Jeremías arguyó con Dios: "Oh Señor, obra por amor de tu nombre" (Jeremías 14:7) (BLA); y otra vez: "no deshonres el trono de tu gloria" (v. 21).

La gloria de Dios debe ser el motivo principal en todo lo que usted hace. Pero por encima de todo, debe ser el motivo principal cuando usted interceda. Usted arguye con Dios y le presenta argumentos santos, pero no a causa de su propio bien. Eso sería fatal a su prevalecer. Arguya por el honor y la gloria de Dios.

Presente sus fuertes argumentos por lo que más glorificará a Dios, y el corazón de Dios se abrirá completamente a su oración. El Señor, en su oración modelo, nos enseñó que nuestra primera preocupación debe ser el de santificar el nombre de Dios (Mateo 6:9). Santificar es hacer posible que el nombre refleje verdaderamente la gloria de Dios, apartarlo de todo lo que es común.

No hay nombre como el de Dios. "Para que en el nombre de Jesús se doble toda rodilla... y toda lengua confiese que Jesucristo es el Señor, para gloria de Dios Padre" (Filipenses 2:10-11).

Presente y arguya por su caso delante de Dios. Demuestre cómo la petición que está haciendo cuando arguye la hace con el propósito de exaltar el nombre de Jesús, extender el señorío de Jesús, cumpliendo así la voluntad suprema de Dios y dándole a él la gloria. Así, sus argumentos son poderosos ante Dios.

2. *Abogue por la relación que Dios tiene con usted.*
 a. Dios es su Creador, y usted es la obra de su manos (Job 10:3, 8-9; 14:15). El salmista le recordó a Dios que somos la obra de sus manos (Salmo 119:73). Por el amor de Dios a su creación, la obra de sus manos que le glorifica, usted tiene el derecho de invocar a Dios.
 b. Dios es su ayudador (Salmo 33:20; 40:17; 63:7), su pronto auxilio (46:1). Argumente el hecho de que él ha sido su ayudador (27:9).
 c. Dios es su Redentor (Salmo 19:14). El se llama a sí mismo su Redentor (Isaías 41:14; 54:5). Porque él es su Redentor, él ha prometido que le enseñará lo que es mejor (48:17). El le demostrará al mundo que El es su Redentor (49:26). Argumente el hecho de que Dios es su Redentor. El tendrá compasión de usted porque él es su Redentor (54:8). El no se atreve a olvidarse que él es su Redentor y que su nombre es Redentor. Isaías hizo esta invocación en su gran acto de intercesión (63:16). Usted pertenece a El por redención. El es responsable de usted.
 d. Dios es su Padre. Invoque ese hecho. Isaías invocó el papel de Dios como Creador y Padre. "Mas ahora, oh Señor, tú eres nuestro Padre, nosotros el barro, y tú nuestro alfarero; obra de tus manos somos todos nosotros". (Isaías 64:8). Porque él es su Padre, usted puede invocar la compasión de su corazón paternal (Salmo 103:13; Malaquías 3:17). Jesús invocó repetidamente la paternidad de Dios en su oración. También lo hizo Pablo. "Abba, Padre" es una exclamación poderosa (Marcos 14:36; Romanos 8:15; Gálatas 4:6).

Como Creador suyo, Ayudador, Redentor y Padre, ¿no habrá de acordarse de usted, de protegerle y proveer para todo lo que El ha creado y redimido? ¡Qué poderosas súplicas podría hacer basado en la relación que Dios tiene con usted!

3. *Suplique por los atributos de Dios.* Spurgeon dijo: "Es bueno en la oración argüir con Jehová por sus atributos".[1] Abraham, cuando intercedió por Lot y Sodoma, invocó la justicia de Dios. "Lejos de ti el hacer tal cosa... El juez de toda la tierra, ¿no ha de hacer lo que es justo?" (Génesis 18:25). Nehemías, guiando al pueblo en un acto de intercesión, hizo lo mismo (Nehemías 9:33). Los santos del Antiguo Testamento frecuentemente invocaron la justicia de Dios.

Le place a Dios hacer cosas por amor a su justicia (Isaías 42:21). El interviene por amor a los justos (59:16-17). La justicia prepara Sus pasos (Salmo 85:13). Dios se viste (Isaías 11:5) y se arma con justicia (Isaías 59:17) La justicia y el juicio son el cimiento de su trono (Salmo 97:2). Así que él, quien es perfectamente justo en sí mismo y en todo lo que hace, puede ser movido a actuar con justicia ahora (Salmo 96:13). Cristo apresura la causa de la justicia (Isaías 16:5). Así que no vacilemos en invocar como David e Isaías, por amor a la justicia de Dios. Esta es una súplica poderosa.

Los personajes bíblicos también invocaron la fidelidad de Dios en su intercesión. En el Salmo 89 Etán invocó seis veces la justicia de Dios basándose en la fidelidad divina. David invocó la fidelidad de Dios (Salmo 143:1). Moisés afirmó: "El Señor tu Dios es Dios, el Dios fiel" (Deuteronomio 7:9). Recordándole a Dios su fidelidad, usted puede hacerla la base de sus invocaciones poderosas.

Ningún atributo de Dios es usado más frecuentemente y con mayor constancia en las oraciones de súplicas, que la misericordia y el amor de Dios. Moisés invocó su gran misericordia (Deuteronomio 9:18). ¡Oh, cómo David dependía de la misericordia de Dios al orar! El invocó la misericordia de Dios (Salmo 4:1; 27:7; 30:10; 86:6, 15-16), y su "gran misericordia" (25:6). Asaf invocó la misericordia de Dios (Salmo 79:8). Daniel y sus tres compañeros de oración invocaron la misericordia de Dios (Daniel 2:18). Desde Jacob a Zacarías, los prevalecedores de Dios siempre han clamado por su misericordia. Seguramente usted también lo ha hecho una y otra vez.

De igual manera, usted, como David y el salmista, puede invocar el amor, la ternura, y la gran misericordia de Dios. El salmista combina el amor y la fidelidad de Dios en una gran súplica o argumento delante de Dios. "A tu nombre da gloria, por tu misericordia, por tu verdad. ¿Por qué han de decir las gentes: dónde está ahora tu Dios?" (Salmo 115:2). Spurgeon predicaba: "Encontraremos que todos los atributos de Dios el Altísimo son, por así decir, un gran ariete, con el cual podremos abrir las puertas del cielo".[2]

4. *Suplique por las congojas y necesidades del pueblo.* El pueblo santo de Dios siempre se ha identificado con los necesitados y sufrientes, y particularmente con aquellos que pertenecen al pueblo de Dios. Dios tiene un corazón tierno. El siente todo el sufrimiento del mundo en sí mismo. Todo el sufrimiento es, directa

indirectamente, el resultado del pecado. Dios sufre intensamente cada día más que El permite que la civilización pecaminosa y trágica continúe. El siente mucho más profundamente que cualquier ser humano será capaz de sentir. Esta verdad sirve para una súplica tremendamente poderosa.

David fue un hombre que tomó sobre sí mismo los sufrimientos de su pueblo. El aun lloró por los sufrimientos de sus enemigos (Salmo 16:9). Nehemías y especialmente Daniel, usaron esta petición poderosamente cuando ellos se identificaron vicariamente con los sufrimientos del pueblo.

Jeremías, quizás más poderosamente que ningún otro hombre de Dios, fue usado con esta forma de petición al prevalecer con Dios por su pueblo. El pide que Dios mire y vea los sufrimientos del pueblo (Lamentaciones 2:20); que recuerde, mire, y vea (5:1). Con lujo de detalles él menciona a Dios cada uno de los sufrimientos del pueblo. El no trata de justificar a su pueblo, porque sabe lo mucho que se merecen todos los castigos de Dios. A pesar de esto, él invoca a Dios basado en sus sufrimientos. Nada conmueve a Dios más que las lágrimas, los clamores del corazón, y los gemidos de los hijos de Dios mientras ellos se identifican vicariamente con los sufrimientos del mundo y piden la misericordia de Dios.

5. *Suplique por las respuestas concedidas anteriormente a su oración.* Siempre es bueno alabar al Señor por todo lo que él ya ha hecho por nosotros. Recuérdele a Dios lo mucho que él ya ha invertido su misericordia, su fidelidad y su poder en su pueblo. Recuérdele cómo la tarea está incompleta. Usted se encuentra donde está hoy (o la causa de Dios está donde está hoy, o su nación está donde hoy está) por la constante paciencia, misericordia, bondad, protección, ayuda, y dirección de Dios.

Esta es la forma en que Moisés pedía. En el Monte Sinaí Moisés comenzó su intercesión haciendo un recuento de cómo Dios ya había invertido en Israel (Exodo 32:11-12). David también le recordó a Dios de su misericordia en el pasado: "Tú has sido mi ayuda" (Salmo 27:9)(BLA). "Oh Dios, tú me has enseñado desde mi juventud.... Y aun en la vejez y las canas, no me desampares, oh Dios" (71:17-18) (BLA). Varios Salmos le recuerdan a Dios y al pueblo los detalles de sus pasadas misericordias (78; 85:1-7; 105-6; 136).

Presente sus peticiones por nuevas misericordias basándose en la historia de todo lo que él ya ha hecho. Mas la labor no está terminada. Dios ha invertido demasiado para detenerse ahora. Invoque la misericordia y el poder de Dios para que se renueven y traigan la victoria final.

6. *Invoque la Palabra y las promesas de Dios.* Seguir el ejemplo de los santos de la Biblia que prevalecieron en Dios y recordarle a Dios sus santas promesas. En la noche cuando Jacob luchó con Dios, él reclamó la palabra y las promesas de Dios (Génesis 32:9). Y añadió: "Y tú has dicho" (v. 12), y le recordó aún más de las promesas que El había hecho. Jacob no podía retirarse de ese terreno de oración, sin importarle lo que podía costarle, y finalmente, prevaleció.

Así fue también la santa insistencia de Moisés (Exodo 33:12). "Y Moisés dijo al Señor: Mira, tú me dices.... además, has dicho..." Moisés insistió en su argumento: Si lo que tú dices es cierto entonces "te ruego que me hagas conocer tus caminos para que yo te conozca y halle gracia ante tus ojos. Considera también que esta nación es tu pueblo" (v.13). Esta fue una forma audaz de recordarle a Dios sus sagrados deberes.

Dios respondió: "También haré esto que has hablado por cuanto has hallado gracia ante mis ojos, y te he conocido por tu nombre" (Exodo 33:17) (BLA). ¿Estaba Moisés satisfecho? ¡No! El continuó insistiendo por más respuestas y bendiciones de Dios. Entonces Moisés dijo: "Te ruego que me muestres tu gloria" (v. 18). "Y El respondió: "Yo haré... haré... haré... haré... haré"(vv. 19-20). Moisés consiguió el pleno clamor de su corazón, su total respuesta, porque argulló su caso con santas súplicas y santos argumentos.

¿Se atreve usted a orar de esa forma? ¿Sabe usted citar la palabra de Dios con reverencia a El, para seguir presentándole su completa necesidad, insistiendo en que la completa voluntad de Dios sea hecha? Eso es poderoso prevalecer. Esa clase de oración es muy especial para el Padre, el Hijo y el Espíritu Santo.

David exigió a Dios que cumpliera su Palabra. Con reverencia, humildad, amor, pero con santa insistencia, David persistió en el cumplimiento de las promesas de Dios. "Señor, que la palabra que tú has hablado... sea confirmado y engrandecido tu nombre para siempre.... Por tanto tu siervo ha hallado ánimo para orar delante de ti. Ahora, pues, Señor, tú eres Dios y has prometido bien a tu siervo" (1 Crónicas 17:23-26) (BLA).

Salomón oró de la misma manera. El hizo a Dios responsable por las promesas que le había hecho a David, su padre: "Oh Señor,

Dios de Israel, no hay Dios como tú ni en el cielo ni en la tierra, que guardas el pacto y muestras misericordia.... Que has cumplido con tu siervo David mi padre lo que le prometiste.... Ahora pues, oh Señor ... cumple con tu siervo David mi padre lo que le prometiste diciendo.... Oh Señor, Dios de Israel, que se cumpla la palabra que hablaste a tu siervo David. (2 Crónicas 6:14-17). Esto no era mera palabrería. Dios había hablado. Ahora Salomón insistía en que Dios debía cumplir con su palabra.

Toda la palabra de Dios es para usted: todas sus promesas y todas sus verdades. Use la Palabra en su oración. Con amor, humildad y denuedo reclámele a Dios su palabra. La Palabra no dice palabras bellas y sin sentido. Dios es veraz. El Espíritu Santo también. Y usted lo debe ser también y no detenerse en busca de las respuestas de Dios.

Spurgeon suplicó: "Oh, hermanos, aprendamos a argumentar los preceptos, las promesas, y cualquier cosa que sea necesario; tengamos siempre algo que invocar. Usted no ha orado hasta no haber suplicado".[3]

7. *Suplique por la sangre de Jesús.* Quizás la súplica mayor, la más poderosa, y la que más respuestas recibe es por medio de la sangre de Jesús. No existe argumento más prevaleciente que podamos traer ante Dios que el sufrimiento, la sangre y la muerte de su Hijo. No tenemos méritos propios. No prevalecemos por técnicas en la oración o por la experiencia. Es sólo por medio de la sangre de Jesús.

¿Entiende usted de veras que Jesús, el Hijo de Dios, derramó su sangre por usted, por mí, y por nuestro mundo pecaminoso? ¿Comprende usted cuán completamente fue derrotado Satanás en la cruz? ¿Entiende usted de veras el poder de la invocación de la sangre de Jesús ante Dios el Padre?

Así como no existe un nombre más grande en el cielo o en la tierra que el de Jesús (Filipenses 2:9-10), no existe mayor invocación en el cielo o en la tierra que la de la sangre de Jesús. Es la suprema evidencia del supremo amor del universo. Es el sello supremo del sacrificio vicario supremo del universo. Es inenarrable, irresistible, conquistador de todo, y eficaz.

Invoca la sangre. Ore hasta tener la seguridad de la voluntad de Dios. Ore hasta que el Espíritu le dé una visión de lo que Dios desea hacer, de lo que necesita hacer y de lo que espera hacer. Ore hasta estar sobrecogido por la autoridad del nombre de Jesús.

Entonces invoque la sangre de Jesús. El nombre de Jesús y su sangre: hay gloria en ellos; juégueselo todo a ellos, y utilícelos para la gloria de Dios y la derrota de Satanás.

Traiga ante el Padre las heridas de Jesús; recuérdele al Padre la agonía de Getsemaní. Tráigale a la memoria los fuertes gemidos del Hijo de Dios, mientras que El prevalecía por nuestro mundo y por nuestra salvación. Recuérdele al Padre la más negra hora sobre esta tierra, en el Calvario, mientras que el Hijo triunfaba sólo por usted y por mí. Grítele al cielo de nuevo el clamor triunfante de Cristo :"Consumado es". Invoque la cruz. Invoque la sangre. Invóquelas una y otra vez.

Spurgeon dijo: "Esto abre los tesoros del cielo. Muchas llaves caben en muchas cerraduras, mas la llave maestra es la sangre y el nombre de Aquel que murió y resucitó, y que vive para siempre en el cielo para salvar hasta lo último de la tierra".[4]

Satanás está demasiado aterrorizado por la sangre de Jesús como para que se atreva a contradecir. Ningún ángel jamás discutirá en contra de la misma. Dios el Padre desea darle honor, darle cumplimiento y glorificarse por medio de la misma. Invoque la sangre del hijo de Dios. Invoque la sangre derramada en el Calvario. Invoque la sangre de Jesús. Por la autoridad del nombre de Jesús, ¡invoque la sangre de Jesús!

44

¿Se hará usted poderoso en la oración?

USTED COMENZO A LEER este libro con el deseo y la esperanza de llegar a conocer más del poder de la oración prevaleciente en su propia experiencia. Usted se ha deleitado al leer acerca de la vida de aquéllos a quienes Dios ha usado poderosamente. Al leer las citas acerca del poder de la oración prevaleciente, escritas por algunos de los gigantes de Dios en la fe y la intercesión, ha sido bendecido y ha adquirido esa convicción.

En un sentido, ha sido alentado y fortalecido. Ahora entiende de manera más clara la magnitud y el poder de la oración prevaleciente. Usted tiene más apetencia que nunca de que Dios utilice su vida de oración. ¿Se atreve a creer que el poder de ese prevalecer es para usted?

No se olvide de que el Espíritu Santo es el único auténtico Maestro de la intercesión prevaleciente. La lectura de un libro por sí sola no le transformará a no ser que Dios le enseñe a incorporar la verdad de la oración en el hábito de la oración. Usted aprenderá a prevalecer a medida que hace suyas estas verdades mediante renovada obediencia, un nuevo y creciente anhelo, y una nueva disciplina en la oración. Se aprende a orar orando, mas existe un factor calificador de suprema importancia.

La oración prevaleciente sólo prevalece mediante el Espíritu prevalecedor. No es una obra humana, ni aun de los más santos hombres y mujeres de Dios. Se trata de la obra del Espíritu Santo en usted y por medio de su colaboración. Samuel Chadwick confesó: "La más grande cosa que hizo Dios en mi favor fue enseñarme a orar en el Espíritu".[1] Nadie jamás se convierte en un hombre o en una mujer de oración si no es por medio del Espíritu Santo.

¿En qué forma puede usted preparar su camino de modo que el Espíritu pueda interceder en oración prevaleciente mediante su ser? Recuerde, usted siempre habrá de admitir que es demasiado débil en la oración para prevalecer. ¡Regocíjese! "El Espíritu nos ayuda en nuestra debilidad" (Romanos 8:26). De continuo usted necesitará confesar con Pablo: "Pues qué hemos de pedir como conviene, no lo sabemos". ¡Regocíjese! El Espíritu mismo intercede por usted con gemidos demasiado profundos para que a usted le sea posible expresarlos (v. 26).

Por el hecho de que el Espíritu Santo tiene tal carga para ayudarle a usted a orar y para prevalecer a través de usted, Dios tiene muchos más deseos de que usted prevalezca que lo que se puede imaginar. El Espíritu gime para que usted se haga poderoso en la oración prevaleciente. El tiene una infinidad de gemidos que son humanamente inexpresables, para que usted pueda hacerse poderoso en la oración prevaleciente por muchas necesidades inmensas en las vidas de otros.

El Espíritu quiere hacerle poderoso para que usted prevalezca para él. Dios no tiene otra estrategia. El ha ordenado que su voluntad se cumpla mediante su prevalecer, unido a la intercesión prevaleciente de Dios el Hijo en el trono celestial de la gracia, y Dios el Espíritu. El Espíritu anhela poseerle cada vez más, con el fin de poder orar por medio de usted cada vez más de manera prevaleciente.

Dios comprende la confesión de su quebrantado corazón, como lo confesó Pablo: "No lo sabemos" (Romanos 8:26). En el fondo de sí mismo, entréguese totalmente a Dios, en completa dependencia de él. ¿Puede usted confesar con Oswald J. Smith: "¡Ah, esa carga, esa carga por las almas: cómo ha distinguido a los ungidos de Dios a lo largo de los siglos!... Una legión de poderosos luchadores con Dios. La experiencia de ellos, amigos, es la que ansío sobre todas las demás".[2]

Dios desea ayudarle a ser mediador de la luz del evangelio y del poder salvador de Jesús, mediante sus oraciones. En la redención existe sólo un mediador entre Dios y los hombres, Jesucristo hombre (1 Timoteo 2:5). Pero Dios necesita miles de colaboradores que sirvan de mediadores en la intercesión en el presente. Por medio de su oración prevaleciente, coloque una mano en el trono de la gracia y la otra sobre la necesidad del mundo. Moisés lo hizo. Isaías, Jeremías y Daniel también. ¿Lo hará usted? Lutero lo hizo. Wesley y Whitefield lo hizo. Finney, Brainerd y Hyde también. ¿Lo hará usted?

En primer lugar, capte la visión. Pídale al Espíritu que le permita ver a la gente del mundo y sus necesidades con los ojos amantes de Dios. Entonces usted comprenderá por qué Nehemías lloró, por qué Isaías, Jeremías, Pablo y un sinnúmero de otros lloraron. Luego comprenderá por qué Jesús lloró. Pídale al Espíritu que le permita que su corazón sienta los dolores de este mundo como los siente el corazón de Dios. Entonces usted llorará. Su corazón llorará, y si usted prevalece por suficiente tiempo, sus ojos puede ser que se llenen de lágrimas.

En segundo lugar, suplique la ayuda del Espíritu. Sus más poderosas oraciones son impotentes sin el poder que da el Espíritu. Sus débiles palabras, con el poder del Espíritu, pueden desatar la omnipotencia. No es asunto suyo comprobar cuánto puede hacer por Dios. Pero sí le incumbe descubrir cuánto más de Dios puede usted incluir en sus oraciones. Dios el Espíritu es quien significa la diferencia.

Sea lleno del Espíritu. Si usted nunca ha recibido la llenura del Espíritu, recíbala hoy. Despeje cualquier controversia, o velo, entre su alma y Dios. Obedezca a Dios en cada paso en que usted sepa que le debe obedecer. Preséntese a sí mismo completa y eternamente a Dios en entrega absoluta, pidiéndole al Espíritu que le llene. No se precipite. Haga las cosas a cabalidad; asegúrese de que su entrega es verdadera y completa. Luego, con fe sencilla, aprópiese de lo que Dios ha prometido: "Pues si vosotros, siendo malos, sabéis dar buenas dádivas a vuestros hijos, ¿cuánto más vuestro padre celestial dará el Espíritu Santo a los que se lo piden?" (Lucas 11:13).

Manténgase lleno. La pureza se puede preservar con la ayuda del Espíritu, mas el poder hay que renovarlo. Si usted espera en Dios, su fortaleza se renovará (Isaías 40:11). En Hechos los creyentes fueron llenos y vueltos a llenar con el Espíritu Santo. Cuando uno anda manejando su automóvil, no hace falta repararlo cada cien millas. Pero necesita llenarle el tanque de gasolina, para que tenga energía. El alma santa a veces percibe el agotamiento espiritual cuando servimos amorosamente a Dios y a los demás. Vivimos en un mundo cuyo ambiente nos agota. Peleamos una guerra espiritual que nos agota.

Pase tiempo a solas con Dios. Pídale a Dios. Espere en Dios. El le llenará una vez tras otra. Para orar en el Espíritu hay que permanecer llenos del Espíritu. Usted debe esperar en Dios si ha de ser lleno de nuevo. Usted debe alimentarse de su Palabra, capítulo tras capítulo, si ha de ser lleno otra vez. Acuérdese de las palabras de Torrey: "Todo el secreto de la oración radica en esas palabras: 'en el Espíritu'".[3]

En su última enseñanza antes de ir a la cruz, Jesús nos reveló a nosotros, sus seguidores, que la oración habría de alcanzar una nueva dimensión de poder mediante el orar en su nombre, por medio de sus palabras permaneciendo en nosotros, y por medio de la ayuda del Paracleto, el Espíritu Santo. ¿Son ciertas las palabras de Jesús en cuanto a su vida de oración? Pueden ser y, por la gracia de Dios, deben ser. Por hacerse el propósito en su alma, mediante la disciplina y el hábito de prevalecer en la intercesión, lo serán.

El poder en la oración no se fabrica. No es el volumen de la voz o la autoafirmación física o emocional. Es el poder del Espíritu en su espíritu. ¿Puede usted hacer una paráfrasis de las palabras de Pablo, y decir: "Para lo cual también trabajo, luchando según la potencia de él, la cual actúa poderosamente en mí" (Colosenses 1:29). El obrará poderosamente en usted a medida que ora poderosamente por medio suyo. El incrustará el deber de la oración prevaleciente en las partes más profundas de su alma. El le concederá el santo deber que le llevará a sus rodillas.

En esta era agitada y de ocupación, la mayoría de nosotros no hemos aprendido a concederle a Dios tiempo en la oración. Preferimos trabajar para Dios que orar. Preferimos asistir a otro culto que orar. Preferimos ver televisión que orar. ¡Que Dios nos perdone! El obispo J.C. Ryle confesó: "Gastamos nuestras energías espirituales y nos olvidamos de renovarlas. Multiplicamos compromisos y posponemos la oración.... Trabajamos cuando debíamos orar, porque para la mente activa el trabajo es más fácil que la oración... El siervo que ha de ser usado por el Espíritu debe hacerle resistencia a la tiranía del exceso de trabajo. Debe hacerse el propósito de estar a solas con Dios, aunque las horas que pase con él al parecer priven a sus semejantes de su servicio".[4]

Pero, usted protesta, a menudo mi corazón parece estar frío y carente de oración. R.A. Torrey testificó así: "Numerosas de las temporadas de oración más benditas que he tenido han comenzado con un sentir de completa mortandad y carencia de oración; mas en mi inutilidad y en mi frialdad me he echado sobre Dios, y he esperado en él para que envíe a su Santo Espíritu a que me enseñe a orar, y así lo ha hecho".[5]

El amado Andrés Murray escribió: "El cielo está tan repleto como siempre de bendiciones espirituales.... Dios todavía se deleita en concederle el Espíritu Santo a los que se lo piden. Nuestra vida y nuestra obra dependen tanto de la inspiración directa del poder divino, como lo fueron en la época de Pentecostés. La oración sigue siendo el medio señalado para hacer que desciendan estas bendiciones celestiales de poder, sobre nosotros y sobre aquellos que nos rodean. Dios sigue buscando a hombres y mujeres quienes, con todo el resto de sus labores ministeriales, se entreguen de manera especial a la oración perseverante".[6]

¿Quisiera usted elevar junto conmigo esta plegaria?

MARAVILLOSO SEÑOR JESUS—mi Salvador crucificado, resucitado, ascendido y entronizado—, te rindo culto y te adoro. Mi Rey intercesor, ¡con qué sempiterno amor me entregas a mí tu santa persona y también a todo este mundo necesitado! Gracias, Jesús, porque tu trono es un trono de gracia. Gracias porque estás intercediendo en este instante a la diestra del Padre. ¡Cuán indigno soy de tu maravillosa gracia! Me buscaste cuando andaba sin Dios y sin esperanza. Moriste en mi lugar con el fin de asegurarme tu maravillosa salvación. ¡Oh Hijo de Dios, Hijo del Hombre, te rindo culto y te adoro! ¿Cómo puedes amarme de esa manera? ¿Cómo puedes sentarme en los lugares celestiales a tu lado? ¿Cómo puedes hacerme tu compañero de intercesión, tu compañero en la oración? ¡Oh, Señor, soy tan indigno!

Perdóname por demorarme tanto en aprender los secretos de la oración prevaleciente. Perdóname por permitir tan a menudo que las cosas importantes y aun las que no lo son, me priven de pasar tiempo contigo en oración. Enséñame a establecer mis prioridades en la oración. Enséñame a disciplinarme de tal forma que coloque la oración en el sitio que le corresponde. Enséñame el abecedario de la oración prevaleciente, y luego, por medio de tu gracia, condúceme a prevalecer en oración más profundamente cada vez.

Que pueda yo ver a la gente y a nuestro mundo como lo ven tus amantes ojos. Dame un corazón que sienta la tragedia del pecado, lo perdida que está la humanidad y las cadenas con que Satanás esclaviza al mundo. Concédeme un corazón que sienta el amor que sientes tú por la iglesia y por todos los que te pertenecen. Otórgame más del amor que tú le tienes a los perdidos, más de tu anhelo por la cosecha mundial, más de la apetencia tuya por el adelanto de tu reino.

¡Oh Señor, enséñame a orar! ¡Señor, enséñame a orar! Llena mi corazón con el hambre tuya, mis ojos con tus lágrimas, mi alma con el odio que tú sientes hacia el pecado; mi voluntad con tu fortaleza para resistir al diablo en oración, mi espíritu con el grandioso poder de tu Espíritu Santo, de manera que me sea posible prevalecer contigo y por ti con santo prevalecer y poderosa intercesión.

Me entrego a ti nuevamente. ¡Tómame! ¡Tómame completamente! Tómame y lléname con tu Espíritu, para que ya no viva yo sino tú en mí; que no viva mi amor sino que el tuyo se derrame a través de mí; no mi poder sino tu grandioso poder apoderándose y obrando en mí y a través de mi persona. Lléname, para que no sea yo el que ora sino el Espíritu intercediendo en poder y fe a través de mí.

Permíteme orar con ruegos santos y poderosos. Ayúdame a llevar cargas de oración cuando tú me las otorgas. Ayúdame en la batalla con la poderosa lucha del Espíritu. Oh, poderoso intercesor que estás en el trono celestial, no merezco ser llamado guerrero de oración. Mas ayúdame a librar batallas de oración de manera persistente, en forma vicaria, y victoriosamente.

Ayúdame a prevalecer hasta que los planes y las estrategias de Satanás sean derrotados, hasta que sus cautivos sean puestos en libertad y los lugares que él ha tomado por la fuerza sean rescatados para ti. Ayúdame a hacer retroceder a Satanás y a obligarlo a retirarse de todas sus fortalezas. Ayúdame a seguir siempre adelante de rodillas. Ayúdame a emplear la santa autoridad de tu nombre, la victoria de tu cruz y el poder de tu sangre.

Oh Señor Jesús, soy completamente indigno, insuficiente e incapaz en mí mismo. No obstante, tú me utilizas para tu gloria. Permíteme traerle gozo a tu corazón y honor a tu nombre.

Tú tienes el poder para obrar inmesurablemente más de lo que yo sería capaz de pedir o imaginar. Lo creo. Lo reclamo. Tu voluntad sea hecha y tu victoria ganada por medio de mi obediencia

¿Quisiera usted elevar junto conmigo esta plegaria?

y mi oración. Que el amén de todo esto sea mi anhelo y el clamor de mi corazón. En tu santo nombre, mi Jesús. Amén.

Si Dios ha hecho de este libro una bendición para usted y desea compartir un testimonio, o palabras de aliento, o si quisiera que su autor le recordara en oración, por favor, escriba a:

Dr. Wesley L. Duewel
OMS Internacional, Inc.
Box A
Greenwood, Indiana 46142
USA

Notas

Capítulo 2

1. Thomas Payne, *The Greatest Force on Earth,* 7th ed. (London: Marshall Brothers, n.d.), 20.

Capítulo 3

1. Andrew Murray, *Ministry of Intercession* (New York: Revell, 1898), 13-14.
2. R. Arthur Mathews, *Born for Battle* (New York: Overseas Missionary Fellowship and Send the Light Trust, 1978), 74, 72.
3. E. M. Bounds, *Power Throught Prayer* (Grand Rapids: Baker, 1972), 124-25.
4. E. M. Bounds, *Purpose in Prayer* (New York: Revell, 1920), 83-84.
5. Murray, *Ministry of Intercession.* 168-69.
6. R. V. G. Tasker, gen. ed., *The Tyndale New Testament Commentaries*, Vol 17: *The First Epistle General of Peter*, por Alan M. Stibbs (London: Tyndale, 1959), 104.
7. O. Hallesby, *Prayer* (London: Hodder & Stoughton, 1936), 229, 231; vea también Donald G. Bloesch, *The Struggle of Prayer* (San Francisco: Harper, 1980), 87-88.
8. Hallesby, *Prayer,* 117, 231; Bloesch, *Struggle of Prayer,* 57.
9. Murray, *Ministry of Intercession,* 13,

Capítulo 4

1. Hallesby, *Prayer,* 48-49.
2. Leonard Ravenhill, *Revival Praying* (Zachary, La.: Ravenhill, 1962), 12; Murray, *Prayer Life,* 15.
3. Bloesch, *Struggle of Prayer,* 132.
4. Murray, *Ministry of Intercession,* 24.
5. Ravenhill, *Revival Praying,* 54.

6. Un cristiano desconocido, *The Kneeling Christian* (Grand Rapids, Zondervan, n.d.), 26.
7. Murray, *Ministry of Intercession,* 12; idem, *Prayer Life,* 127.
8. Samuel Chadwick, *The Path of Prayer* (Kansas City: Beacon Hill, 1931), 11-12.
9. Andrew Murray, *The Prayer Life* (Chicago: Moody, n.d.), 31.
10. Ravenhill, *Revival Praying,* 11-12.

Capítulo 5

1. F. F. Bruce, *Commentary on the Epistle to the Hebrews, New International Commentary on the New Testament.* ed. por Ned B. Stonehouse (15 vols, impreso; London: Marshall, Morgan & Scott, 1964), 98.
2. E. M. Bounds, *The Necessity of Prayer* (New York: Revell, 1920), 66;; Payne, *Greatest Force on Earth,* 106-7.
3. Murray, *Ministry of Intercession,* 135.
4. Ibid.

Capítulo 6

1. Eva M. Watson, *Climpses of the Life and Work of George Douglas Watson* (Cincinnati: God's Bible School and Revivalist, 1929), 130.
2. Charles Haddon Spurgeon, *Twelve Sermons on Prayer* (London: Marshall, Morgan & Scott, n.d.), 60.
3. Jamieson, Fausset, and Brown, *Commentary Practical and Explanatory o the Whole Bible,* rev. ed. (Grand Rapids, Zondervan, 1961), 1284.
4. F. J. Huegel, *Reigning with Christ* (Grand Rapids: Zondervan, 1963), 42.
5. F. J. Huegel, *The Enthroned Christian* (Poole, Dorset, Eng: Overcomer Literature Trust, n.d.), 19.
6. Murray, *Ministry of Intercession,* 10.
7. W. E. Vine and John R. Kohlenberger III, *The Expanded Vine's Expository Dictionary of New Testament Words* (Minneapolis: Bethany, 1984), 132; Jamieson, Fausset, and Brown, *Commentary,* 1151.
8. Huegel, *Enthoned Christian,* 35.

Capítulo 9

1. Mathews, *Born for Battle,* 115.
2. Mrs. O. J. Fraser, *Fraser and Prayer* (London: Overseas Missionary Fellowship, 1963), 33, 34.

3. Murray, *Ministry of Intercession*, 104.
4. Bounds, *Necessity of Prayer*, 47.
5. Charles G. Finney, *Principles of Prayer*, ed. Louis Gifford Parkhurst, Jr. (Minneapolis: Bethany, 1980), 26.
6. Murray, *Ministry of Intercession*, 105.
7. Ver Duewel, *Let God Guide You Daily*, 79-85, 101-4, 169, 196-97, 202, 209.
8. Finney, *Principles of Prayer*, 36.

Capítulo 10

1. Charles G. Finney, *Sermons on Gospel Themes* (New York: Revell, 1976), 323.
2. Murray, *Ministry of Intercession*, 40-41
3. J. W. Acker, *Teach Us to Pray* (St. Louis: Concordia, 1961), 31.33.
4. Bounds, *Necessity of Prayer*, 59.
5. Bounds, *Purpose in Prayer*, 59.
6. Chadwick, *Path of Prayer*, 81-82.
7. Ibid., 68.
8. R. A. Torrey, *How to Pray* (Chicago: Moody, 1900), 33-34.
9. Alexander Whyte, *Lord, Teach Us to Pray* (New York: Harper, n.d.), 75.
10. Finney, *Principles of Prayer*, 71.
11. Bounds, *Necessity of Prayer*, 59.
12. Ibid., 56.

Capítulo 11

1. Murray, *Ministry of Intercession*, 53.
2. D. M. McIntyre, *The Hidden Life of Prayer*, 3d ed. (London: Marshall, Morgan & Scott, n.d.), 86.
3. Ibid., 87.
4. P. T. Forsyth, *The Soul of Prayer* (Grand Rapids: Eerdmans, n.d.), 92.
5. Bounds, *Necessity of Prayer*, 68.
6. A. B. Simpson, *The Life of Faith* (New York: Christian Alliance Publishing, n.d.), 52.
7. Bounds, *Necessity of Prayer*, 72.
8. Ibid., 63.
9. Bloesch, *Struggle of Prayer*, 79.

Capítulo 12

1. J. Oswald Sanders, *Prayer Power Unlimited* (Minneapolis: Billy Graham Evangelistic Association, 1977), 72.
2. Bounds, *Necessity of Prayer*, 76.
3. Torrey, *How to Pray*, 63.
4. Murray, *Ministry of Intercession*, 10; Payne, *Greatest Force on Earth*, 19.
5. Sanders, *Prayer Power Unlimited*, 78.
6. Bloesch, *Struggle of Prayer*, 132.
7. John Henry Jowett, *The Passion for Souls* (New York: Revell, 1905), 35-36.
8. Torrey, *How to Pray*, 64.
9. Bloesch, *Struggle of Prayer*, 80; Kathleen M. Chambers, *Oswald Chambers* (Nashville: Nelson, 1987), 262.
10. Bounds, *Purpose in Prayer*, 60, 55.

Capítulo 13

1. Un cristiano desconocido, *Kneeling Christian, 132.*
2. Murray, Ministry of Intercession, 166.
3. James H. McConkey, *Prayer* (Pittsburgh: Silver Publishing Society, 1939), 13.
4. Un cristiano desconocido, *Kneeling Christian*, 43.
5. Bloesch, *Struggle of Prayer,* 63.

Capítulo 14

1. Hallesby, *Prayer,* 34; Murray, *Ministry of Intercession,* 42.
2. Sanders, *Prayer Power Unlimited,* 64.
3. Ibid., 65.
4. Fraser, *Fraser and Prayer*, 43.
5. Ibid.,

Capítulo 15

1. McIntyre, *Hidden Life of Prayer*, 91.
2. Harry E. Jessop, *The Ministry of Prevailing Prayer* (Berne, Ind.: Light and Hope Publications, 1941), 109.
3. McIntyre, *Hidden Life of Prayers, 91.*
4. Ibid., 89.
5. James G. J. McClure, Intercessory Prayer (Chicago: Moody, c. 1902), 34.
6. Mathews, *Born for Battle*, 106.
7. Huegel, *Enthroned Christian, 36.*

Capítulo 16

1. E. M. Bounds, The Reality of Prayer (New York: Revell, 1924), 133.
2. Murray, *Ministry of Intercession,* 120.
3. Spurgeon, *Twelve Sermons on Prayer,* 57.
4. Bounds, *Reality of Prayer,* 129.
5. Ravenhill, *Revival Praying,* 175.
6. Payne, *Greatest Force on Earth,* 128.
7. Ravenhill, *Revival Praying,* 90.
8. McIntyre, *Hidden Life of Prayer,* 37
9. Payne, *Greatest Force on Earth,* 118; Chadwick, *Path of Prayer,* 53.
10. Murray, *Prayer Life,* 46; idem, *Ministry of Intercession,* 25.
11. Gordon B. Watt, *Effectual Fervent Prayer* (London: Marshall, Morgan & Scott, 1927), 45.
12. Spurgeon, *Twelve Sermons on Prayer,* 10.
13. McConkey, *Prayer,* 10.

Capítulo 17

1. Finney, *Sermons on Gospel Themos,* 56-57.
2. Torrey, How to Pray, 58-59.
3. Bounds, *Reality of Prayer,* 138.
4. Ravenhill, *Revival Praying,* 62.

Capítulo 18

1. Payne, *Greatest Force on Earth,* 115-16, 67.
2. Frank C. Laubach, *Prayer* (Westwood, N.J.: Revell 1946), 30.
3. Ravenhill, *Revival Praying,* 124-25.
4. Rosalind Goforth, *Goforth of China* (Grand Rapids: Zondervan, 1937), 159-60, 230-231.

Capítulo 19

1. Finney, *Principles of Prayer,* 98.
2. Ibid.
3. David Bryant, With Concerts of Prayer (Conciertos de oración) (Ventura, Ca. Regal 1945 y Editorial Unilit, Miami, Fl.)
4. S. B. Shaw, Touching Incidents and Remarkable Answers to Prayer (Chicago: S.B. Shaw, n.d.), 153.
5. Ibid.
6. Bryant, Conciertos de oración; Un cristiano desconocido, *Kneeling Christian,* 11.

7. Arthur T. Pierson, *The Miracles of Missions* (New York: Funk & Wagnalls, 1901), 21-22.
8. F. J. Huegel, *Successful Praying* (Minneapolis: Bethany, 1959), 85-86.
9. Bryant, *Conciertos de oración*, 16.
10. Ibid., 48
11. Sanders, *Prayer Power Unlimited*, 120.

Capítulo 20

1. John Wesley, *Journal*, Enero 1, 1739.

Capítulo 21

1. Charles Haddon Spurgeon, *The Treasury of the Bible,* Vol. 3 (Grand Rapids: Zondervan, 1968), 268.
2. Un cristiano desconocido, *Kneeling Christian*, 29.
3. Ibid., 134-38.
4. Ibid., 100-101.

Capítulo 22

1. McIntyre, *Hidden Life of Prayer*, 87.
2. Ibid., 86.
3. Charles A. Blanchard, *Getting Things From God* (Chicago: Moody, 1915), 128-129.
4. McIntyre, *Hidden Life of Prayer,* 74, 75.
5. Sanders, *Prayer Power Unlimited,* 139, 120.
6. Bryant, *Conciertos de oración*.
7. George B. Kulp, *Nuggets of Gold* (Cincinnati: God's Revivalist, 1908), 57-58.
8. Fraser, *Fraser and Prayer,* 47.
9. McClure, *Intercessoy Prayer,* 119-20.

Capítulo 23

1. Torrey, *How to Pray,* 14,
2. Finney, *Principles of Prayer,* 26.
3. Michael Baughen, *The Prayer Principles* (London and Oxford: Mowbray, 1981), 90.
4. Bounds, *Purpose in Prayer*, 62.
5. Sanders, *Prayer Power Unlimited*, 108.
6. Bounds, *Powert Through Prayer*, 43-44.
7. Sanders, *Prayer Power Unlimited*, 108.
8. Bounds, *Power Through Prayer,* 44,

9. Un cristiano desconocido, *Kneeling Christian*, 21.
10. Charles Blanchard, *Getting Things from God* (Chicago: Bible Institute Colportage Association), 94-95.

Capítulo 24

1. McIntyre, *Hidden Life of Prayer*, 80.
2. McConkey, *Prayer*, 82.
3. Jessop, *Ministry of Prevailing Prayer*, 81.
4. Chadwick, *Path of Prayer*, 73.
5. S. D. Gordon, *Quiet Talks on Prayer* (New York: Revell, 1904), 186.
6. Mathews, *Born for Battle*, 164.
7. McConkey, *Prayer*, 84.
8. Blanchard, *Getting Things from God*, 71.
9. Huegel, *Successful Praying*, 37-38.

Capítulo 25

1. Hallesby, *Prayer*, 207.
2. McIntyre, *Hidden Life of Prayer*, 91-92.
3. Huegel, *Successful Praying* 49-50.
4. Ibid., 45-48.

Capítulo 26

1. Torrey, *How to Pray*, 27-28.
2. McClure, *Intercessory Prayer*, 124-125.
3. Whyte, *Lord, Teach Us to Pray*, 170-171.
4. A. B. Simpson, *The Life of Prayer* (New York: Christian Alliance Publishing 1925)m 44-49.
5. Payne, *Greatest Force on Earth*, 97-98.

Capítulo 27

1. John Wesley, "Causes of Inefficacy of Christianity", *Sermons on Several Occasions,* ed. Thomas Jackson, 2 vols, (New York: T. Mason and G. Lane, 1840), 2:440.
2. Sanders, *Prayer Power Unlimited*, 133-34.

Capítulo 28

1. Torrey, *How to Pray*, 36.
2. Didache 7:4.

3. J. G. Morrison, *The Stewardship of Fasting* (Kansas City: Beacon Hill, n.d.). 31.

Capítulo 31

1. Bounds, *Necessity of Prayer,* 63.
2. Chadwick, *Path of Prayer,* 66.
3. Ibid., 103.
4. Bounds, *Necessity of Prayer,* 63.
5. Jonathan Edwards, ed., *The Life and Dairy of David Brainerd* (Chicago: Moody, n.d.), 107-8.
6. McIntyre, *Hidden Life of Prayer* 22; Bounds, *Power Through Prayer,* 53.

Capítulo 32

1. David Hanes, ed., *My Path of Prayer* (West Sussex, Eng.: Henry E. Walter, 1981), 59.
2. Bloesch, *Struggle of Prayer*, 113.
3. Payne, *Greatest Force on Earth*, 140.
4. Jack W. Hayford, *Prayer Is Invading the Impossible* (Plainfield, N.J.: Logos, 1977), 75.
5. Charles G. Finney, *Memories of Rev. Charles G. Finney* (New York: Revell, 1876), 328-29.
6. Ibid., 331

Capítulo 33

1. Bloesch, *Struggle of Prayer*, 51.
2. Payne, *Greatest Force on Earth*, 15.
3. McIntyre, *Hidden Life of Prayer* 94; Ravenhill, *Revival Praying,* 102.
4. Clara McLeister, *Men and Women of Deep Piety,* ed. E.E. Shelhamer (Cincinnati: God's Bible School and Revivalist, 1920), 383.
5. Whyte, *Lord, Teach Us to Pray*, 139.
6. Payne, *Greatest Force on Earth*, 105.
7. F.F. Bruce, *The Epistle to the Hebrews*, New International Commentary on the New Testament (London: Marshall, Morgan, & Scott, 1964), 98.
8. Un cristiano desconocido, *Kneeling Christian,* 85.
9. Finney, *Principles of Prayer,* 39.
10. Bounds, *Reality of Prayer*, 138.

Capítulo 34

1. Payne, *Greatest Force on Earth*, 122.
2. Bloesch, *Struggle of Prayer*, 135.
3. McIntyre, Hidden Life of Prayer, 20.

Capítulo 35

1. Mathews, *Born for Battle*, 49.
2. Ibid., 62.
3. Ibid., 57.

Capítulo 36

1. Mathews, *Born for Battle*, 27.
2. Ibids., 27-28.
3. Huegel, *Enthroned Christian*, 29.
4. Mathews, *Born for Battle*, 47.
5. Ibid., 18; Payne, *Greatest Force on Earth*, 118.
6. Whatt, *Effectual Fervent Prayer*, 84.
7. Ibid., 14.
8. Gordon, *Quiet Talks on Prayer*, 34.

Capítulo 37

1. Finney, *Principles of Prayer*, 20.
2. Gordon, *Quiet Talks on Prayer*, 148.
3. Mathews, *Born for Battle*, 84.
4. G. Granger Fleming, *The Dynamic of All-Prayer* (London: Oliphants, 1915), 87.
5. Goforth, *Goforth of China*, 203.
6. Sander, *Prayer Power Unlimited*, 143.
7. Ibid., 67.
8. Hallesby, *Prayer*, 103-4.

Capítulo 39

1. Un cristiano desconocido, *Kneeling Christian*, 102-4.
2. McLeister, *Men and Women of Deep Piety*, 318.
3. Jessie Penn-Lewis, *Prayer and Evangelism* (Dorset, Eng.: Overcomer Literature Trust, 1948?), 56.

Capítulo 40

1. Sander, *Prayer Power Unlimited*, 50.
2. Ibid., 49.
3. Un cristiano desconocido, *Kneeling Christian*, 70.
4. Simpson, *Life of Prayer*, 70.
5. Sanders, *Prayer Power Unlimited*, 51.

Capítulo 41

1. Murray, *Prayer Life*, 88.
2. Hanes, *My Path of Prayer*, 31, 70.
3. Ibid., 313-14; citas en pp. 252, 251.
4. McIntyre, *Hidden Life of Prayer*, 38.
5. Acker, *Teach Us to Pray*, 29.

Capítulo 42.

1. Spurgeon, *Twelve Sermons on Prayer*, 49-50, 43.

Capítulo 43

1. Spurgeon, *Twelve Sermons on Prayer*, 39.
2. Ibid.,
3. Ibid., 50.
4. Ibid.

Capítulo 44

1. Chadwick, *Path of Prayer*, 56.
2. Oswald J. Smith, *The Enduement of Power* (London: Marshall, Morgan y Scott, 1933), 57-58.
3. Torrey, *How to Pray*, 55.
4. Payne, *Greatest Force on Earth*, 119-20.
5. Torrey, *How to Pray*, 56-57.
6. Murray, *Ministry of Intercession*, 36.